Benjamin Thorpe

Analecta Anglosaxonica

A Selection, in Prose and Verse, from Anglosaxon Authors of Various Ages

Benjamin Thorpe

Analecta Anglosaxonica
A Selection, in Prose and Verse, from Anglosaxon Authors of Various Ages

ISBN/EAN: 9783742804501

Manufactured in Europe, USA, Canada, Australia, Japa

Cover: Foto ©Andreas Hilbeck / pixelio.de

Manufactured and distributed by brebook publishing software (www.brebook.com)

Benjamin Thorpe

Analecta Anglosaxonica

Analecta Anglo-Saxonica.

A SELECTION,

IN

PROSE AND VERSE,

FROM

ANGLO-SAXON AUTHORS

OF VARIOUS AGES;

WITH A GLOSSARY.

DESIGNED CHIEFLY AS A FIRST BOOK FOR STUDENTS

BY

BENJAMIN THORPE, F.S.A.

A NEW EDITION WITH CORRECTIONS AND IMPROVEMENTS.

LONDON:
JOHN RUSSELL SMITH, SOHO SQUARE.
MDCCCLXVIII.

PRINTED BY TAYLOR AND FRANCIS,
RED LION COURT, FLEET STREET.

PREFACE.

The preceding edition of the present work was sent forth at a moment when the study of the Anglo-Saxon tongue was almost at its lowest ebb in England. It was compiled as an experiment, under the belief that a small volume of extracts in prose and verse—beginning with pieces couched in the simplest language and proceeding gradually to the most difficult—accompanied by a compendious Glossary, would much contribute to the revival of the study of the Anglo-Saxon language in the land where it once had its home, and had flourished more vigorously than any of its kindred dialects on the Continent. The belief above-mentioned, though not fully justified, proved not wholly groundless: the few copies printed were gradually disposed of, and the number of students sensibly increased, many of whom, it may reasonably be supposed, were indebted for their progress to the Analecta Anglo-Saxonica.

PREFACE.

Issued under more favourable circumstances than its predecessor, the present edition appears in a cheaper form, and with some modifications and changes, it is hoped, for the better, it having been the editor's object to compile an initiatory book for beginners, which might at the same time not be devoid of interest to the lovers of Anglo-Saxon lore in general.

The editor feels much gratification in mentioning that this work is now adopted as a text-book for his lectures by the Rawlinsonian Professor of Anglo-Saxon in the University of Oxford, whence it may be hoped that the study of our ancient mother-tongue may find its way, as an essential branch of English education, into our higher schools, and thus tend to the formation of a style more impressive[*] and more truly English than is to be found in many literary productions of the present, and very many of the last century. On this subject, the words of a very sensible and eloquent writer may with propriety be here quoted: "As Englishmen we have to think, to write, to speak in English and with Englishmen. Surely, then, it is a matter of concern to know and understand well our own tongue. How much better then would it be, if in our public and private schools as much attention at least were given to the teaching of English, as of Greek and Latin, that our youths

---

[*] That the poetry of England derives its choicest expressions from the Anglo-Saxon element of our language, may be proved by numberless examples; among which, as a production familiar to every one who reads, may be cited Gray's Elegy.

might bring home with them a racy idiomatic way of speaking and writing their own language, instead of a smattering of Greek and Latin, which they almost forget, and generally neglect in a few years' time! Let our English youth of both sexes be taught to drink deeply of the well of English undefiled. For this a study of Anglo-Saxon is absolutely needful; for after all, it has boqueathed to us by far the largest stock of words in our language. About the Anglo-Saxon tongue there was the strength of iron, with the sparkling and the beauty of burnished steel, which made it withstand with success the attacks that the Norman William and his fawning courtiers directed against it, as they tried in vain to thrust their French into the mouths of the English people. If the sword of the Normans vanquished the Anglo-Saxons, the Anglo-Saxons' tongue in its turn overthrew the French of the Normans. The greatest harm that was ever inflicted on the English language came from Johnson, who in giving English endings to long-drawn Latin words, foolishly thought to impart dignity of style to his writings by words big, not with meaning, but with sounding emptiness. Such silliness and childishness have happily died away; but still our young men have to be taught to follow our best and latest writers, and always to choose an Anglo-Saxon word before a Latin one. When this shall be done, then may we look forward to a bright period in our country's literature. We shall have our ears charmed with a flow of sounds as strong as they are sweet and beautiful, instead of, as often now happens, being wearied with a namby pamby gibberish made up of Greek, Latin, and French words with English endings*."

In the Glossary the student will find numerous synonyms from the other Northern tongues, particularly German and Danish. These have been inserted solely with the view of showing to learners the great affinity that prevails among those tongues and our own ancient vernacular speech. To the old Germanic and Scandinavian dialects the references are few, being deemed needless in a glossary designed for beginners, and useless to the proficient. The references to the grammar frequently occurring in the Glossary apply to the editor's translation of Rask.

The volume, though of small dimensions, will, nevertheless, be found to contain no inconsiderable number of words, the several extracts of which the text is composed having been selected from among those which seemed to offer the greatest variety, with reference both to the vocabulary and the forms of expression. A brief notice of the several extracts will best enable the reader to form a judgement of the work.

From the Gospels†, p. 1.

Colloquium ad Pueros Linguæ Latinæ Locutione exercendos, p. 18.

In this Colloquy (MS. Cott. Tib. A. 3) the Saxon is only an inter-

---

* Dolman's Magazine for October 1845, p. 243.
† Da Halgan Godspel on Englisc—The Anglo-Saxon Version of the

linear gloss to the Latin; the design of its author (Ælfric) being, by means of a Hamiltonian version*, to facilitate to children the acquirement of the Latin tongue. As presenting a curious picture of times and manners and of monastic life at that early period, it is both valuable and entertaining.

Homilies of Ælfric, p. 36.

These are from "The Homilies of the Anglo-Saxon Church," in course of publication for the Ælfric Society.

I. Dom. I. in Mense Septembri, quando legitur Iob, p. 36.

II. IV. Id. Mart. Sci Gregorii Papæ, p. 44. This interesting homily, giving an account of the conversion of the English by St. Augustine and his brother missionaries, was printed in the year 1709 with an English translation by Mrs. Elizabeth Elstob, which edition has been lately reprinted. This learned lady's version is, generally speaking, close and faithful, though the Saxon text on which it is formed is extremely corrupt.

III. IV. Kal. April. Depositio S. Cuthberhti Episcopi, p. 52. This homily is entirely composed from Beda's two lives of the Saint. It is alliterative.

IV. De Fide Catholica, p. 63.

V. Dominica Septuagesima, p. 73.

A very beautiful discourse on the parable of the labourers in the vineyard.

From King Ælfred's Translation of Orosius, p. 81.

I. The Geography of Europe, and the Voyages of Ohthere and Wulfstan. These voyages have been frequently printed and translated. The text now given is from the original manuscript† of Ælfred's Orosius, to which they are prefixed, and will on collation be found in several places to differ from that printed in Daines Barrington's edition ‡, where it is accompanied by a very incorrect translation, and a commentary by J. R. Forster, abound-

---

Holy Gospels, edited from the original manuscripts, by Benjamin Thorpe, F.S.A. MDCCCXLII. Uniform with the present volume.

* "There is no new thing under the sun."—*Eccles*. I. 9.

† Cott. MS. Tib. B. 1.

‡ The Anglo-Saxon Version from the Historian Orosius by Ælfred the Great, etc. 8vo. Lond. 1773.

ing in mistakes. It is hoped that with the aid of the Glossary the student will find no difficulty in following on the map the course of the two voyagers.

II. The death of Cyrus, p. 88.
III. Cæsar and Pompey, p. 90.

From King Ælfred's Translation of Boethius *, p. 93.

I. The Story of Orpheus, p. 93.
II. The Story of Ulysses, p. 96.

From King Ælfred's Translation of Beda's Ecclesiastical History, p. 97.

The life of St. Hild, with an account of the Poet Cædmon. This extract is from a MS. in the Library of C. C. Coll. Oxon., collated with Smith's edition.

From the Story of Apollonius of Tyre, p. 108.

This short extract is from the Anglo-Saxon version of a tale in the Gesta Romanorum, of which the only known MS. is in the library of C. C. Coll. Camb., and that is unfortunately imperfect. The version (which has been printed with an English translation †) is a model of Anglo-Saxon prose. For an account of the story and its versions, see Warton's H. E. P.

A Dialogue between Saturn and Solomon, p. 110.

This dialogue is one of a numerous family that flourished under a variety of denominations and in great estimation during the middle age. The text (from a Cottonian MS.) is in places corrupt, apparently from ignorance of the copyist. In the Red Book of Derby (MS. Bibl. C. C. C. Cantab.) is a metrical dialogue between the same parties, which, together with the above, is now in course of publication for the Ælfric Society by Mr. Kemble ‡, to whose

---

* A. M. S. Boethii Consol. Philosophiæ Libri V. Anglo-Saxonice, etc. Oxon. 1698. 8vo.

† The Anglo-Saxon version of the story of Apollonius of Tyre, on which is founded the Play of Pericles, ascribed to Shakspeare, etc. By Benjamin Thorpe, F.S.A. Lond. 1834, crown 8vo.

‡ Anglo-Saxon Dialogues of Solomon and Saturn, by J. M. Kemble, M.A. Part I. Printed for the Ælfric Society. Lond. 1845, 8vo.

Introduction the student is referred for an abundance of curious information relating to these extraordinary compositions.

The Mandrake, p. 116.

At the head of this article in the Cottonian manuscript is an illumination, representing a dog in the act of drawing the plant out of the earth, according to the method laid down in the text. The piece affords a striking instance of "the wisdom of our forefathers."

A Spell to restore Fertility to Land rendered sterile by Witchcraft, p. 116.

The text of this interesting specimen of the simplicity of our forefathers is from the unique manuscript in the Cottonian Library (Calig. A. 7.).

Homily in Natale S. Eadmundi, p. 119.

This homily, as we learn from the beginning, is founded on the narrative of Eadmund's sword-bearer to king Æthelstan, from which it was related by Dunstan to Abbo of Fleury. By Abbo the account was committed to writing, of whose narrative the present homily is a translation. Manuscripts of the homily are extant in pure Anglo-Saxon; but the present text is given as an interesting specimen of the dialect of East Anglia*. It is from MS. Bodl. NE. F. 4. 12, and was apparently written at Bury. See p. 125. It is alliterative.

Wills, p. 126.

I. The will of Ælfric, bishop Elmham,—a curious specimen of barbarous Saxon in the dialect of E. Anglia.

II. The will of Lufa, an East-Anglian lady, even more barbarous than the preceding. Both are from the Cott. MS.

From the Gospels, p. 128.

This is a chapter from the Northumbrian Gloss of the celebrated

---

* Of the E. Anglian dialect the most remarkable deviations are, b for f, as ob for of, libgende for lifgende, biabenlic for heofenlic; e for æ, as þet for þæt; æ for e, as wæl for wel; u for w and b, as swís for swín, uene ualete for bene valete; i for e and o for o, as ria for seo, wiaruld for weoruld; l for hl, as laford for hlaford; i for ge prefix.

Durham Book (MS. Cott. Nero D. iv.), arranged in the natural order, for the sake of comparison with the common text.

The Battle of Maldon, and Death of the Ealdorman Byrhtnoth, p. 131.

The only known manuscript of this valuable fragment perished in the fire at the Cottonian library in 1731. That the poem was not wholly lost, is owing to the zeal of Thomas Hearne for publishing every curious monument connected with early English history, who printed it as prose at the end of his edition of Johannis Glastoniensis Chronicon. The chief of the Northmen, though not mentioned by name, was undoubtedly the famous king Olaf Tryggvason. See Saxon Chron. aa. 993, 994, and Lappenberg's 'England under the Anglo-Saxon Kings,' ii. pp. 155-159.

Judith. A Fragment, p. 141.

This was first printed as prose at the end of Thwaites's Heptateuch. The text now given is from the Cottonian MS. Vitell. A. 15. This fragment leads us to form a very high idea of the poetic powers of our forefathers. The entire poem, of which it probably formed but an inconsiderable part, must have been a truly noble production.

From a Paraphrase of Job, xxix. xxx., p. 152.

An extract only is here given from the Codex Exoniensis of this very singular composition, where it is printed under the title of 'Riming Poem,' under which denomination it first appeared in Conybeare's 'Illustrations.' The conjectures formed with regard to its subject have been manifold; and it was only recently that the present editor, having taken up the poem in the almost hopeless attempt at illustration, was struck by its striking resemblance to some parts of Job; when on reading over the latter, he soon felt convinced that it was a very free paraphrase from the above chapters. That words have been misspelt for the sake of the rime, seems unquestionable; and all attempts at interpretation by comparison with the Vulgate have proved far from satisfactory. The beginning of the poem corresponds with Job xxix. 2.

The Grave. A Fragment, p. 153.
This singularly impressive and almost appalling fragment is written in the margin of the volume of homilies in the E. Anglian dialect, in which the homily on St. Eadmund's day is contained. It is also printed with translations, Latin and English, in Conybeare's 'Illustrations;' but the text here given is founded on a careful and repeated collation with the manuscript.

From Laȝamon's Brut, p. 154.
The History of King Leir and his daughters*.

From the Ormulum, p. 182.
This singular work is among the Junian MSS. in the Bodleian Library. It consists of a metrical paraphrase of the Gospels, interspersed with moralizations, by an ecclesiastic named Orm, or Ormin, by whom it is addressed to his brother Walter. It is without rime, in lines of fifteen syllables, which for smoothness of rhythm † may vie with many modern productions. The author seems to have been a critic in his mother-tongue; and to his idea of doubling the consonant after a short vowel (as in German), we are enabled to form some tolerably accurate notions as to the pronunciation of our forefathers. Thus he writes min with a single n only because the i is long or diphthongal, as in our mine. So also in kinde (pronounced as our kind), dom, boc, had, lif (pro-

---

* The texts of the two Cottonian manuscripts are here given in parallel columns. Of the one (Otho C. xiii.) only a bundle of scorched and shrivelled fragments has survived the fire in 1731. It is, however, much less valuable than the other (Calig. A. ix.), being of later date, and in many instances extremely corrupt. An edition of the entire chronicle, containing the two texts and a modern English version, is in preparation for the Society of Antiquaries by Sir Frederick Madden, who obligingly allowed the editor the use of his printed text for collation with the above extract, whereby several inaccuracies in the former edition are now corrected. This and the following extracts are in Semi-Saxon, in which the vocabulary is still free from foreign terms, but the grammatical construction nearly subverted.

† This rhythmus is preserved, as in the pure Anglo-Saxon and other languages, by pronouncing the final e as a syllable, except where it precedes a vowel or an aspirate.

nounced as our *life*), etc. On the other hand, wherever the consonant is doubled, the vowel preceding is short and sharp, as in *ȝett* (pronounced as our *yet*, not *yate*, as it would be if written with a single *t*), Godd (pronounced *God*, not *Gode*), etc. Thus *huss* is to be pronounced *hoos*, whereas *þuss*, with a double *s*, is our *thus*. Mr. Tyrwhitt, therefore, had done well, even for his own sake, to have spared his injudicious remark upon this peculiarity of the author, for which every critical student of our early language is so much indebted to him *.

Orm's dialect merits, if any, to be called Dano-Saxon: his name also betrays a Scandinavian descent †.

In conclusion, the editor does not hesitate in expressing his belief, that every student who has read through and well understood the contents of this volume will find no difficulty in understanding any Anglo-Saxon writer either in prose or verse.

* "There is a peculiarity in the author's orthography, which consists in doubling the consonants; e. g. brother he writes *brotherr*; after, *aftterr*, etc. He has done this by design, and charges those who shall copy his book, to be very careful to write those letters twice which he has written so, as otherwise he assures them 'they will not write the word right.' Hickes has taken notice of this peculiarity, but has not attempted to explain the author's reasons for it; and indeed, without a more perfect knowledge than we now probably can have of the Saxon pronunciation, they seem totally inexplicable. In the few lines which I think it necessary to quote here as a specimen of the metre, I shall venture (first begging Ormin's pardon for disregarding his injunction) to leave out the superfluous letters; and I shall also, for my ease as well as that of the reader, transcribe them in modern characters."—*Essay on the Language and Versification of Chaucer.*

† An edition of the Ormulum by the Rev. Dr. White, late Rawlinsonian Professor of Anglo-Saxon, was printed at the University Press, Oxford, in 2 volumes, 8vo. 1852.

ANALECTA ANGLO-SAXONICA.

FROM THE GOSPELS.

MATTHEW, Chapter II.

EORNOSTLICE þa se Hælend acenned wæs on Iu- 1
deiscre Bethlêêm, on þæs cyninges dagum Herodes, þa
comon þa tungol-witegan fram east-dæle to Hierusalem,
and cwædon: Hwær ys se Iudea cyning þe acenned ys? 2
soðlice we gesawon hys steorran on east-dæle, and we
comon us him to geeaðmedenne. Đa Herodes þæt ge- 3
hyrde, þa wearð he gedrefed, and eal Hierosolim-waru
mid him. And þa gegaderode Herodes ealle ealdras 4
þæra sacerda, and þæs folces writeras, and acsode hwær
Crist acenned wære. Đa sædon hig him: On Iudeiscre 5
Bethlêêm: witodlice þus is awriten þurh þone witegan,
And þu Bethlêêm, Iudea-land, witodlice ne eart þu læst 6
on Iudea ealdrum: of þe forð-gæð se here-toga, sepe recð
min folc Israhel. Herodes þa clypode on sunder-spræce 7
ða tungel-witegan, and befran hi georne, hwænne se
steorra him ateowde. And he asende hig to Bethlêêm, 8
and þus cwæð: Farað, and acsiað geornlice be þam cilde;
and þonne ge hyt gemetað, cyþað eft me, þæt ic cume,
and me to him gebidde. Đa hi þæt gebod gehyrdon, þa 9

ferdon hig; and soðlice se steorra, þo hi on east-dæle
gesawon, him beforan ferde, oð he stód ofer þær þæt
10 cild wæs. Soðlice þa ða tungel-witegan þone steorran
11 gesawon, hig fægenodon swyðe myclum gefean; and
gangende in to þam huse, hi gemetton þæt cild, mid Ma-
rían hys moder, and hig apenedon hig, and hi to him ge-
bædon; and hi úntyndon hyra gold-hordas, and him líc
12 brohton; þæt wæs gold, and recels, and myrre. And
hi afengon andsware on swefnum, þæt hi eft to Herode
ne hwyrfdon, ac hi on oðerne weg on hyra rico ferdon.
13 Da hi þa ferdon, þa ætywde Drihtnes engel Iosepe on
swefnum, and þus cwæð: Aris, and nim þæt cild and
his moder, and fleoh on Ægypta-land, and beo þær oð þæt
ic þe secge. Toweard ys þæt Herodes secð þæt cild to
14 forspillene. He aras þú, and nam þæt cild and his mo-
15 der on niht, and ferde on Ægyptum; and wæs þær oð
Herodes forðsið; þæt wære gefylled þæt þe fram Drihtne
gecweden wæs, þurh þone witegan : Of Ægyptum ic
16 minne sunu geclypode. Da wæs Herodes swyðe gebol-
gen, forþam þe he bepæht wæs fram þam tungel-witegum,
and he asende þa, and ofsloh calle þa cild þe on Bethleëm
wæron, and on eallum hyre gemærum, fram twy-win-
trum cilde and binnan þam; æfter þære tíde þe he
17 geacsode fram þam tungel-witegum. Da wæs gefylled
18 þæt gecweden wæs þurh Hieremíum þone witegan, Stefn
wæs on hehnysse gehyred, wóp and mycel poterung;
Rachel weop hyro bearn, and heo nolde beon gefrefrod,
19 forþam þe hi næron. Soðlice þa Herodes wæs forðfaren,
witodlice on swefne Drihtnes engel ætywde Iosepe, on
20 Ægyptum, and þus cwæð: Aris, and nim þæt cild and
his moder, and far on Israhela-land : nu synd forðfarene
21 ðe þæs cildes sawle sohton. He arús þa, and onfeng þæt
22 cild and his moder, and com on Israhela-land. Da he
gehyrde þæt Archelaus rixode on Iudea þeode, for þæne

Herodem, he ondred þyder to farenne: and, on swefnum gemyngod, he ferde on Galileisce dælas: and he com þa, and eardode on þære ceastre þe ys genemned Nazareth; þæt wære gefylled þæt geeweden wæs þurh þone witegan, Forþam þe he Nazarenisc byð genemned.

Chapter III.

On þam dagum com Iohannes se Fulluhtere, and bo- 1
dode on þam westene Iudéæ, and cwæð: Doð dædbote: 2
soðlice genealæceð heofena rice. Dis ys se þe þam þe 3
geeweden ys þurh Esaiam þone witegan, Clypiendes
stefn wæs on westene, Gegearwiað Dryhtnes weg, doð
his sipas rihte. Se Iohannes witodlice hæfde reaf of 4
olfenda hærum, and fellenne gyrdel ymbe hys lendenu;
and hys mete wæs gærstapan and wudu-hunig. Da 5
ferde to him Hierosolim-waru, and eal Iudea þeod, and
eal þæt rice wið-geondan Iordanen; and hi wæron 6
gefullode on Iordane fram hym, and hi andetton heora
synna. Soðlice þa he geseah manega þæra sunder- 7
halgena and þæra rihtwisendra to his fulluhte cumende,
he cwæð to hym: Lá næddrena cyn, hwa geswutelode
eow to fleonne fram ðam toweardan yrre? Eornostlice, 8
doð medemne wæstm þære dædbote; and ne cwepað 9
betweox eow, We habbað Abraham us to fæder; soðlice
ic secge eow, Dæt God ys swa mihtig, þæt he mæg of
þysum stanum aweccan Abrahames bearn. Eallunga 10
ys seo æx to þæra treowa wurt-ruman asett: cornustlice
ælc treow, þe gode wæstm ne bringð, byð forcorfen,
and on fyr aworpen. Witodlice ic eow fullige on 11
wætere to dædbote: se þe æfter me toweard ys, he ys
strengra þonne ic, ðæs gescy ne com ic wyrþe to
beranne: he eow fullað on Halgum Gaste, and on fyre:
þæs fann ys on his handa, and he afeormað his þyrscel- 12

flore, and he gegaderað his hwǽte on his bern; þa
13 ceafu he forbærnð on únadwæscendlicum fyre. Da com
so Hælend fram Galilea to Iordane to Iohanne, þæt
14 he hine fullode. Iohannes þa soðlice forbead him, and
cwæð: Ic sceal fram þe beon gefullod, and þu cymst to
15 me? Ða andswarode se Hælend hym, and cwæð: Læt
nu: þus unc gedafnað callo rihtwisnisse gefyllan. Da
16 forlet he hine. Soðlice þa se Hælend gefullod wæs,
hrædlice he astah of þam wætere; and him wurdon þær-
rihte heofenas ontynede; and he geseah Godes Gast
niþer-stigende, swa swa culfran, and wunigende ofer
17 hyne: and soðlice þa com stefn of heofenum, and þus
cwæð: Her ys min se gecorena sunu, on þam me geli-
code.

CHAPTER IV.

1 Da wæs se Hælend gelæd fram gaste on westen, þæt
2 he wære fram deofle costnod. And þaða he fæste feo-
wertig daga and feowertig nihta, þa ongan hyne syððan
3 hingrian. And þa genealæhte se costnigend, and cwæð:
Gyf þu Godes Sunu sy, cweð þæt þas stanas to hlafe
4 geweorðon. Da andswarode se Hælend: Hit is awriten,
Ne leofað se man be blafe anum, ac be ælcum worde þe
5 of Godes muþe gæð. Ða gebrohte se deofol hine on þa
halgan ceastre, and asette hine ofer þæs temples hcah-
6 nesse, and cwæð to him: Gif þu Godes Sunu eart, asend
þe þonne nyþer: soðlice hyt ys awriten, Þæt he his en-
glum bebead be ðé, þæt hig þé on hyra handum beron,
7 þy-læs þe ðin fót æt stane ætsporne. Da cwæð so
Hælend eft to him: Hit ys awriten, Ne costna ðu
8 Drihten þinno God. Eft se deofol hine genam, and
lædde hine on swiðe heahne munt, and æteowde hym
9 calle middan-geardes rícu, and heora wuldor; and
cwæð to him: Ealle þas ic sylle þe, gif þu feallende to
10 me geeadmetst. Da cwæð se Hæleud to him: Gang

MATTH. CHAP. IV.

þu, sceocca, on-bæc: soðlice hit ys awriten, To Drihtne
þinum Gode þu ðe gecadmetst, and him anum þeowast.
Da forlét se deofol hine, and englas geneаlæhton, and 11
him þenodon. Soðlice þa se Hælend gehyrde þæt Io- 12
hannes belæwed wæs, þa ferde he to Galileam; and for- 13
lætenre þære ceastre Nazareth, he com and eardode on
Capharnaum, on þam sǽ-gemærum, on endum Zabulon
and Neptalim; þæt wære gefylled þæt ðe gecweden wæs 14
þurh Esaiam þone witegan, Zabulones eorðu and Nep- 15
talimes eorþe, sǽs weg ofer Iordane, þara þeoda Galilea:
þeoda folc, þe on þystrum sæt, geseah mycel leoht; and 16
sittendum on earde deaþes scade ys leoht úp-aspruugen.
Syððan ongan se Hælend bodian, and cwepan: Doð 17
dædbote, soðlice heofena rice geneаlæcð. Da se Hælend 18
eode wið ða Galileiscan sǽ, he geseh twegen gebroðru,
Simonem, se wæs genemned Petrus, and Andream his
broþer, séndende heora nett on þa sǽ: soðlice hi wæron
fisceras. And he sæde heom: Cumað æfter me, and ic do 19
þæt gyt beoð manna fisceras. And hi þær-rihte forleton 20
heora net, and him fyligdon. And þa he þanon eode, he 21
geseh twegen oðre gebroðru, Iacobum Zebedei and Io-
hannem his broðer, on scype mid heora fæder Zebedeo,
remigende heora nett; and he clypode hig. Hig þa sona 22
forleton heora nett and heora fæder, and him fyligdon.
And þa beferde se Hælend ealle Galileam, lærende on 23
heora gesomnungum; and he wæs bodigende godspel
þæs rices, and hælende ælce adle and ælce untrumnysse
on þam folce. And þa ferde hys hlisa into ealle Syriam, 24
and hig brohton hym ealle yfel-hæbbende misseulicum
adlum, and on tintregum gegripene, and þa ðe deofol-
seocnessa hæfdon, and monoð-seoce, and líman; and he
pú gehælde. And him fyligdon mycele mænigeo fram 25
Galilea, and fram Decapoli, and fram Hierusalem, and
fram Iudea, and fram begeondan Iordanen.

MARK, Chapter V.

1 Đa comon hig ofer þære sǽs muðan, on þæt ríce Ge-
2 rasenórum. And him of scype gangendum, him sona
agen úrn án man of þam byrgenum, on unclænum gaste,
3 se hæfde on byrgenum scræf; and hine nán man mid
4 racenteagum ne mihte gebindan; forþam ho oft, mid
fót-copsum and racenteagum gebundon, toslat þa racen-
tenga, and þa fót-copsas tobræc; and hyne nán man
5 gewyldan ne mihte. And synle, dæges and nihtes, he
wæs on byrgenum, and on muntum, hrymende, and hine
6 sylfne mid stanum ceorfende. Soðlice, þa he þone Hæ-
7 lend feorran geseah, he árn, and hyne gebæd, and my-
celre stemne hrymende, þus cwæð: Eala mæra Hælend,
Godes Sunu, hwæt ys me and þe? Ic halsige þe, þurh
8 God, þæt þu me ne preage. Đa cwæð se Hælend: Eala
9 þu unclæna gast, gá of þysum men. Đa acsode he hine:
Hwæt ys þin nama? Đa cwæð he: Min nama is Legio;
10 forþam we manega synd. And he hine swyðe bæd, þæt
11 he hine of þam ríce ne nydde. Đar wæs embe þone
12 munt mycel swýna heord læswigende. And þa unclænan
gastas hine bædon, and cwædon: Send ús on þas swýn,
13 þæt we on hig gán. And þa lyfde se Hælend sona; and
þe eodon þa unclænan gastas on þa swýn; and on my-
clum hryre soo heord wearð on sǽ boscofen, twa þu-
14 sendo, and wurdon adruncene on þære sǽ. Soðlico þa
þe big heoldon flugon, and cyddon on þære ceastre, and
on lande: and hig út-eodon þæt hig gesawon hwæt þær
15 gedón wǽre. And hig comon to þam Hælende, and hig
gesawon þone þe mid deofle gedreht wæs, gescrydne
16 sittan, and hales modes; and hig him ondredon. And
hig rehton him, þa ðe hit gesawon, hu hit gedon wæs be
þam þe deofol-scocnesse hæfde, and be þam swýnum.

MARK, Chap. V.

And hig bædon þæt he of heora gemærum ferde. Ða 17 he on scyp eode, hine ongan biddan, se þe ǽr mid deofle 18 gedreht wæs, þæt he mid hym wære. Him þa se Hǽ- 19 lend ne getiþode ; ac he sǽde him : Gá to þinum huse, to þinum hiwum, and cyð heom, hu mycel Dryhten gedyde, and he gemiltsode þe. And he þa ferde, and ongau 20 bodian on Decapolim, hu fela se Hælend him dyde : and hig ealle wundredon. And þa se Hǽlend eft on scype 21 ferde ofer þone muþan, hym com to mycel mænigeo ; and wæs ombe þa sǽ. And þa com sum of heah-gesam- 22 nungum, Iáirus hatte ; and þa he hine geseah, he astrehte hine to his fótum, and hine swyþe bæd, and he cwæð : 23 Min dohtor ys on ytemestum siþe ; cum and sete þine hand ofer hig, þæt heo hal sy, and lybbe. Ða ferde he 24 mid him ; and him fyligde mycel mænigeo, and þrungon hine. And þa þæt wíf þe on blodes ryne twelf wintur 25 wæs, and fram manegum læcum fela þinga þolode, and 26 dǽlde eall þæt heo ahte, and hit naht ne fremede, ac wæs þe wyrse ; þa heo be þam Hǽlende gehyrde, heo com 27 wið-æftan þa mænigeo, and his reaf æthrán. Soðlice 28. heo cwæð : Gif ic furþon his reafes æthrine, ic beo hál. And þa sona wearð hyre blodes ryne adruwod ; and heo 29 on hyre gefredde, þæt heo of þam wite gehǽled wæs. And þa se Hǽlend onencow on him sylfum, þæt him 30 mægen of-eode, he cwæð, bewend to þære mænigeo : Hwa æthrán mine reaf? Ða cwædon his leorning- 31 cnyhtas : Ðu gesyhst þas mænigeo þe þringende, and þu cwyst : Hwa æthrán me ? And þa beseah hine, þæt he 32 gesawe þone þe þæt dyde. Ðæt wíf þa, ondrædende and 33 forhtigende, com and astrehte hig beforan him, and sǽde him eall þæt riht. Ða cwæð se Hælend : Dohtor, þin 34 geleafa þe hale gedyde ; ga þe on sibbe, and beo of þysum hal. Him þa gyt sprecendum, hig comon fram þam 35 heah-gesamnungum, and cwædon : Ðin dohtor ys dead ;

36 hwi dreest þu leng þone láreow? Da he gehyrde þæt
word, þa cwæð se Hælend: Ne ondræd þu þe, gelyf for
37 án. And he ne lét hym ænig ne fyligean, buton Petrum,
38 and Iacobum, and Iohannem Iacobes broðer. And hig
comon on þæs heah-ealdres hús, and he geseah mycel
39 geblyd, wependo and geomrigende. And þa he in-eode
he cwæð: Hwi synd ge gedrefede and wepað? nis þis
40 mæden dead, ac heo slæpð. Da tældon hig hine. He
þa, eallum ut-adrifenum, nam þære mædenes fæder and
moder, and þa þe mid him wæron, and in-eodon suwi-
41 ende þar þæt mæden wæs. And hyre hand nam, and
cwæð: Thalimtha cumi: þæt ys, on ure gcþeode gereht:
42 Mæden, þe ic secge, arís. And heo sona arís and eode:
soðlice heo wæs twelf wintre. And ealle hig wundredon
43 mycelre wundrunge. And he hym þearle bebead, þæt
hig hyt nanum men ne sædon: and he het hyre etan
syllan.

Chapter XI.

1 Da he geneulæhte Hierusalem, and Bethania, to Oli-
2 uetes dune, he sende hys twegen leorning-cnyhtas, and
cwæð to him: Faraó to þam castelle þe ongean inc ys,
and gyt þær sona gemetað assan folan getigedne, ofer
þæne nán man gyt ne sæt; ungetigeað hine, and to me
3 gelædað. And gif hwa to inc hwæt cwyð, secgað, Dæt
Drihten hæfð hys neode; and he hine sona hyder læt.
4 And þa hig út-ferdon, hig gemetton þone folan úte on
twycinan beforan dura, getigedne: þa untigdon hig hine.
5 And sume þe þar stodon, þus sædon him: Hwæt do gyt
6 þone folan untigende? Da cwædon hig: Swa se Hælend
7 unc bead. And hi leton hig þa. Da læddon hig þone
folan to þam Hælende, and hig heora reaf on-áledon;
8 and he on-sæt. Manega heora reaf on þone weg streh-
ton; sume þa bogas of þam treowum heowon, and

streowedon on þone weg. And þa ðe beforan eodon, and
þa ðe æfter folgodon, cwædon þus: Osanná: Sy gebletsod
se þe com on Dryhtnes naman: Sy gebletsod þæt ríce þe
com ures fæder Dauides: Osanná, on heahnessum. And
he eode þa on Hierosolima templ, and ealle þing he be-
sceawode: ða æfen tima wæs, he ferde to Bethanfam, mid
his twelf leorning-cnyhtum. And oþrum dæge, þa hig
ferdon fram Bethanía, hine hingrode. Da he feorran
geseah an fictreow þe leaf hæfde, he cóm, and sohte
hwæþer he þar-on aht funde: þa he him to cóm, ne funde
he þær buton leaf áne; soðlice hit wæs þæs fic-treowes
tima. Da cwæð he: Heonon-forð on ecnesse ne ête ænig
man wæstm of ðe. And hys leorning-cnyhtas þæt ge-
hyrdon. Da comon hig eft to Hierusalem; and þa he
on þæt templ eode, he ongan drifan of þam temple syl-
lende and bicgende; and myneteræ procu, and heah-setlu
þe ða culfran cypton he tobræc; and he ne gepafode þæt
ænig man ænig fæt þurh þæt templ bære. And he þa
lærende, þus cwæð to him: Nys hit awriten, þæt min
hús fram eallum þeodum bið genemned gebed-hús? soð-
lice ge dydon þæt to sceaþena scræfe. Da þæra sacerda
ealdras and þa boceras þis gehyrdon, hig þohton hu hig
hyne forspildon; þeh hig him ondredon hine; forþam
eall seo mænigeo wundrode be his láre. And þa hit
æfen wæs, he code of þære ceastre. On mergen, þa hig
ferdon, hig gesawon þæt fic-treow forscruncen of þam
wyrt-ruman. Da cwæð Petrus: Láreow, loca hu for-
scranc þæt fic-treow þe þu wyrigdest. Da cwæð se
Hælend, him andswarigende: Habbað Godes truwan.
Ic secge eow to soþo, Swa hwylc swa cwyð to þisum
munte, Sig þu afyrred, and on sǽ aworpen; and on his
heortan ne tweonað, ac gelyfð; swa hwæt swa he cwyð,
Geweorðe þis, þæt gewyrð. Forþam ic eow secge, Swa
hwæt swa ge gyrnende biddað, gelyfað þæt ge hit

25 onfoð, and hit eow becymð. And þonne ge stanað eow
to gebiddanne, forgifað, gif gé hwæt agén ænige habbað;
þæt eow cower synna forgife eower heofenlica Fæder,
26 se þo on heofenum ys. Gyf ge ne forgyfað, ne eow
eower synna ne forgyfð eower Fæder, þo on heofonum
27 ys. Ða com he eft to Hierusalem; and þa he on þam
temple code, hym to genealæhton þa heah-sacerdas, and
28 boceras, and caldras, and þus cwædon: On hwylcum
anwealde dest þu þas þing? and hwa sealde þe þysne
29 anweald, þæt þu þys dó? Ða cwæð se Hælend: And ic
acsige eow áure spræce; andswariað me, and ic secge
30 eow þonne on hwylcum anwealde ic þys dó. Hwæþer
wæs Iohannes fulluht, þe of heofone, þe of mannum?
31 andswariað me. Ða þohton hi and cwædon betweox
32 heom: Gif we secgað, Of heofone; he secgð ús: Hwi
ne gelyfde ge him? Gif we secgað, Of mannum; we
ondrædað þis folc: ealle hig hæfdon Iohannem þæt he
33 wære soðlice witega. Ða andswaredon hig þam Hæ-
lende, and cwædon: We nyton. Ða cwæð se Hælend:
Ne ic eow ne secge on hwylcum anwealde ic þas ðing dó.

LUKE, Chapter II.

1 Soðlice on þam dagum wæs geworden gebod fram þam
Casere Augusto, þæt eall ymb-hwyrft wære to-mearcod.
2 Deos to-mearcodnys wæs ærest geworden fram þam
3 deman Syrige Cirino. And ealle hig eodon, and syndrie
4 férdon on heora ceastre. Ða férde Iosep fram Galilea
of þære ceastre Nazareth, on Iudeisce ceastro Dauides,
seo ys genemned Bethléém; forþam þe he wæs of
5 Dauides húse and hirede: þæt he férde mid Marían þe
6 him beweddod wæs, and wæs geeacnod. Soðlice wæs
geworden, þa hig þær wæron, hyre dagas wæron gefyl-
7 lede þæt heo cende. And heo cende hyre frumcennedan

Sunu, and hyne mid cild-cláþum bewánd, and hyne on
binne alḗde; forþam þe hig nǽfdon rúm on cumena-huse.
And hyrdas wǽron on þam ylcan rice waciende, and 8
niht-wæccan bealdende ofer heora heorda. Ða stód 9
Dryhtnes engel wið hig, and Godes beorhtnes hym
ymbe scan: and hig him myclum ege ondredon. And se 10
engel him to cwæð: Nelle ge eow ondrǽdan. Soðlice
nu ic eow bodie mycelne gefean, se bið eallum folce.
Forþam to-dǽg eow ys Hǽlend acenned, se ys Dryhten 11
Crist, on Dauides ceastre. And þis tácen eow byð: Ge 12
gemétað án cild hræglum bewunden, and on binne aled.
And þa wæs færinga geworden mid þam engle mycelnes 13
heofenlices weredes, God heriendra and þus cweþendra:
Gode sy wuldor on heahnysse, and on corþan sybb, 14
mannum godes willan. And hit wæs gewórden, þa ða 15
englas to heofene férdon, þa hyrdas him betwynan
sprǽcon, and cwædon: Uton faran to Bethléem, and
geseon þæt word þe geworden ys, þæt Dryhten ús
ætýwde. And hig efstende comon, and gemetton 16
Marían and Iosep, and þæt cild on binne aled. Ða hig 17
þæt gesáwon, þa oncneowon hig be þam worde þe hym
gesǽd wæs be þam cilde. And ealle ða þe gehyrdon, 18
wundredon be þam þe him þa hyrdas sǽdon. María 19
geheold ealle þas word, on hyre heortan smeagende. Ða 20
gewendon hám þa hyrdas, God wuldriende and heriende
on eallum þam ðe hig gehyrdon and gesáwon, swa to
him geeweden wæs. Æfter þam ðe ehta dagas gefyllede 21
wǽron, þæt þæt cild embsnyden wǽre, his nama wæs
HÆLEND, se wæs fram engle genemned, ǽr he on innoðe
geeacnod wǽre. And æfter þam þe hyre clænsunge 22
dagas gefyllede wǽron, æfter Moyses ǽ, hig lǽddon hyne
on Hierusalem, þæt hig hyne Gode gesetton; swa swa 23
on Dryhtnes ǽ awriten ys: Þæt ǽlc wǽpned gecýnde-
lím ontynende, byð Dryhtne halig genemned; and þæt 24

LUKE, Chap. II.

hig offrunge scśldon, æfter þam þe Dryhtnes æ gecweden
25 ys, Twa turtlan, oþþe twegen culfran-briddas. And þa
wæs sin man on Hierusalem, þæs nama wæs Simeón;
and þes man wæs rihtwís, and oð Israhela frofer ge-
26 anbidiende: and Halig Gast him on wæs. And he
andswarc fram þam Halgan Gaste onfeng, þæt he deað
27 ne gesawe, buton he ær Dryhten Crist gesawe. And
on Gaste he on þæt tempel cóm. And þa hys magas
læddon þone Hælend, þæt hig for hym æfter þære æ
28 gewunan dydon, he onfeng hyne mid hys handum, and
29 God bletsode, and cwæð, Dryhten, nu þu lætst þinne
30 þeow, æfter þinum worde, on sibbe: forþam míne eagan
31 gesawon þine hæle, ða þu gearwodest beforan ansyne
32 ealra folca; leoht to þeoda awrigenesse, and to þines
33 folces wuldre Israhel. Da wæs hys fæder and his
34 moder wundriende be þam þe be hym gesæde wæron.
And þa bletsode hig Simeón, and cwæð to Marían his
moder: Loca nu, þes ys on hryre and on æryst aset
manegra on Israhel; and on tácen þam ðe wið-oweden
35 byð; (and hys sweord þine sawle þurh-færð,) þæt
36 geþohtas asýn awrigene of manegum heortum. And
Anna wæs witegestre, Fanueles dohtor, of Asseres
mægðe: þeos wunede mænigne dæg, and heo lyfede
37 mid hyre were seofen gear of hyre fæmnhúde; and heo
wæs wuduwe oð feower and hund-eahtatig geara, seo of
þam temple ne gewát, dæges and nihtes þeowigende on
38 fæstenum and on halsungum. And þeos þære tíde be-
cumende, Dryhtne andette, and be him spræc eallum
39 þam þe ge-anbidedon Hierusalem alysednesse. And þa
hig ealle þing gefyldon, æfter Drihtnes æ, hig gehwurfon
40 on Galileam, on heora ceastre Nazareth. Soðlice þæt
cild weox, and wæs gestrangod wísdomes full; and
41 Godes gyfu wæs on hym. And his magas férdon æloe
42 gere to Hierusalem, on Easter-dæges freols-tíde. And

JOHN, Chap. III.

þa he wæs twelf wintre, hy fóron to Hierusalem, to þam Eastcrlican freolse, æfter heora gewunan. And gefyl- 43 ledum dagum, þa hig ongean-gehwurfon, belaf se Hælend on Hierusalem; and hys magas þæt nyston: wendon þæt he on heora geférø wǽre. Ða cómon hig 44 fines dæges fær, and hyne sohton betweox his magas and his cuðan. Ða hig hyne ne fundon, hig gewendon to 45 Hierusalem, hino secende. Ða æfter þrim dagum, hig 46 fundon hine on þam temple, sittende on middan þam lareowum, blystende and hig acsigende. Ða wundredon 47 hig ealle þe gehyrdon be his gleawscype and his andswarum. Ða cwæð his moder to hym: Sunu, hwi dydest 48 þu une þus ? þin fæder and ic sarigende þe sohton. Ða 49 cwæð he to hym: Hwæt ys þæt gyt me sohton ? nyste gyt þæt me gebyrað to beonne on þam þingum þe mines Fæder synd ? Ða ne ongeaton hig þæt wórd þe he to 50 hym spræc. Ða ferde he mid hym, and com to Nazareth, and wæs hym under-þeod, and his moder geheold ealle þas wórd, on hyre heortan smeagende. And se 52 Hælend þeah on wisdome and on ylde, and mid gyfe Gode and mid mannum.

JOHN, Chapter III.

Soðlice sum Phariseisc man wæs genemned Nichodé- 1 mus, se wæs Iudea caldor. Þes com to him on niht, and 2 cwæð to him: Rabbf (þæt is, Láreow), we witon þæt þu cóme fram Gode: ne mæg nán man þas tácn wyrcan þe ðu wyrcst. buton God beo mid him. Se Hælend him 3 andswarode, and cwæð ; Soð ic þe secge, Buton hwa beo edniwan geceuned, ne mæg he geseon Godes rice. Ða 4 cwæð Nichodémus to hym: Hu mæg man beon eft acenned, þonne he byð cald? cwyst þu mæg he eft cuman on hys moder innoð, and beon eft acenned ? Se Hælend hym andswarode, and cwæð: Soð ic þe secge, Buton hwa

JOHN, Chap. III.

beo ge-edcenned of wætere and of Halgum Gaste, ne
6 mæg he in-faran on Godes rice. Ðæt þe acenned is of
flæsce, þæt is flæsc; and þæt þe of Gaste is acenned, þæt
7 is gast. Ne wundra þu, forþam þe ic sæde þe, Eow ge-
8 byrað þæt ge beon acennede edniwan. Gast oreðað
þær he wile, and þu gehyrst his stefne, and þu nast
hwanon he cymð, ne hwyder he gæd: swa is ælc þe
9 acenned is of Gaste. Ða andswarode Nichodemus, and
10 cwæð: Hu magon þas þing þus geweorðan? Se Hælend
andswarode, and cwæð to him: Ðu eart lareow Israhela
11 folce, and þu nast þas þing? Soð ic þe secge, þæt we
spreeað þæt we witon, and we cyðað þæt we geaswon;
12 and ge ne underfoð ure cyðnesse. Gyf ic eow eorðlice
þing sæde, and ge ne gelyfað, humeta gelyfe ge, gif ic
13 eow heofenlice þing secge? And nan man ne astihð to
heofenum, buton sæþe nyðer com of heofenum, mannes
14 Sunu, seþe com of heofenum. And swa Moyses þa
næddran up-ahof of þam westene, swa gebyrað þæt
15 mannes Sunu beo up-ahafen; þæt nan þæra ne for-
weorðe þe on hyne gelyfð, ac hæbbe þæt ece lif.
16 God lufode middan-eard, swa þæt he sealde his an-cen-
nedan Sunu, þæt nan ne forweorðe þe on hine gelyfð, ac
17 hæbbe þæt ece lif. Ne sende God his Sunu on middan-
eard, þæt he demde middan-earde; ac þæt middan-eard
18 sy gehæled þurh hine. Ne bið þam gedemed þe on hine
gelyfð: se þe ne gelyfð, him bið gedemed; forþan þe
he ne gelyfde on þone naman þæs an-cennedan Godes
19 Sunu. Ðæt is se dom, þæt leoht com on middan-eard,
and men lufedon þystro swyðor þonne þæt leoht: heora
20 weore wæron yfele. Ælc þæra þe yfele deð, hatað þæt
leoht; and he ne cymð to leohte, þæt his weore ne syn
21 gerihtlæhte. Witodlice se þe wyrcð soðfæstnysse cymð
to þam leohte, þæt his weore syn geawutolode, forþam þe
22 hig synd on Gode gedone. Æfter þyssum com se Hæ-

lend and his leorning-cnyhtas to Iudea-lande, and
wunede þær mid hym, and fullode. And Iohannes ful- 23
lode on Enón wið Salím, forþam þe þær wæron manega
wætro. And hig togædere comon, and wæron gefullode.
Ða gyt næs Iohannes gedon on cweðtern. Ða smeadon 24
Iohannes leorning-cnyhtas and þa Iudeas be þære clæn-
sunge; and comon to Iohanne, and cwædon to him: 26
Rabbí, se ðe mid þe wæs begeondan Iordáné, be þam þu
cyðdest gewitnesse, nu he fullað, and calle hig cumað to
him. Iohannes ondwyrde, and cwæð: Ne mæg man 27
nan þing underfón, buton hit beo him of heofenum ge-
seald. Ge sylfe me synd to gewitnesse, þæt ic sǽde, 28
Neom ic Crist, ac ic com asend beforan hine. Se ðe 29
bryde hæfð, se is bryd-guma: se ðe is þæs bryd-guman
freond, and stent and gehýrð hyne, mid gefean he ge-
blissað for þæs bryd-guman stefne: þés mín gefea is ge-
fylled. Hit gebyraþ þæt hé weaxe, and þæt ic wanige. 30
Se þe ufenan cóm, se ys ofer ealle: se þe of corþan ys, 31
se sprycð be corþan: se þe of heofone cóm, se ys ofer
ealle. And he cyð þæt he geseah and gehyrde: and 32
nán man ne underfehð his cyðnesse. Soðlice se þe his 33
cyðnesse underfehð, he getacnað þæt God ys soðfæst-
nes. Se þe God sende sprycð Godes word: ne sylð 34
God þone Gast be gemete. Fæder lufað þone Sunu, 35
and scalde ealle þing on his hand. Se þe gelyfð on 36
Sunu, se hæfð ece líf: se þe þám Sunu is ungeleaffull,
ne gesyhð he líf; ac Godes yrre wunað ofer hine.

CHAPTER XV.

Ic com soð wín-eard, and min Fæder ys eorð-tilia. 1
He deð ælc twig aweg on me þe blæda ne byrð; and he 2
feormað ælc þæra þe blæda byrð, þæt hyt bere blæda þe
swiþor. Nu ge synd clæne for þære spræce þe ic to eow 3

JOHN, Chap. XV.

4 spræc. Wuniað on me, and ic on eow. Swa twig ne mæg blæda beran hym-sylf, buton hit wunige on win-earde, swa ge ne magon eác, buton ge wunion on me. 5 Ic eom wín-eard, and ge synd twigu: Se þe wunað on me, and ic on him, se byrð mycle blœda: forþam ge ne 6 magon nan þing don butan me. Gif hwa ne wunað on me, he byð aworpen út swa twig, and fordruwað; and 7 hig gaderiað þa, and doð on fyr, and hig forbyrnað. Gif ge wuniað on me, and mine word wuniað on eow, bid-8 dað swa hwæt swa ge wyllon, and hyt byð eower. On þam ys min Fæder geswutelod, þæt ge beron mycle 9 blæda, and beon mine leorning-cnyhtas. And ic lufode 10 eow swa Fæder lufode me: wuniað on minre lufe. Gif ge mine bebodu gehealdað, go wuniað on minre lufe; swa ic geheold mines Fæder bebodu, and ic wunige on 11 hys lufe. Das þing ic eow sæde, þæt min gefea sy on 12 eow, and eower gefea sy gefullod. Dis is min bebod, 13 þæt ge lufion eow gemænelice, swa ic eow lufode. Næfð nán man maran lufe þonne þeos ys, þæt hwa sylle his líf 14 for his freondum. Ge synd mine frynd, gif ge doð þa 15 þing þe ic eow bebeode. Ne telle ic eow to þeowan; forþam se þeowa nat hwæt se hlaford deð : ic tealde eow to freondum ; forþam ic cyðde eow ealle þa þing þe ic 16 gehyrde æt minum Fæder. No gecure ge me, ac ic geceas eow, and ic sotte eow, þæt ge gán and blæda beron, and cowre blæda gelæston ; þæt Fæder sylle eow 17 swa hwæt swa ge biddað on minum naman. Das þing 18 ic eow beode, þæt ge lufion cow gemænelice. Gif mid-dan-eard eow hatað, witað þæt he hatede me ær cow. 19 Gif ge of middan-earde wæron, middan-eard lufode þæt his wæs : forþam þe ge ne synd of middan-earde ac ic eow geceas of middan-earde, forþig middan-eard eow 20 hatað. Gemunað minre spræce þe ic eow sæde, Nis se þeowa mærra þonne his hlaford. Gif hig me ehton, hig

JOHN, CHAP. XV.

wyllað ehtan cowcr: gif hig mine spræce heoldon, hig
healdað eac eowre. Ac ealle þas þing hig doð eow for 21
minum naman; forþam þe hig ne cunnon þone þe me
sende. Gif ic ne come, and to him ne spræce, næfdon hig 22
náne synne: nu hig nabbað nane lade be heora synne.
Se þe me hatað hatað minne Fæder. Gif ic náne weorc 23/24
ne worhte on him, þe nán oðer ne worhte, næfdon hig
náne synne: nu hig gesawon, and hig hatedon ægðer
ge mé, ge minne Fæder. Ac þæt seo spræc sy gefylled 25
þe on hyra æ awriten ys, Dæt hig hatedon me buton
gewyrhtum. þonne se Frefriend cymð, þe ic eow sénde 26
fram Fæder, soðfæstnysse Gast, þe cymð fram Fæder,
he cyð gewitnesse be me: and ge cyðað gewitnesse, 27
forþam ge wæron fram fruman mid mé.

COLLOQUIUM,

*ad Pueros Linguæ Latinæ Locutione exercendos, ab
ÆLFRICO primum compilatum, et deinde, ab ÆLFRICO
BATA, ejus Discipulo, auctum;*

LATINE ET SAXONICE.

We cildra biddaþ þe, eala Lareow, þæt þu tæce us sprecan
D. Nos pueri rogamus te, Magister, ut doceas nos loqui

[rihte], forþam ungelæredo we syndon, and gewæmmodlice
Latialiter recte, quia idiotæ sumus, et corrupto
we sprecaþ.
loquimur.

Hwæt wille ge sprecan?
M. Quid vultis loqui?

Hwæt roce we hwæt we sprecan, buton hit riht spræc
D. Quid curamus quid loquamur, nisi * recta locutio
sy, and behefe, næs idel, oþþe fracod?
sit, et utilis, non anilis, aut turpis?

Wille [ge beon] beswungen on leornunge?
M. Vultis flagellari in discendo?

Leofre ys us beon beswungen for lare, þænne hit ne
D. Carius est nobis flagellari pro doctrina, quam ne-
cunnan; ac we witun þe bilewitne wesan, and nellan onbelædan
scire; sed scimus te mansuetum esse, et nolle inferre
swincgla us, buton þu bi to-genydd fram us.
plagas nobis, nisi cogaris a nobis.

Ic axie þe hwæt * sprycst þu? Hwæt hæfst þu weorkes?
M. Interrogo te quid mihi loqueris? Quid habes operis?

Ic eom geanwyrde monuc, and ic singe ælce dæg seofon
D. Professus sum monachum, et psallo omni die septem
tida mid gebroþrum, and ic eom bysgod [on rædinge] and
synaxes cum fratribus, et occupatus sum lectionibus et
on sange; ac, peah-hwæþere, ic wolde betwonan leornian spre-
cantu; sed tamen vellem interim discere sermoci-
can on Leden gereorde.
nari Latina lingua.

ÆLFRICI COLLOQUIUM.

Hwæt cunnon þas þine geferan?
M. Quid sciunt isti tui socii?

Sume synt yrþlincgas, sume scep-hyrdas, sume oxan-hyrdas,
D. Alii sunt aratores, alii opiliones, quidam bubulci,

sume eac swylce huntan, sume fisceras sume fugeleras,
quidam etiam venatores, alii piscatores, alii aucupes,

sume cypmenn, sume sceo-wyrhtan, [sume] sealteras,
quidam mercatores, quidam sutores, quidam salinatores,
[sume] bæceras.[a]
quidam pistores loci.

Hwæt sægest þu, Yrþlinge,   hu begæst þu weorc þin?
M. Quid dicis tu, Arator, quomodo exerces opus tuum?

Eala, leof hlaford, þearle ic deorfe; ic ga ut on dægræd,
A. O, mi domine, nimium laboro; exeo diluculo,
þywende oxan[a] to felda, and juge hi to syl: nys
minando boves ad campum, et jungo eos ad aratrum: non
hyt swa stearc winter þæt ic durre lutian æt ham, for   ege
est tam aspera hyems ut audeam latere domi, præ timore
hlafordes mines; ac geiukodan oxan, and gefæstnodon sceare and
domini mei; sed junctis bobus, et confirmato vomere et
cultre mid þære syl, ælce dæg ic sceal erian   fulne   æcer[b]
cultro aratro, omni die debeo arare integrum agrum,
oþþe mare.
aut plus.

Hæfst þu ænigne geferan?
M. Habes aliquem socium?

Ic hæbbe sumne cnapan þywende oxan mid gad-
A. Habeo quendam puerum minantem boves cum sti-
isene, þo eac swylce nu hæs ys, for cylde and
mulo, qui etiam modo raucus est, præ frigore et
hreame.
clamatione.

Hwæt mare dest þu on dæg?
M. Quid amplius facis in die?

Gewyslice þænne mare ic do.   Ic sceal fyllan   binnan
A. Certe adhuc plus facio.   Debeo implere præsepia

[a] MS. Oxon.   [b] MS. æþer.

ÆLFRICI COLLOQUIUM.

oxan' mid hig, and wæterian hig, and scearn heora beran
boum fœno, et adaquare eos, et fimum eorum portaro
ut.
foras.

  Hig, hig, micel gedeorf ys hit!
M. O, O, magnus labor est!

  Go leof, micel gedeorf hit ys, forþam ic neom freoh.
A. Etiam, magnus labor est, quia non sum liber.

  [Hwæt segst þu,] Sceap-hyrde? Hæfst þu ænig gedeorf?
M. Quid dicis tu, Opilio? Habes tu aliquem laborem?

  Gea, leof, ic hæbbe; on forewerdne morgen ic drife sceap mine
O. Etiam, habeo; in primo mane mino oves meas
to heora læse, and stande ofer hig, on hæto and on cyle, mid
ad * pascua, et sto super eas, in æstu et frigore, cum
hundum, þu-læs wulfus forewelgon hig, and ic agen læde hig to heora
canibus, ne lupi devorent eas, et reduco eas ad *
loca, and melke hig tweowa on dæg, and loca heora ic hæbbe
caulas, et mulgeo eas bis in die, et caulas earum moveo
þærto, and cyse and butéran ic do, and ic eom getrywe hla-
insuper, et caseum et butyrum facio, et sum fidelis do-
forde minon.
mino meo.

  Eala, Oxan-hyrde, hwæt wyrcst þu?
M. O, Bubulco, quid operaris tu?

  Eala, hlaford min, micel ic gedeorfe: þænne se yrþlingc
B. O, domine mi, multum laboro: quando arator
unscenþ þa oxan, ic læde hig to læse, and ealle niht
disjungit boves, ego duco eos ad pascua, et tota nocte
ic stande ofer hig waciende for þeofan, and oft, on ærne
sto super eos vigilando propter fures, et iterum, primo
mergen, ic betæce hig þam yrþlincge, wel gefylde and gewæterode.
mane, adsigno eos aratori, bene pastos et adaquatos.

  Ys þes of þinum geferum?
M. Est iste ex tuis sociis?

  Gea he ys.
D. Etiam est.

  Canst þu ænig þing?
M. Scis tu aliquid?

ÆLFRICI COLLOQUIUM 21

Ænne cræft ic cann.
V. Unam artem scio.

Hwylcne*?
M. Qualis est?

Hunta ic com.
V. Venator sum.

Hwæs?
M. Cujus?

Cinnges.
V. Regis.

Hu begæst þu cræft þinne?
M. Quomodo exerces artem tuam?

Ic brede me max, and sette hig on stowe gehæppre, and
V. Plecto mihi retia, et pono ea in loco apto, et

getihte hundas mine, þæt wildeor hig ehton, oþ þæt þe hig cu-
instigo canes meos, ut feras persequantur, usquequo per-

man to þam nettan unforsceawodlice, þæt hig swa beon begrynode,
veniant ad retia improvise, et sic inretientur,

and ic ofslæh hig on þam maxum.
et ego jugulo eos in retibus.

Ne canst þu huntian buton mid nettum?
M. Nescis venari nisi cum retibus?

Gea, butan nettum huntian ic mæg.
V. Etiam, sine retibus venari possum.

Hu?
M. Quomodo?

Mid swiftum hundum ic betæce wildeor.
V. Cum velocibus canibus insequor feras.

Hwylce wildeor swyþost gefehst þu?
M. Quales feras maxime capis?

Ic gefeo heortas, and baras, and rann, and rægan, and
V. Capio cervos, et apros, et damas, et capreas, et

hwilon haran.
aliquando lepores.

Wære þu to dæg on huntnoðe*?
M. Fuisti hodie in venatione?

* MS. hwylcne ys. * huntnoðe?

22 ÆLFRICI COLLOQUIUM.

    Ic næs, forþam sunnan-dæg ys, ac gyrstan-dæg ic wæs
V. Non fui, quia dominicus dies est, sed heri fui
on huntunge.
in venatione.

    Hwæt gelæhtest þu?
M. Quid cepisti?

    Twegen heortas and ænne bar.
V. Duos cervos et unum aprum.

    Hu gefenege þu hig?
M. Quomodo cepisti eos?

    Heortas ic gefenge on nettum, and bar ic ofsloh.
V. Cervos cepi in retibus, et aprum jugulavi.

    Hu wære þu dyrstig ofstikian bar?
M. Quomodo fuisti ausus jugulare aprum?

    Hundas bedrifon hyne to me, and ic þær, togeanes
V. Canes perduxerunt eum ad me, et ego e contra
standende, færlice ofstikode hyne.
stans, subito jugulavi eum.

    Swiþe þryste þu wære þa.
M. Valde audax fuisti tunc.

    No sceal hunta forhtfull wesan, forþam mislice
V. Non debet venator formidolosus esse, quia variæ
wildeor wuniaþ on wudum.
bestiæ morantur in sylvis.

    Hwæt dest þu be þinre huntunge?
M. Quid facis de tua venatione?

    Ic sylle cyne swa hwæt swa ic gefo, forþam ic eom hunta
V. Ego do regi quicquid capio, quia sum venator
hys.
ejus.

    Hwæt sylþ he þe?
M. Quid dat ipse tibi?

    He scryt me wel and fett, and hwilon he sylþ me
V. Vestit me bene et pascit, et aliquando dat mihi
hors, oþþe beah, þæt þe lustlicor cræft minne ic begangc.
equum, aut armillam, ut libentius artem meam exerceam.

    Hwylcne cræft canst þu?
M. Qualem artem scis tu?

ÆLFRICI COLLOQUIUM. 23

Ic eom fiscere.
P. Ego sum piscator.

Hwæt begytst þu of þinum cræfte?
M. Quid adquiris de tua arte?

Bigleofan, and scrud, and feoh.
P. Victum, et vestitum, et pecuniam.

Hu gefehst þu fixas?
M. Quomodo capis pisces?

Ic astigie min scyp, and wyrpe max mine on ea, and
P. Conscendo navem, et pono retia mea in amne, et

angil (æs) ic wyrpe and spyrtan, and swa hwæt swa big gehæflaþ
hrunum projicio et sportas, et quicquid ceperint

ic genime.
sumo.

Hwæt gif hit unclæne broþ fixas?
M. Quid si immundi fuerint pisces?

Ic wyrpe þa unclænan ut, and genime me clæne
P. Ego projiciam immundos foras, et sumo mihi mundos

to mete.
in escam.

Hwær cypst þu fixas þine?
M. Ubi vendis pisces tuos?

On cæstre.
P. In civitate.

Hwa bigþ hi?
M. Quis emit illos?

Ceasterwara. Ic ne mæg swa fela [gefon] swa fela swa
P. Cives. Non possum tot capere quot

ic mæg gesyllan.
possum vendere.

Hwilce fixas gefehst þu?
M. Quales pisces capis?

Ælas, and hacodas, mynas, and sleputan, sceotan,
P. Anguillas, et lucios, monas, et capitones, tructos,

and lampredan, and swa hwylce swa on wætere swymmaþ sprote.
et murænas, et qualescunque in amne natant salu*.

* I am unable to explain *salu* otherwise than by supposing it may

ÆLFRICI COLLOQUIUM.

For hwi ne fixast þu on sæ?
M. Cur non piscaris in mari?

Hwilon ic do, ac seldon, forþam micel rewyt
P. Aliquando facio, sed raro, quia magnum navigium
me ys to sæ?
mihi est ad mare.

Hwæt fehst þu on sæ?
M. Quid capis in mari?

Hæringas and leaxas, mere-swyn and stirian, [ostran] and
P. Aleces et isicios, delphinos et sturias, ostreas et
crabban, muslan, pinewinclan, sæ-coccas, fagc, and
cancros, musculos, torniculos, neptigallos, platesias, et
floc, and lopystran, and fela ewylcre.
platissas, et polypodes, et [multa] similia.

Wilt þu fon sumne hwæl?
M. Vis capere aliquem cetum?

Nic.
P. Nolo.

For hwi?
M. Quare?

Forþam* plyhtlic þinge hit ys gefon hwæl. Gebeorhlicre
P. Quia periculosa res est capere cetum. Tutius
[ys] me faran to ea, mid scype mynum [b], þænne faran mid
est mihi ire ad amnem, cum nave mea quam ire cum
manegum scypum, on huntunge hranes.
multis navibus, in venationem balenæ.

For hwi swa?
M. Cur sic?

Forþam leofre ys me gefon fisc þæne ic mæg
P. Quia carius est mihi capere piscem quem possim
ofslean, þo na þæt an me, ac eac swylce mine geferan,
occidere, qui non solum me, sed etiam meos socios,
mid anum slege, ho mæg besencean oþþe gecwylman.
uno ictu, potest mergere aut mortificare.

---

be an error for *salice*. In the St. John's MS. the sentence ends with
salsat.

* MS. Forhwan.   [b] MS. mynan.

ÆLFRICI COLLOQUIUM. 25

And þeah, mænige gefoþ hwælas, and ætberstaþ frecnysse,
M. Et tamen, multi capiunt cetos, et evadunt pericula,
and micclne sceat þanon begytaþ.
et magnum pretium inde acquirunt.
Soþ þu sægst, ac ic ne geþristige, for modes mines
P. Verum dicis, sed ego non audeo, propter mentis meæ
nytenysse.
ignaviam.

Hwæt segst þu, Fugelere?   Hu beswicst þu fuglas?
M. Quid dicis tu, Aucepa? Quomodo decipis aves?

On fela wisan ic beswice fuglas; hwilon mid nettan,
A. Multis modis decipio aves; aliquando retibus,
[hwilon]   mid grinum, [hwilon]   mid lime,   [hwilon]
aliquando   laqueis,   aliquando   glutino,   aliquando
mid hwistlunge, [hwilon] mid hafoce, [hwilon] mid treppan.
sibilo,   aliquando accipitre, aliquando decipula.

Hæfst þu hafoc?
M. Habes accipitrem?

Ic hæbbe.
A. Habeo.

Canst þu temian hig?
M. Scis tu domitare eos?

Gea, ic cann.   Hwæt sceoldon hig me, buton ic cuþe
A. Etiam, scio. Quid deberent mihi, nisi scirem
temian hig?
domitare eos?

Syle me ænne hafoc.
V. Da mihi accipitrem.

Ic sylle lustlice, gyf þu sylst me ænne swyftne
A. Dabo libenter, si tu dederis mihi unum velocem
hund. Hwilcne hafoc wilt þu habban; þone maran, hwæþer þe
canem. Qualem accipitrem vis habere; majorem, aut
þæne læssan?
minorem?

Syle me þæne maran.
V. Da mihi majorem.

Hu afetst* þu hafocas þine?
M. Quomodo pascis accipitres tuos?

* MS. afest.

26 · ÆLFRICI COLLOQUIUM.

Hi fedaþ hig sylfe and me on wintra, and on lenegten
A. Ipsi pascunt se ipsos et me in hieme, et in vere

ic læte hig ætwindan to wuda, and genyme me briddas on
dimitto eos avolare ad sylvam, et capio mihi pullos in

herfæste, and temige hig.
autumno, et domito eos.

And for hwi forlætst þu þa getemedon ætwindan fram þe?
M. Et cur permittis tu domitos avolare a te?

Forþam ic nelle fedan hig on sumera, forþam þe hig
A. Quia nolo pascere eos in æstate, eo quod *

þearle etaþ.
nimium comedunt.

And manige fedaþ þa getemedon ofer sumor, þæt
M. Et multi pascunt domitos super æstatem, ut

eft hig habban gearuwe.
iterum habeant paratos.

Gea, swa hig doþ, ac ic nelle oþ þæt an deorfan
A. Etiam sic faciunt, sed ego nolo in tantum laborare

ofer hig, forþam ic can oþre, na þæt ænne, ac eac swilce
super eos, quia scio alios, non solum unum, sed etiam

manige, gefon.
plures, capere.

Hwæt sægst þu, Manegere?
M. Quid dicis tu, Mercator?

Ic secge þæt behefe ic eom ge cinge and ealdormannum,
Mer. Ego dico quod utilis sum et regi, et ducibus,

and weligum, and eallum folce.
et divitibus, et omni populo.

And hu?
M. Et quomodo?

Ic astige min scyp, mid hlæstum minum, and rowe
Mer. Ego ascendo navem, cum mercibus meis, et navigo

ofer sælice dælas, and cype mine þingc, and bicge þingc dyr-
ultra marinas partes, et vendo meas res, et emo res pre-

wyrþe, þa on þisum lande ne beoþ acennede, and ic hit to-gelæde
tiosas, quæ in hac terra non nascuntur, et adduco

eow hider, mid micclan plihta, ofer sæ, and hwilon
vobis huc, cum magno periculo, super mare, et aliquando

ÆLFRICI COLLOQUIUM.

forlidenesse ic þolic, mid lyre ealra þinga minra,
naufragium patior, cum jactura omnium rerum mearum,
uneaþe cwic ætberstende.
vix vivus evadens.
    Hwylce þine gelædst þu us?
M. Quales res adducis nobis?.
        Pællas, and sidan, deorwyrþe gymmas, and gold,
Mer. Purpuram, et sericum, pretiosas gemmas, et aurum,
selcuþe reaf, and wyrigomange, win and ele, ylpes-ban, and
varias vestes, et pigmenta, vinum, et oleum, ebur, et
mæstlinge, ær, and tin, swefel, and glæs, and þylces
aurichalcum, æs, et stannum, sulphur, et vitrum, et his
fela.
similia.
    Wilt þu syllan þinge þine her, ealswa þu hi gebohtest her?
M. Vis vendere res tuas hic, sicut emisti illic?
    Ic nelle. Hwæt þænne me fremode gedeorf min? Ac
Mer. Nolo. Quid tunc mihi proficit labor meus? Sed
ic wylle heora cypan her luflicor þonne [ic] gebicge her, þæt
volo • vendere hic carius quam emi illic, ut
sum gestreon me ic begyte, þænon ic me afede, and
aliquod lucrum mihi adquiram, unde me pascam, et
min wif, and minne sunu.
uxorem, et filium.
        Þu, Sceowyrhta, hwæt wyrcst þu us nytwyrþnesse?
M. Tu, Sutor, quid operaris tu nobis utilitatis?
    Ys witodlice cræft min behefe þearle eow, and neodþearf.
S. Est quidem ars mea utilis valde vobis, et necessaria.
        Hu?
M. Quomodo?
        Ic bicge hyda, and fell, and gearkie hig mid cræfte
S. Ego emo cutes, et pelles, et præparo eas arte
minon, and wyrce of him græcy mistlices cynnes; swyft-
mea, et facio ex iis calceamenta diversi generis; sub-
talæras, and sceos, leþer-hosa, and butericas, bridel-twancgas and
lares, et ficones, caligas, et utres, frenos, et
gereda, and flaxan (pinnan) and higdifatu, spur-leþera, and
phaleras, et flascones,   et calidilia, calcaria, et

hælſtrꝰ, puꞅan, and ſætelæꞅs, and nan eower nelo oforwintran chamoꞅ, peraꞅ, et marꞅupiꞅ, et nemo veꞅtrum vult bicnare
butan minon cræſte.
ꞅino mea arto.

[Eala], Scaltere, hwæt uꞅ fromaþ cræſt þin ?
M. O, Salinator, quid nobis proficit ars tua ?

þrærto fremaþ cræſt min cow eallum: nan
S. Multum prodest ars mea vobis omnibus: nemo
cower bliꞅꞅe bryeþ on gereordunege, oþþe meto, butan cræſt
vestrum gaudio fruitur in prandio, aut cœna, nisi ars
min giꞅtliþe him beo.
mea hoꞅpita ei fuerit.

Πu?
M. Quomodo?

Hwylc manna werodum þurhbryeþ mettum, butan ꞅwæcce
S. Quis hominum dulcibus perfruitur cibis, sine saporo
ꞅaltreꞅ ? Hwa gefylþ eleaſan his, oþþe hedderne, butan
salis? Quis replet cellaria sua, sive promtuaria, sino
cræſte minon? Efne, buter-geþweor ælc and cyꞅe-gerunn loꞅaþ
arte mea? Ecce, butyrum omne et caseus percunt
cow, butan ic hyrde ætweꞅe cow, þe ne furþon an wyr-
vobis, nisi ego custos adsim vobia, qui nec saltem oleri-
tum eowrum, butan me, bruceþ.
bus vestris, sine me, utimini.

[Hwæt ꞅegꞅt þu,] Dæcere ? Hwam fremaþ [cræſt þin,] oþþe
M. Quid dicis tu, Pistor ? Cui prodest ars tua, aut
hwæþer, butan þe, we magon lif adreogan?
si sino te, possimus vitam ducere ?

Ge magon [witodlice,] þurh ꞅum fæc, butan [minon
P. Potestis quidem, per aliquod spatium, sine mea
cræſte, lif adreogan, ac] na langæ, ne to wel; ꞅoþlice,
arte vitam ducere, sed non diu, nec adeo bene; nam,
butan cræſte minon, ælc bred æmtig byþ geꞅewen, and,
sine arte mea, omnis mensa vacua videtur esso, et,
butan hlaſe, ælc mete to wlættan byþ gehwyrfed. Ic heortan
sine pane, omnis cibus in nauseam convertitur. Ego cor

ÆLFRICI COLLOQUIUM.

mannes gestrangiþ; ic mægen wera [com]; and furþon lit-
hominis confirmo; ego robur virorum sum; et nec par-

linegas nellaþ forbigean me.
vuli nolunt præterire me.

[Hwæt secgaþ we be coce;] hwæþer we beþurfon on ænigon
M. Quid dicimus de coquo; si indigemus in aliquo

cræfte [his?]
arte ejus?

            Gif ge me ut-adrifaþ fram eowrum geferscype,
Dicit Cocus: Si me expellitis a vestro collegio,

ge etaþ wyrta eowre grene, and flæsc-mettas eowre
manducabitis olera vestra viridia, et carnes vestras

hreawe, and [ne] furþon sealt broþ ge magon, [butan cræfte minon,
crudas, et nec saltem pingue jus potestis, sine arte mea,

habban].
habere.

          We ne reccaþ [be cræfte þinon], ne he us neodþearf
M. Non curamus de arte tua, nec nobis necessaria

ys, forþam we sylfe magon seoþan þa þinge þe to seoþenne
est, quia nos ipsi possumus coquere quæ coquenda

synd, and brædan þa þinge þe to brædenne synd.
sunt, et assare quæ assanda sunt.

          Gif ge forþy me fram-adryfaþ, þæt ge þus don,
Dicit Cocus: Si ideo me expellitis, ut sic faciatis,

þonne beo ge ealle þrælas, and nan eower ne biþ hlaford;
tunc eritis omnes servi, et nullus vestrum erit dominus;

and, þeah-hwæþere, buton [cræfte minon] ge ne etaþ.
et tamen, sine arte mea, non manducatis.

       Eala, [þu] munuc, þe me to spycst, efne ic hæbbe
M. O, monache, qui mihi locutus es, ecce pro-

afandod þe habban gode geferan, and þearle neodþearfe:
bavi te habere bonos socios, et valde necessarios:

and ic ahsie þa.
qui sunt illi?

       Ic hæbbe smiþas, isene-smiþas, gold-smiþ, scolfor-smiþ,
D. Habeo fabros, ferrarios, aurificem, argentarium,

ær-smiþ, treow-wyrhtan, and manega oþre mistlicra cræfta
ærarium, lignarium, et multos alios variarum artium
biggengeras.
operatores.

      Hæfst [þu] ænigne wisne geþeahtan?
M. Habes aliquem sapientem consiliarium?

      Gewislice ic hæbbe. [Hu mæg] ure gegaderunge
D. Certe habeo. Quomodo potest nostra congregatio
buton geþeahtynde beon wissod?
sine consiliario regi?

      [Hwæt sægst þu,] Wisa? Hwilc cræft þe geþuht betwux
M. Quid dicis tu, Sapiens? Quæ ars tibi videtur inter
þas furþra wesan?
istas prior esse?

      [Ic secge þe,] me ys geþuht Godes þeowdom, betweoh
C. Dico tibi, mihi videtur Dei servitium inter
þas cræftas ealdorscype healdan, swa swa hit [ys] gered on
istas artes primatum tenere, sicut legitur in
godspelle, Fyrmest seceaþ rice Godes, and rihtwisnesse
evangelio, Primum quærite regnum Dei, et justitiam
hys, and þas þingo ealle beoþ to-geyhte eow.
ejus, et hæc omnia adjicientur vobis.

      And hwilce þe geþuht betwux worold-cræftas heoldan
M. Et quales tibi videtur inter seculares artes retinere
ealdordom?
primatum?

      Eorð-tilþ, forþam se yrþling us ealle fett.
C. Agricultura, quia arator nos omnes pascit.

      Se Smiþ secgþ:—Hwanon [þam yrþlinge] sylan scear oþþe
Ferrarius dicit: Unde aratori vomer aut
culter, þo na gade hæfþ, buton of cræfte minon? Hwanon
culter, qui nec stimulum habet, nisi ex arte mea? Unde
fiscere anegel, oþþe sceo-wyrhtan æl, oþþe seamere nædl?
piscatori hamus, aut sutori subula, aut sartori acus?
nis hit of minon geweorce?
nonne ex meo opere?

      Se Geþeahtend andswaraþ:—Soþ witodlice sægst [þu]; ac
Consiliarius respondit: Verum quidem dicis; sed

ÆLFRICI COLLOQUIUM.

cullum us loofre ye wikian mid þam yrþlingo þonne
omnibus nobis carius est hospitari apud aratorem quam
mid þe; forþam se yrþling sylþ us hlaf and drenc: þu,
apud te; quia arator dat nobis panem et potum: tu,
hwæt sylst [þu] us, on smiþþan þinre, buton isene fyr-spearcan,
quid das nobis, in officina tua, nisi ferreas scintillas,
and sweginega beatendra sloegea, and blawendra byliga?
et sonitus tundentium malleorum, et flantium follium?

Se Treo-wyrhta segþ:—Hwilc eower ne notaþ cræfte
Lignarius dicit: Quis vestrum non utitur arte
minon, þonne hus, and mistlico fata, and scypa, cow eal-
meon, cum domos, et diversa vasa, et naves, vobis om-
lum io wyrce?
nibus fabrico?

Se Smiþ andwyrt:—Eala Tryw-wyrhta, for hwi swa sprycst
Ferrarius respondit: O Lignarie, cur sic loque-
þu, þonne ne furþon an þyrl [buton cræfte minon]
ris, cum nec saltem unum foramen, sine arte mea,
þu ne miht don?
vales facere?

Se Geþeahtend sægþ:—Eala geferan [and] gode wyrhtan!
Consiliarius dicit: O socii et boni operarii!

Uton towurpan hwætlicor þas geflitu, and sy sibb and
Dissolvamus citius has contentiones, et sit pax et
geþwærnyss betweoh us, and framige anra gehwylc oþron on
concordia inter nos, et prosit unusquisque alteri in
cræfte hys, and geþwærian symble mid þam yrþlinge, þær we
arte sua, et conveniamus semper apud aratorem, ubi
bigleofan us, and fodder horsum urum habbaþ; and þis
victum nobis, et pabula equis nostris habemus; et hoc
geþeaht ic sylle eallum wyrhtum, þæt anra gehwylc cræft
consilium do omnibus operariis, ut unusquisque artem
his geornlice begange; forum seþe cræft his forlæt,
suam diligenter exerceat; quia qui artem suam dimiserit,
he byþ forlæten fram þam cræfte. Swa hwæþer þu sy, swa mæsse-
ipse dimittetur ab arte. Sive sis sacer-
preost, swa munuc, swa ceorl, swa kempa, bega (behwyrf)
dos, sive monachus, seu laicus, seu miles, exerce

ÆLFRICI COLLOQUIUM.

þe sylfne on þisum: beo þæt [þæt] þu eart, forþam micel
temet ipsum in hoc: esto quod es, quia magnum
hynþ and sceamu hyt ys men nelle wesan þæt þæt
damnum et verecundia est homini nolle esse quod
he ys, and þæt þo he wesan sceal.
est, et quod esse debet.

Eala cild, hu eow licaþ eos sprǽc?
M. O pueri, quomodo vobis placet ista locutio?

Wel • heo licað us, ac þearle deoplice
D. Bene quidem placet nobis, sed valde profunde
[þu] sprycst, and ofer maþe ure þu forþtyhst [þa] sprǽce;
loqueris, et ultra ætatem nostram protrahis sermonem;
ac sprec us æfter urum andgyte, þæt we magon
sed loquere nobis juxta nostrum intellectum, ut possimus
understandan þa þing þo þu specst.
intelligere quæ loqueris.

Ic ahsige eow for hwi swa geornlice leornige ge?
M. Interrogo vos cur tam diligenter discitis?

Forþam we nellaþ wesan swa stunte nytenu, þa
D. Quia nolumus esse sicut bruta animalia, quæ
nan þing witaþ buton græs and wæter.
nihil sciunt nisi herbam et aquam.

And hwæt wille ge?
M. Et quid vultis vos?

[We] willaþ wesan wise.
D. Volumus esse sapientes.

On hwilcon wisdome? Wille ge wesan prættige, oþþe
M. Qua sapientia? Vultis esse versipelles, aut
þweendhiwe, on læsungum lytige, on spræcum gleawlice, hinder-
milleformes, in mendaciis vafri, in loquelis astuti, ver-
gepe, wel sprecende and yfele þencende, swæsum wordum
suti, bene loquentes et male cogitantes, dulcibus verbis
underþeodde, facn ⁎ wiþinnan tyddriende, swa swa byrgls,
dediti, dolum intus alentes, sicut sepulchrum,
metton ofergeweorke, wiþinnan full stence?
depicto mausoleo, intus plenum fœtore?

⁎ MS. fan.

ÆLFRICI COLLOQUIUM.   33

We nellaþ swa weran wise,   forþam he nys   wis
D. Nolumus sic esse sapientes, quia non est sapiens

þe mid dydrunge hyne sylfne beswicþ.
qui simulatione semet ipsum decipit.

Ac   hu   wille ge?
M. Sed quomodo vultis?

We willaþ beon bylewite, butan licetunge, and   wise,
D. Volumus esse simplices, sine hypocrisi, et sapientes,

þæt we bugon fram yfele, and   don   goda: gyt, beah-
ut declinemus a   malo, et faciamus bona: adhuc, ta-

hwæþere, deoplicor mid us þu smeagst þonne yld uro
men   profundius nobiscum disputas quam ætas nostra

anfon mæge; ac spreo us æfter uron gewunon, næs swa
capere possit; sed loquere nobis nostro   more, non tam

deoplice.
profunde.

Ic   do   ealswa ge biddaþ. Þu, cnapa, hwæt dydest [þu]
M. Ego faciam sicut rogatis. Tu, puer, quid fecisti

to-dæg?
hodie?

Manega þing ic dyde. On þisse niht, þaþa   enyll ic ge-
D. Multas res feci. Hac nocte, quando signum au-

hyrde, ic aras of minon bedde, and eode to   cyrcean, and sang
divi, surrexi de lectulo, et exivi ad ecclesiam, et cantavi

uht-sang   mid gebroþrum; æfter þa we sungon be callum
nocturnam cum fratribus; deinde cantavimus de omnibus

halgum, and dægredlico lof-sangas; æfter þysum, prim, and
sanctis, et matutinales laudes; post hæc, primam, et

seofon seolmas, mid letanian, and capitol mæssan; syþþan
septem psalmos, cum letaniis, et primam missam; deinde

undern-tide, and dydon mæssan be dæge; æfter þisum we sung-
tertiam, et fecimus missam de die ; post hac cantavi-

on   middæg, and   æton,   and druncon, and   slepon,
mus sextam, et manducavimus et bibimus, et dormivimus,

and eft   we arison, and sungon   non, and nu
et iterum   surreximus, et cantavimus nonam, et modo

D

ÆLFRICI COLLOQUIUM.

we synd her ætforan þe, gearuwe gehyran hwæt þu us secge.
sumus hic coram te, parati audire quid * nobis dixeris.

    Hwænne wyllo ge singan æfen, oþþe niht-sange?
M. Quando vultis cantare vesperum, aut completorium?

    ponne hyt tima byþ.
D. Quando * tempus erit.

    Wære þu to-dæg beswungen?
M. Fuisti hodie verberatus?

    Ic næs, forþam wærlice ic me heold.
D. Non fui, quia caute me tenui.

    And hu þine geferan?
M. Et quomodo tui socii?

    Hwæt me ahsast [þu] be þam? Ic ne dear yppan
D. Quid me interrogas de hoc? Non audeo pandere

þe digla ure. Anra gehwylc wat gif he beswungen wæs
tibi secreta nostra. Unusquisque scit si * flagellatus erat
oþþe na.
aut non.

    Hwæt ytst þu on dæg?
M. Quid manducas in die?

    Gyt flæsc-metium ic bruce, forþam cild ic eom under
D. Adhuc carnibus vescor, quia puer sum sub
gyrde drohtniende.
virga degens.

    Hwæt mare ytst þu?
M. Quid plus manducas?

    Wyrta, and ægra, fisc, and oysæ, buteran, and beans,
D. Olera, et ova, pisces, et caseum, butyrum, et fabas,
and calle clæne þingo ic ete, mid micelre þancunge.
et omnia munda manduco, cum * gratiarum actione.

    Swiþe wæxgeorn eart þu, þonne þu calle þingo etst
M. Valde edax es, cum * omnia manducas
þe þe toforan [gesette synd.]
quæ tibi apponuntur.

    Ic ne eom swa micel swelgere, þæt ic calle cynn
D. Non sum tam vorax, ut * omnia genera
metta on anre gereordinge etan mæge.
ciborum in una refectione edere possim.

ÆLFRICI COLLOQUIUM.   35

Ac   hu?
M. Sed quomodo?

Ic bruce   hwilon þisum mettum, and [hwilon]   oþrum,
D. Vescor aliquando his   cibis, et aliquando aliis,
mid syfernysse, swa swa dafnaþ munuce, næs mid oferhropes,
cum sobrietate, sicut decet monacho, non cum voracitate,
forþam ic eom nan gluto.
quia   non sum gluto.

And hwæt drincst þu?
M. Et quid   bibis?

Ealu,   gif ic hæbbe, oþþe wæter, gif ic   næbbe
D. Cerevisiam, si   habeo, vel aquam, si non habeo
ealu.
cerevisiam.

No drincst þu   win?
M. Nonne bibis vinum?

Ic no eom swa spedig þæt ic mæge bicgean me   win;
D. Non sum tam dives ut possim emere mihi vinum;
and win   nys   drenc   cilda,   ne   dysigra,   ac
et vinum non est potus puerorum, sive stultorum, sed
caldra and   wisra.
senum et sapientum.

Hwær slæpst [þu]?
M. Ubi dormis?

On   slæp-erne mid gebroþrum.
D. In dormitorio cum fratribus.

Hwa aweceþ þo to uht-sancge?
M. Quis excitat te ad nocturnos?

Hwilon ic gehyre cnyll, and ic arise;   hwilon
D. Aliquando audio signum et   surgo; aliquando
lareow   min   aweceþ me   stiþlice mid gyrde.
magister meus excitat me duriter cum virga.

Eala ge [gode] cildra, and wynsume leorneras, eow manaþ
M. O * probi pueri, et venusti discipuli, vos hortatur
cower   lareow   þæt ge hyrsumian godcundum   larum,   and þæt
vester eruditor ut   parentis   divinis disciplinis, et ut
ge healdan eow sylfo   ænlice   on ælcere stowe.   Gaþ
observetis vosmet eleganter ubique locorum. Incedite

brawlice, þonne ge gehyran cyricean bellan, and
morigernte, cum auscultaveritis ecclesiæ campanas, et
gaþ into cyrcean, and abugaþ eadmodlice to halgum
ingredimini in oratorium, et inclinate suppliciter ad almas
wofodum, and standaþ brawlice, and singaþ antmodlice,
arns, et state disciplinabiliter, et concinite unanimiter,
and gebiddaþ for cowrum synnum, and gaþ ut, butan
et intervenite pro vestris erratibus, et egredimini, siue
hygeleaste, to claustre, oþþe to leorningo,
scurrilitate, in claustrum, vel in gymnasium.

HOMILIES OF ÆLFRIC.

DOMINICA I. IN MENSE SEPTEMBRI,
QUANDO LEGITUR IOB.

MINE gebroðra, we rædað nu æt Godes ðenungum be
ðan eadigan were IOB; nu wille we eow hwæt lytles be
him gereccan, forðan þe seo deopnys ðære race ofersstihð
ure andgit, and eac swiðor þæra ungelæredra. Man sceal
lærwedum mannum secgan be heora andgites mæðe, swa
þæt hí ne beon ðurh ða deopnysse æmode, ne þurh ða
langsumnysse geæðrytte.
Sum wer wæs geseten on þam lande þe ys gehaten Hūs,
his nama was Iob. Se wer wæs swiþe bilewite and rihtwis
and ondrædende God and forbugende yfel; him wæron
acennede scofan suna and þreo dohtra; he hæfde scofon
þusend sceapa and þreo þusend olfenda, fif hund getymu
oxena and fif hund assan and ormæte micelne hired. Se
wer wæs swiþe mære betwux eallum Easternum; and his

suna fordon and þenode ælc oþrum mid his gódum on ymbhwyrfte æt his huse, and þær-to heora swustru gelaþodon. Iob soðlice arás on þam eahteoþan dæge on ærnemerigen, and offrode Gode seofonfealde lác for his seofon sunum, þylæs þe hí wið God on heora geþauce agylton. Þus dyde Iob eallum dagum for his sunum and hi swa gebælgode.

Hit gelámp on sumum dæge, þaða Godes englas comon, and on his gesihþe stodon, þa wæs eac swilce so scucca him betwux. To þam cwæð Drihten, Hwauon come þu? Se sceocca andwyrde, Ic ferde geond þas eorþan and hí becode. Drihten cwæð, Ne beheolde þu lá minne þeowan Iob, þæt nan man nis his gelica on corþan, bilewite man and rihtwis, oudrædende God and yfel forbugende. Swa stod se deofol on Godes gesihðe, swa swa déð se blinda on sunnan. Seo sunne ymbscinð þone blindan, and se blinda ne gesihð þære sunnan leoman. God geseah þone deofol, and se deofol swa-þeah wæs bedæled Godes gesihðe and his wuldres. Eorþe is geoweden Godes fót-sceamol, and seo heofen is his þrym-setl. Nu stod se sceocca swilce æt Godes fót-sceamele up on þære eorþan, þaða se Ælmihtiga hine axode hwanon hé come? Hé cwæð þæt hé ferde geond þas eorþan, forþan þe hé færð, swa swa Petrus se Apostol cwæð, Beoð sylfre and wacole, forþan þe se deofol, cower wiþerwinna, færð onbutan swa swa grymetende leo, secende hwæne hé abite; wiþstandað þam strange on geleafan. Micele wæron þises mannes geearnunga, þa se Ælmihtiga be him cwæð, þæt his gelica nære on eorþan. Ge magon gehyran sume his þeawas, swa swa hé be him sylfum awrat.

Iob cwæð: Ic alysde hrymende þearfan, and þam steopbearne, þe buton fultume wæs, ic geheolp, and wydewan heortou ic gefrefrode. Ic wæs ymbscryd mid rihtwisnysse. Ic wæs blindum men eage, and healtum fót, and þearfena

fæder. Of ðysum minra sceapa wæron gehlywde þearfena
sidan, and ic þearfum ne forwyrnde þæs þe hí gyrndon;
ne ic ne æt ana minne hlaf buton steop-bearne, ne ic ne
blissode on minum menigfealdum welum. Ne feguode
ic on mines feondes hryre, no læg ælþeodig man wiþutan
minum hogum, ac min duru geoþenode symle wegferen-
dum. Ne behydde ic mine synna, ne ic on minum
bosme ne bediglode mine unrihtwisnysse. Ne sæde Iob
þis for gylpe, ac forþan þe hé wæs callum mannum to
bysne geset.

Þus mærne man wolde se mánfulla deofol, þurh þam
micclum costnungum þe he him to dyde, fram Gode gewe-
man; and cwæð to Drihtne, Ne ondræt Iob on idel God:
þu ymbtrymedest hine and ealle his æhta, and his hand-
geweorc þu bletsodest, and his æhta weoxon on corþan.
Ac astrece hwon þine hand, and getill ealle þa þing þe hé
ah, and he þe on ansyne wyrigð. Drihten cwæð to þam
sceoccan, Efne nu ealle þa þing þe he ah sindon on þinre
handa, buton þam anum, þæt þu on him sylfum þine hand
ne astrecce. Ne derode Iobe naht þæs deofles costnung,
ac fremode, forþan þe he wæs fulfremedre on geþincþum
and Gode near, æfter þæs sceoccan ehtnysse. Se deofol
gewende þa fram Godes gesihþe, and acwealde ealle his
æhta anes dæges. Sum ærend-raca com to Iobe, and cwæð,
Þine syll codon and þa assan wið hí læswodon; þa færlice
comon Sabei, and hí ealle us benamon, and þine yrþlingas
ofslogon, and ic ana ætbærst, þæt ic þe þis cydde. Mid
þam þe se yrþling þis sæde, þa com sum oþer, and cwæð,
Fyr com færlice of heofenum, and forbærnde ealle þine
sceep and þa hyrdas samod, and ic ana ætwand, þæt ic
þe þis cydde. Ða com se þridda ærend-raca, and cwæð,
Ða Chaldeiscan comon on þrim floccum, and ure olfendas
ealle gelæhton, and þa hyrdas mid swurde ofslogon; ic ana
ætflcah, þæt ic þe þis cydde. Efne þa-gyt com se feorþa

ꞃrend-raca inn, and cwæð, Dine suna and þine dohtra æton
and druncon mid heora yldestan breþer, and efne þa fǽrlice
swegde swiþlic wind of þam westene, and tosloh þæt hús
æt þam feower hwemmum, þæt hit hreoseude þine bearn
ofþrihte and newealde; ic ana ætbærst, þæt ic þe þis cydde.
Hwæt þa, Iob arás and totær his tunecan and his loccas
forcearf, and feol to eorþan, and cwæð, Nacod ic com of
minre modor innoþe, and nacod ic sceal heonan gewendan.
Drihten me forgeaf þa ælitn, and Drihten hí me eft benam;
swa swa him gelicode swa hit is gedon, beo his nama ge-
bletsod. On eallum þisum þingum ne syngode Iob on his
welerum, ne nan þing dyslices ongean God ne spræc. Eal
þis dyde se ealda deofol to gremenne þone gódan man, and
symle he læfde ænne cucenne, him to cyþenne his æhta lyre,
þæt his mod wurde fram Gode awend, þaða he þa ungelimp
geaxod hæfde. Þæt fyr com ufan, þe þa sceep forbærnde:
ac hit ne com nú of heofenum, peah þu hit swa gehfwod
wære; forþan þe se deofol næs on heofenum næfre siþþan
he þanon purh modignysse afcol mid his geferum. Eall
swa deð Antecrist, þonne he cymð, he asent fyr ufan, swilce
of heofenum, to bepæcenne þæt earme mancynn þe he on
bið; ac wite gehwá þæt se ne mæg nan fyr of heofenum
asendan, seþe on heofenum sylf cuman ne mót. On eallum
þisum ðingum ne syngode Iob on his welerum. On twa
wison men syngiað on heora welerum; þæt is, gif hí unriht
sprecað, oþþe riht forsuwiað; ac Iob ne syngode on his
welerum, forþan þo he dyslice ongean God ne spræc, ne
eac Godes herunge ne forsuwade: he cydde þæt he buton
gytsunge swa micele æhta hæfde, þaþa he hí swa cape-
lice buton unrotnysse forlet. Eft siþþan, on sumum dæge,
ðaþa Godes englas stodon on his gesihþe, þa wæs eac se
scucca him betwynan, and Drihten him cwæð to, Hwæt
lá, ne beheolde þu minne þeowan Iob, þæt his gelica nis on
eorþan, and gýt he hylt his unsceððignysse. Þu astyredest

me togeanes him, þæt ic þearflense hine geswencte. Se
scucca andwyrde, Fel sceal for felle, and swa hwæt swa
man hæfð, he sylð for his life. Astrece nu þine hand, and
hrepa his bán and his flæsc, þonne gesihst þu þæt he þe on
ansyne wirigð. Drihten cwæð to þam scuccan, Efne he is
nu on þinre handa, swa-þeah-hwæþere heald his sawle. Ne
gepafode God þis to forwyrde ðam eadigan were, ac þæt hé
wære to bysne callum geleaffullum mannum, and wurde
swiþor genuersod þurh his micele geþyld and carfopnyssum.
Da gewende se deofol of Drihtnes gesihþe, and sloh Iob mid
þære wyrstan wunde fram his hnolle ufewerdan oð his ilas
neopewerde. Iob sæt þa sarlice eal on anre wunde, up on
his mixene, and ascræp þone wyrms of his lice mid anum
croc-scearde. His wif him cwæð to, Gyt þu þurhwunast
on þinre bilewitnysse; wyrig God and swelt. Iob hire
andwyrde, Du spræce swa swa án stunt wíf. Gif we gód
underfengon of Godes handa, hwf ne sccole we eac yfel
underfon? On callum þisum þingum ne syngode Iob on
his welerum. Se swicola deofol genam þæt wif him to
gefylstan, þæt he þone halgan wer þurh hf beswice, swa
swa he ær Adam þurh Euan beswæc; ac so ylca God, þe
gepafode þæt he swa gecostnod wære, heold hine wið þæs
deofles syrwungum and wið his sawle lyre. Witodlice, þa
gearodon þry cyningas, þe him gesibbe wæron, eal his un-
gelimp, and comon him to of heora rice, þæt hf hine ge-
neosodon. Heora naman wæron þus gecigde, Elifaz, Bal-
dað, Sofúr. Hf geewædon þæt hf samod cumende hine
goncosodon and gefrefrodon. Hf þa comon and hine ne
oncncowon for þære ormætan untrumnysse, and hrymdon
þærrihte wepende. Hf totæron heora reaf, and mid duste
heora heafod bestreowodon, and him mid ærton manega
dagns. Hit wæs swa gewunelic on caldum dagum, þæt gif
hwam sum fúrlic sár become, þæt he his reaf totære swa
swa Iob dyde, and eac þas þry cyningas. Hf comon hine

to gefrefrigenne: þa awendon hi heora froſer to edwite, and hine mid heora wordum tirigdon, swilce hé for his synnum awa getucod wære, and cwædon, Wite com ofer þe, and þu ateorodest; sûrnys þe hrepode, and þu eart geunrotsod. Hwær is nu þin Godes ege, and þin strencð? Hwær is þin geþyld, and þinra dæda fullremednys? And mid manegum prafungum hine geswencton. Iob cwæð, Ealu gif minne synna and min yrmð, þe ic þolige, wæron awegene on anre wægan, þonne wæron hi swærran gesewene ðonne sand-corn on sæ. To preagenne ge loginð eowere spræce, and ge þencað to awendenne eowerne freond. Mannes lif is campdom ofer eorþan, and swa swa medgildan dagas, swa sind his dagas. He cwæð þæt mannes lif wære campdom ofer eorþan, forþan þe æle þæra þe Gode geþihð bið on gewinne wið þone ungesewenlican deofol, and ongean his agenum lustum, þa hwile þe hé on life bið: and swa swa se byrnan his edleanes anbidað, swa geanbidað se gastlica cempa his edleanes æt þam Ælmihtigum Gode. Godes gecorenan sind on gewinne on þyssere worulde, and þa arleasan on hire blissinð; ac þora rihtwisra gewinn awent to blisse, and þæra arleasra bliss to biterum sarnyssum on þære ecan worulde, þe gewelgað þa polmodan. Ealle þas costnunga deofol, and þæra whta lyre, his bearna deað, and his agen untrumnys, his wifes witleast, and his freonda edwit, ne mihton aweegan Iob of his modes unrædnysse, ne fram his micclan geleafan, þe he to þam Ælmihtigan Gode rynılo hæfde; ac se seueca wearð gescynd þe hine beswican wolde. Iob cwæð eft: Min flæsc is ymbscryd mid forrotodnysse and mid dustes horwum, min hýd forscarode and is forscruncen. Me habbað geswenceduysse dagas, and on niht min bân bið mid sarnysse purhdyd; and þa þe me etað ne slapað. Ic eom lame wiþmeten, and yslum and axum geanlicod. Eft he cwæð: Ic wat soþlice þæt min Alysend leofað, and ic on þam endenextan dæge of eorþan arise, and ic beo eft mid minum felle befangen, and ic on minum flæsce God geseo, ic sylf and na oþer; þes hiht is on minum bosme geled.

We secdon eow and gyt secgað, þæt we ne magon ealle þas race eow be endebyrdnysse secgan; forþam þe seo boc is swiðe micel, and hire digele andgyt is ofer ure mæðe to smeagenne. Ða þry cyningas ða hæfdon langsume spræce wið þone gedrehtan Iob, and gewendan him ham siþþan. Ac God hi gespræc þa, and cwæð, þæt he him callum þrim gram wære, forþan þe hi swa rihtlice æt foran him ne spræcon, swa swa Iob his þegen. God cwæð him to, Nymað eow nu seofon fearras and seofon rammas, and farað eft ongean to minum þeowan Iobe, and geoffriað þas lic for eow; Iob soþlice min þeowa gebit for eow, and ic his ansyne underfo, þæt eow ne beo to dysig geteald, þæt ge swa rihtlice to me ne spræcon swa swa min þeowa Iob. Hit wæs gewunelic on ealdum dagum, þæt man Gode þyllice lac offrode on cucan orfe, and þa newealde; ac seo offrung is nu unalyfedlic æfter Cristes þrowunge. Elifaz þa and Baldað and Sofiir ferdon ongean to heora mæge Iobe, and didon swa swa him God bebead; and Drihten underfeng Iobes ansyne, and heora synne þurh his þingrædene forgeaf. Ðeah þe Iobes ansyn wære atelice toswollen, and his lic eal maðan weolle, swa-þeah is awriten, þæt se Ælmihtiga underfeng his ansyne, þaða he for his freondum gebæd. Drihten eac þa gecyrde to Iobes behreowsunge, þaþa he for his magum gebæd, and hine gehælde fram eallum his untrumnyssum, and his æhta him ealle forgeald be twyfealdum. Be þisum is to understandenne þæt se þe for oðrum gebit, fremað him sylfum micelum, swa swa þæt halige gewrit segð, þæt þaða Iob for his freondum gebæd, þa gecyrde God to his behreowsunge, and swa eaðelice hine eft gehælde, swa he hine ær geuntrumode. Iob hæfde ær his untrumnysse seofon þusend sceapa and þreo þusend olfenda, fif hund gelyme oxena

and fíf hund assan; him wæron eft forgoldene feowertyne
þusend sceapa and six þusend olfenda, þusend getyme
oxena and þusend asean; and Drihten hine bletsode
swiþor on ende þonne on angynne. He hæfde seofon
suna and þreo dohtra ǽr, and siððan eft eal swa fela. Hwſ
nolde God him forgyldan his bearn be twyfealdum, swa
swa hé dyde his æhta? Hé nolde forþi þe his bearn
næron forlorene, swa swa his æhta wæron; his æhta
wæron ealle amyrrede, and his tyn bearn acwealde; ac
þa bearn wæron swa-þeah gehealdene on þam digelan life
betwux halgum sawlum; and he forþi underfeng þæra
bearna getel be anfealdon, forþan þe þa oþre him wæron
gehealdene, þe þurh þæs deofles ehtnysse acwealde wæron.
Hwæt þa, Iobes gebroþra and geswustru, and ealle þa þe
hine ǽr cuþon, comon him to, and hine gefrefrodon, and
his micclum wundrodon, and him gife geafon. Næron
gemette on ealre corþan swa wlitige wimmen swa swa
wæron Iobes dohtra. He soðlice leofode, æfter his swinglo,
an hund geara and feowertig geara, and geseah his bearna
bearn, oð þa feorþan mægþe. On eallum his life, he
leofode twa hund geara and eahta and feowertig geara.
He wæs se fifta man æfter Abrahame þam heahfædere.
On þam timan wæs swiðe langsum líf on mancynne.

Gif hwile gelæred man þas race oferræde oþþe rædan
gehyre, þonne bidde ic þæt hé þas scyrtinge ne tæle: him
mæg his agen andgyt secgan fullice be þisum; and eow læ-
wedum mannum is þis genoh, þeah ðe ge þa deopan digel-
nysse þæron ne cunnon. Hit gelimp þus soðlice be Iobe,
swa swa hé sylf awrát; ac swa-þeah sco gastlice getacuung
þære gereccednysse belimpð to Cristes menniscnysse, and
to his geladunge, swa swa lareowas trahtnodon. Gif ure
ænigum sum ungelimp becume, þonne sceole we beon
gemyndige þises mæran weres, and geþyldige beon on þam
þwyrnyssum þe ús se Ælmihtiga on besent, and habban

maran care ure sawle, þonne þære scortan gesælðe þe we
accolon forlætan.

Sy wuldor and wurðmynt þam welwyllendan Scyppende
calra his wundra and his weldæda, seðe ana is God á on
ecnysse. Amen.

IIII. ID. MART.

SCĪ GREGORII PAPÆ URBIS ROMANÆ INCLYTI.

GREGORIUS se hálga papa, ENGLISCRE ðEODE APOSTOL,
on ðisum andwerdan dæge, æfter menigfealdum gedeorfum, and halgum gecnyrdnyssum, Godes ríce gesæliglice
astáh. He is rihtlice Engliscre ðeode apostol, forðan ðo
he, þurh his ræd and sánde, ús fram deofles biggengum
ætbræd, and to Godes geleafan gebigde. Manega bálige
béc cyðað his drohtnunge and his halige líf, and eac
'Historia Anglorum,' ða ðe Ælfred cyning of Ledene on
Englisc awende. Seo bóc spreçð genoh swutelice be
ðisum halgan were. Nu wylle we sum ðing scortlice cow
be him gereccan, forðan ðe seo foresæde bóc nis eow
eallum cuð, þeah ðe heo on Englisc awend sy.

Þes eadiga papa Gregorius wæs of æðelborenre mægðe
and eawfæstre acenned ; Romanisce witan wæron his magas ; his fæder hatte Gordianus, and Felix, se eawfæsta
papa, wæs his fifta fæder. He wæs, swa swa we cwædon,
for worulde æðelboren, ac hé oferstáh his æðelborennysse
mid halgum ðeawum, and mid gódum weorcum geglengde.
Gregorius is Grecisc nama, se awéigð on Ledenum gereorde, " Uigilantius," þæt is on Englisc, " Wacolre." He
wæs swiðe wacol on Godes bebodum, ðaða he sylf herigendlice leofode, and hé wacollice ymbe manegra ðeoda
þearfe hógode, and him Isles weig geswutelode. He wæs
fram cildháde on bóelicum lárum getyd, and hé on ðære
láre swa gesæliglice ðeah, þæt on ealre Romana-byrig næs
nán his gelica geðuht. He gecneordlæhte æfter wisra lá-

reowa gebiænungum, and næs forgytol, ac gefæstnode his láre on fæsthúfelum gemynde. He hlód ða mid þurstigum breoste ða flowendan láre, ðe hé eft æfter fyrste mid hunig-swettre protan præliee bealeette. On geonglicum gearum, ðaða his geogoð æfter gecynde woruld-ðing lufian sceolde, þa ongann hé hine sylfne to Gode geðeodan, and to eðele þæs upplican lifes mid eallum gewilnungum orðian. Witodlice æfter his fæder forðsiðe hé arærde six munuc-líf on Sicilia-lande, and þæt seofoðo binnon Romana-burh getimbrode, on ðam he sylf regollice, under abbodes hæsum drohtnode. Þa seofon mynstru he gelende mid his agenum, and genihtsumlice to dæghwomlicum bigleofan gegódode. Þone ofer-eacan his æhta hé aspende on Godes þearfum, and ealle his woruldlican aðelborennysse to heofonlicum wuldre awende. He eode ær his gecyrrednysse geond Romanaburh mid pællenum gyrlum, and scinendum gymmum, and readum golde gefrætewod; ac æfter his gecyrrednysse be ðenode Godes ðearfum, he sylf ðearfa, mid wácum wæfelso befangen.

Swa fulfremedlice hé drohtnode on anginne his gecyrrednysse swa þæt hé mihte ða gyú beon geteald on fulfremedra halgena getele. He lufode forhæfednysse on mettum, and on drence, and wæccan on syndrigum gebedum; þær to-eacan hé ðrowade singallice untrumnyssa, and swa hé stiðlicor mid andwerdum untrumnyssum ofsett wæs, swa hé geornfullicor þæs ecan lifes gewilnode.

Þa undergeat se papa, þe on ðam timan þæt apostolice setl gesæt, hu se eadiga Gregorius on halgum mægnum ðeonde wæs, and he ða hine of ðære munuclican drohtnunge genám, and him to gefylstan gesette, on diaconhúde geendebyrdne. Da gelámp hit, æt sumum sæle, swa swa gyt for oft deð, þæt Englisco cýpmenn brohton heora ware to Romana-byrig, and Gregorius code be ðære stræt to ðam Engliscum monnum, heora ðing sceawigende. Þa geseah

46 HOMILIES OF ÆLFRIC.

be betwux ðam warum cſpe-cnihtas gesette, þa wæron
hwites lichaman and fægeres andwlitan menn, and æðellice
gefexode. Gregorius ða beheold þæra cnapena wlite, and
befrán of hwilcere þeode hí gebrohte wæron. Þa sæde him
man þæt hí of Engla-lande wæron, and þæt ðære ðeode
menniſc swa wlitig wære. Eft ða Gregorius befrán, hwæðer
þæs landes folc Cristen wære ðe hæðen? Him man sæde,
þæt hí hæðene wæron. Gregorius ða of inweardre heortan
langsume siccetunge teah, and cwæð, Wálawá, þæt swa fæ-
geres híwes menn sindon ðam sweartan deofle underðeodde.
Eft hé axode, hú ðære ðeode nama wære, þe hí of-comon?
Him wæs geandwyrd, þæt hí Angle genemnode wæron.
Þa cwæð he, Rihtlice hí sind Angle gehátene, forðan ðe hí
engla wlite habbað, and swilcum gedafenað þæt hí on heo-
fonum engla geferan beon. Gýt ða Gregorius befrán, hú
ðære scíre nama wære, þe ða cnapan of-alædde wæron.
Him man sæde, þæt ða scírmen wæron Dere gehátene.
Gregorius andwyrde, Wel hí sind Dere gehátene, forðan
ðe hí sind fram graman generode, and to Cristes mildheort-
nysse gecygede. Gýt ða he befrán, Hú is ðære leode
cyning gehaten? Him wæs geandswarod, þæt se cyning
Ælle gehaten wære. Hwæt ða, Gregorius gamenode mid
his wordum to ðam naman, and cwæð, Hit gedafenað þæt
Alleluia sy gesungen on ðam lande, to lofe þæs Ælmihti-
gan Scyppendes. Gregorius ða sona eode to ðam papan
þæs apostolican setles, and hine bæd, þæt he Angelcynne
sume lareowas asende, ðe hí to Criste gebigdon, and cwæð,
þæt hé sylf gearo wære þæt weore to gefremmenne mid
Godes fultume, gif hit ðam papan swa gelicode. Þa ne
mihte se papa þæt geðafian, þeah ðe hé eall wolde; forðan
ðe ða Romaniscan ceaster-gewaran noldon geðafian þæt
swa getogen mann, and swa geðungen lareow þa burh
eallunge forlete, and swa fyrlen wræcsið geníme.

Æfter ðisum gelamp þæt micel manu-cwealm becom

ofer ðære Romaniscan leode, and ǽrest ðono papan Pelagium gestód, and buton yldinge adydde. Witodlice æfter ðæs papan gecudunge, swa micel cwealm wearð þæs folces, þæt gehwær atodon aweste hús geond þa burh, buton bugigendum. Þa ne mihte swa-ðeah seo Romana-burh buton papan wunian, ac eal folc ðone eadigan Gregorium to ðære geðincðe anmodlice geceas, þeah ðe hé mid eallum mægne wiðerigende wære. Gregorius ða asende ænne pistol to ðam casere Mauricium, so wæs his gefædera, and hine halsode, and micclum bæd, þæt hé næfre ðam folce ne geðafode þæt he mid þæs wurðmyntes wuldre geuferod wære, forðan ðe hé ondred þæt he ðurh ðone micclan hád on woruldlicum wuldre, þe he ǽr awearp, æt sumum swle bepæht wurde. Ac ðæs caseres heahgerefa, Germanus, gelæhte ðono pistol æt Gregories ærendracan, and hine totǽr; and siððan cydde þam casere, þæt þæt folc Gregorium to papan gecoren hæfde. Mauricius ða se casere þæs Gode ðancode, and hine gelúídian het. Hwæt ða, Gregorius fleames cepte, and on dym-hófon ætlutode; ac hine man gelæhte, and teah to Petres cyrcan, þæt he ðær to papan gehalgod wurde. Gregorius ða ǽr his hádunge þæt Romanisce folc, for ðam-onsigendum cwealme, ðisum wordum to bercowsunge tihte. Mine gebroðra þa leofostan, ús gedafenað þæt wo Godes swingle, þe we on ǽr towearde ondrædan sceoldon, þæt we huru nú andwerde and afandode ondrædan. Geopenigo ure sarnys ús infǽr soðre gecyrrednysse, and þæt wite ðu we ðrowiað tobrece ure heortan heardnysse. Efne nu ðis folc is mid swurde þæs heofonlican graman ofslegen, and gehwilce ænlipige sind mid færlicum slihte aweste. Ne seo ádl ðam deaðe ne forestæpð, ac ge gescoð þæt se sylfa deað þære ádle yldinge forhradað. Se geslagena bið mid deaðe gegripen, ǽrðan ðe he to heofungum soðre behreowsunge gecyrran mæge. Hógiað forði hwile se become ætforan

HOMILIES OF ÆLFRIC.

gesihðe þæs strecan Déman, seðe ne mæg þæt yfel bewépan
ðe hé gefremode. Gehwilce corð-bugigende sind æthro-
dene, and heora húi standað aweste. Fæderas and moddru
bestandað heora bearna líc, and heora yrfenuman him
sylfum to forwyrde forestæppað. Uton eornostlice fleon
to heofunge saðre dædbote, þa hwile ðe we moton, ǽrðan
þe se sværlica slege ús astrecce. Uton gemunan swa hwæt
swa we dweligende agylton, and uton mid wope gewitnian
þæt þæt we múnsullice adrugon. Uton forhradian Godes
ansyne on andetnysse, swa swa se witega ús mannð. Uton
ahebban ure heortan mid handum to Gode, þæt is, þæt we
seeolon ða geenyrdnysse ure bene mid gearnunge gódes
weorces up-arǽran. He forgifð trúwan ure forhtunge,
seðe þurh his witegan clypnð, Nylle ic þæs synfullan deað,
ac ic wille þæt hé gecyrre and lybbe.

Ne geortruwige nán man hine sylfne for his synna
micelnysse: witodlice ða caldan gyltas Niniueiscre ðeode
ðreora daga bereowsung adilegode; and se geoyrreda
sceaða on his deaðes cwyde þæs eran lífes mede geearnode.
Uton awendan ure heortan; hrædlice bið se Dema to urum
benum gebígod, gif we fram urum ðwyrnyssum beoð ge-
rihtlæhte. Uton standan mid gemaglicum wópum ongean
ðam onsigendum swurde swa micelos domes. Soðlice ge-
magnys is þam soðan Deman geowemc, þeah ðe heo man-
num unðancwurðe sy, forðan ðe se arfæsta and se mild-
heorta God wile þæt we mid gemáglicum benum his mild-
heortnysse ofgán, and hé nele swa micclum swa we gearn-
nið ús geyrsian. Be ðisum hé cwæð þurh his witegan,
Clypa me on dæge ðinre gedrefednysse, and ic ðe ahredde,
and ðu mærsast me. God sylf is his gewita þæt he miltsian
wile him to clypigendum, seðe mannð þæt we him to clypian
sceolon. Forði, mine gebroðra þa leofostan, uton gecuman
on ðam feorðan dæge þysre wucan on ærne-merigen, and
mid estfullum mode and tearum singan seofonsealde lae-

HOMILIES OF ÆLFRIC. 49

tanias, þæt se streca Dema us geúrige, þonne hé gesihð þæt we sylfe ure gyltas wrecað. Eornostlice ðaða micel menigu, ægðer ge preosthádes ge munuchádes menn, and þæt læwede folc, æfter ðæs eadigan Gregories hæse, on þone wodnes-dæg to ðam seofonfealdum letanium gecomon, to ðam swiðe awedde se foresæda cwealm, þæt hund-eahtatig manna, on ðære ánre tide feallende, of life gewiton, ða hwíle þe þæt folc ða letanias sungon. Ac se halga sacerd ne geswác þæt folc to múnigenne þæt hí ðære bene ne geswicon, oðþæt Godes miltsung þone reðan cwealm gestilde.

Hwæt ða Gregorius, siððan hé papanhád underfeng, gemunde hwæt hé gefyrn Angel-cynne gemynte, and ðærrihte þæt lustyme weorc gefremode. He ða to ðæs hwón ne mihte þone Romaniscan biscop-stól callunge forlætan, ac hé asende oðre bydelas, geðungene Godes ðeowan, to ðysum íglande, and he sylf micclum mid his benum and tihtingum fylste, þæt ðæra bydela bodung forðgenge, and Gode wæstmbære wurde. Þæra bydela naman sind þus gecigede, AUGUSTINUS, MELLITUS, LAURENTIUS, PETRUS, IOHANNES, IUSTUS. Das híreowas asende se eadiga papa Gregorius, mid manegum oðrum munecum, to Angel-cynne, and hí ðisum wordum to ðære fare tihte, Ne beo ge afyrhte ðurh geswince þæs langsuman færeldes, oððe þurh yfelra manna ymbe-spræce; ac mid ealre únrædnysse and wylme þære soðan lufe þas ongunnenan ðing þurh Godes fultum gefremmað. And wite ge þæt eower méd on ðam ecan edleane swa miccle mare bið, swa micclum swa ge mare for Godes willan swincað. Gehyrsumiað eadmodlice on eallum ðingum Augustine, þone ðe we eow to ealdre gesetton: hit fremað eowrum sawlum swa hwæt swa ge be his mynegunge gefyllað. Se Ælmihtiga God, þurh his gife, eow gescylde, and geunne me þæt ic mote eoweres geswinces wæstm on ðam ecan eðele gescon, swa þæt ic

E

HOMILIES OF ÆLFRIC.

beo gemet samod on blisse eoweres edleanes, ðeah ðe ic mid eow swincan ne mæge; forðon ðe ic wille swincan. Augustinus ða mid his geferum, þæt sind gerehte feowertig wera, ferde be Gregories hǽse, oðþæt hí to ðisum íglande gesundfullice becomon.

On ðam dagum rixode Æþelbyrht cyning on Cantwarebyrig ríclice, and his rice wæs astreht fram ðære micclan eá Humbre oð suð sǽ. Augustinus hæfde genumen wealhstodas of Francena rice, swa swa Gregorius him bebead; and hé ðurh ðæra wealhstoda muð þam cyninge and his leode Godes word bobade: hu se mildheorta Hælend, mid his agenre ðrowunge þysne scyldigan middaneard alysde, and geleaffullum mannum heofonan ríces infær geopenode. Þa andwyrde se cyning Æðelbriht Augustine, and cwæð, þæt hé fægere word and behát him cydde; and cwæð, þæt hé ne mihte swa hrædlice þone ealdan gewunan ðe hé mid Angel-cynne heold forlǽtan; cwæð þæt hé moste freolice ða heofonlican láre his leode bodian, and þæt he him and his geferan bigleofan ðenian wolde, and forgeaf him ða wununge on Cantwarebyrig, seo wæs ealles his ríces heafod-burh.

Ongann ða Augustinus mid his munecum to geefenlæcenne þæra apostola líf, mid singalum gebedum, and wæccan, and fæstenum Gode ðeowigende, and lífes word þam ðe hí mihton bodigende, ealle middaneardlice ðing, swa swa ælfremede, forhógigende, ða þing ána þe hí to bigleofan behófedon underfonde, be ðam ðe hí tæhton sylfe lybbende, and for ðære soðfæstnysse ðe hí bodedon, gearowe wæron ehtnysse to ðoligenne, and deaðo sweltan, gif hí ðorfton.

Hwæt ða gelyfdon forwel menige, and on Godes naman gefullode wurdon, wundrigende þære bilewitnysse heora unscæððigan lífes, and swetnysse heora heofonlican láre. Ða æt nextan, gelustfullode ðam cyninge Æðelbrihte heora

HOMILIES OF ÆLFRIC. 51

clæne líf and heora wynsume behát, þa soðlice wurdon mid
manegum tácnum geseðde; and he ða gelyfende wearð
gefullod, and micclum ða cristenan gearwurðode, and swa
swa heofonlice cuater-gewaran lufode: nolde swa-ðeah
nænne to cristendome geneadian; forðan ðe hé ofaxodo æt
ðam láreowum his hæle þæt Cristes ðeowdom ne sceal beon
geneadod, ac sylfwilles. Ongunnon ða dæghwomlice
forwel menige efstan to gehyrenne ða halgan bodunge,
and forleton heora hæðenscipe, and hí sylfe geðeoddon
Cristes gelaðunge, on hine gelyfende.

Betwux ðisum gewende Augustinus ofer sǽ to ðam
ercebiscope Etherium, and hé hine gehádode Angel-cynne
to ercebiscope, swa swa him Gregorius ǽr gewissode.
Augustinus ða geháded cyrde to his biscop-stole, and
asende ærendracan to Rome, and cydde ðam eadigan Gre-
gorie þæt Angel-cynn cristendom underfeng, and he eac
mid gewritum fela ðinga befrán, hu him to drohtnigenne
wære betwux ðam nig-hworfenum folce. Hwæt ða Gre-
gorius micclum Gode ðancode mid blissigendum mode, þæt
Angel-cynne swa gelumpen wæs, swa swa he sylf geornlice
gewilnode, and sende eft ongean ærendracan to ðam ge-
leaffullan cyninge Æþelbrihte, mid gewritum and menig-
fealdum lácum, and oðre gewritu to Augustine, mid and-
sworum calra ðæra ðinga þe hé hine befrán, and hine eac
ðisum wordum múnode, Broðer min se leofosta, ic wát
þæt se Ælmihtiga God fela wundra þurh ðe þære ðeode ðe
hé gecoas gewutelað, þæs ðu miht blissigan, and eac ðe
ondrædan. Þu miht blissigan gewisslice þæt ðære ðeode
sawla þurh ða yttran wundra beoð getogene to ðære incun-
dan gife. Ondrǽd ðe swa-ðeah þæt ðin mód ne beo ahúfen
mid dyrstignysse on ðam tácnum þe God ðurh ðo gefremað,
and þu ðonon on ídelum wuldre befealle wiðinnan, þonon
ðe ðu wiðutan on wurðmynte ahúfen bist.

Gregorius asende eac Augustine halige lác on-mæsse-

E 2

reaſum, and on bócum, and ðærn apostola and martyra reliquias samod; and bebead, þæt his æftergengan symle ðone pallium and ðone erchſid æt ðam apostolican setle Romaniscre gelaðunge feccan scooldon. Augustinus gesette æfter ðisum biscopas of his geferum gehwilcum burgum on Engla ðeode, and hſ on Godes geleafan ðeonde ðurhwunodon oð ðisum dægðerlicum dæge.

Se eadiga Gregorius gedihte manega halige traht-béc, and mid micelre gecnyrdnysse Godes folc to ðam ecan life gewissode, and fela wundra on his life geworhte, and wuldorfullice þæs papan setles geweold ðreottyne gear, and six monðas, and tyn dagas, and siððan on ðisum dæge gewát to ðam ecan setle heofonan rices, on ðam he leofað mid Gode Ælmihtigum á on cenysse. Amen.

XIII. KAL. APR.

DEPOSITIO SCI CUTHBERHTI EPISCOPI.

CUTHBERHTUS, se halga biscop, scinende on manegum gecarnungum and healicum geðincðum, on heofonan ríce, mid þam Ælmihtigum Scyppende, on ecere blisse rixiende, wuldrað.

Beda, se snotera Engla þeoda láreow, þises halgan líſ endebyrdlice, mid wundorfullum herungum, ægðer ge æfter finfealdre gereccednysse, ge æfter leoðlicere gyddunge, awrát. Us sæde soðlice Beda, þæt se eadiga Cuðberhtus, þaða hé wæs eahta wintra cild, árn, swa swa him his nytenlice yld tihte, plegende mid his efen-ealdum; ac se Ælmihtiga God wolde styran þære nytennysse his gecorenan Cuðberhtes, þurh mynegunge gelimplices láreowes, and asende him to án ðry-wintre cild, þæt hit his dyslican plegan, mid streððigum wordum, wislice þreade. Soðlice, þæt foresæde þry-wintre cild þone

HOMILIES OF ÆLFRIC. 53

gæmnigendan Cuðberhtum befrán, To hwí underþeodst þu ðe sylfne þisum ydelum plegan, þu ðe eart fram Gode gehalgod mid roderlicum wurðmynte? Ne godafenað biscope, þæt he beo on dædum folces mannum gelíc. Geswíc, la loof, swa unþæslices plegan, and geðeod þe to Gode, þe ðe to biscope his folce geceas, þam þu scealt hoofonan ríces infær geopenian. Ilwæt ða, Cuðberhtus þa-gyt mid his plegan forðarn, oððæt his líreow, mid biterum tearum drooriglice wepende, ealra þæra cildra plegan fǽrlice gestilde. Witodlice, call se cildlica heap wolde þæs anes cildes drcorignysse gefrefrian; ac hí ealle ne mihton mid hoora frofre his drcoriguysse adwæscan, ǽrðan ðe Cuðberhtus hit mid arfæstum cossum gegladode. And he sylf siððan, æfter þæs cildes mynegunge, on healicere stæððignysse symle þurhwunode.

Æfter þisum wearð þæs eadigan Cuðberhtes eneow mid heardum geswelle alefed, swa þæt he mid criccum his fóðunge underwreðode. Þa gesæt he sume dæge under sunn-beame ana on sundran, and his secancan beðode, him com þa ridende to sum arwurðe ridda, sittende on snaw-hwitum horse, and he sylf mid hwitum gyrlum befangen wæs; and be þone halgan mid gesibsumum wordum swæslice grette, biddende þæt hé him dægwistes gedafenlice tiðode. Cuðberhtus þa to ðam engle anmodlice cwæð, Ic wolde þine þenunge sylf nu gearcian, gif ic me mid foðunge forian mihte: min ædlige cneow is yfele gohæfd, þæt ne mihte nán læce-wyrt awiht geliðian, þeah þe heo gelome to-geléd wære. Þa gelihte se cuma, and his cneow grupode mid his halwendum handum, and het hine niman hwætene amodeman, and on meolce swyllan, and swa mid þære hátan þæt topundene lim gewriðan; and, æfter þisum wordum, his hors bestrád, on þam siðfæte þe hé þider cóm, awog ferende. Hwæt þa, Cuðberhtus, æfter þæs engles láre, his cneow beðode, and he sona gesundfull his færeldes breac, and ongeat þæt God, þurh his engel, hine gencosode, seðe giú ǽr þone blindan Tobían, þurh his heah-engel Raphahel, mihtelice onlihte.

Eft se halga Cuðberhtus, þaða hé wacode mid hyrde-mannum on felda, on his geogoðe, geseah heofonas opene, and englas gelæddon Aidanes biscopes sawle, mid micclum wuldre, in to þære heofonlican myrhðe. Hwilon eac Cuð-berhtus ferde geond lánd bodigende Godes geleafan, þa for unwedere geeyrde hé to sumes hyrdes cytan, þe stód weste on þam westene þe hé oferferde, and getígde his hors þær binnon. Þa, mid þam þe he his gebedu sang, þa tær þæt hors þæt þæc of ðære cytan hrofe, and þær feoll adúne, swilce of ðam hrofe, wearm hláf mid his syflinge. He þa geðancode Gode þære sande, and mid þære hine sylfne gereordode.

Se eadiga Cuðberhtus æfter þisum calle woruld-þing callunge forlet, and mid halgum þeawum hine sylfne to munuc-life geðcodde ; and he hrædlice, siððan hé munuc wæs, wearð geset cumena þén, þæt he cumena husea gymde, and mynsterlicum cúmum geðénsum wære. Þa, æt sumon sæle, on wintres dæge, him com to Godes engel þon cuman híwe, and Cuðberhtus hine mid calre cumlíðnysse under-feng. Þa geeyrde hé út ymbe þæs cuman þenunge, ac he ne gemette nænne cuman þaða hé inn cóm, ac lagon þry heofenlice hlafas on lilian beorhtnysse scinende, and on rosan bræðe stymende, and on swæcce swettran þonne beona hunig. Þa seeawode se halga Cuðberhtus on ðam snawe gehwǽr, hwyder se cuma siðigende ferde, ac paða hé nane fot-swaðe on ðam snawe ne geseah, þa ongeat hé, þæt se cuma wæs engel and na mann; seðe þone heofenlican fodan him brohte, and þæs corðlican ne róhte.

Þes foresæda halga wer wæs gewunod þæt he wolde gán on niht to sǽ, and standan on ðam sealtan brýmme oð his swyran, singende his gebedu. Þa on sumere nihte hlýnende sum oðer munuc his færeldes, and mid sleáccre stalcunge his fót-swaðum âligde, oððæt hí begen to sǽ becomon. Þa dyde Cuðberhtus swa his gewuna wæs, sang his gebedu, on sǽlicere yðe standende oð ðone swyran, and syððan his cneowa on ðam ceosle gebigde, astrehtum handbredum to heofenlicum rodore. Efne þa comon twegen scolas of sǽlicum grundo, and hí mid heora flyse his fét drygdon, and mid heora blæde his leoma beðedon, and siððan mid gebeacne his bletsunge bǽdon, licgende æt his fotum on fealwum ceosle. Þa Cuðberhtus þa sǽlican nytenu on sund asende, mid soðre bletsunge, and on merigenlicere tide his mynster gesohte. Wearð þa se munuc micclum afyrht, and ǽdlig on ærne-merigen hine ge-eadmette to ðæs halgan cneowum, biddende þæt hé his fáll eallunge aflígde, and his fyrwitnysse fæderlice miltsode. Se halga þa sona andwyrde, Ic þinum gedwylde dearnunge miltsige, gif þu ða gesihðe mid swigan bediglast, oððæt min sawul heonon siðige, of andwerdum life gelaðod to heofonan. Cuðberhtus þa mid gebede his sceaweres seocnysse gehælde, and his fyrwites ganges gylt forgeaf.

Fela wundra wurdon geworhte þurh þone halgan Cuðberht, ac wo wyllað for scoortnysse sume forsuwian, þy-lǽs þe þeos racu cow to lang þince. Witodlice Cuðberhtus ferde, swa swa his gewuna wæs, ymbe geleaffulre bodunge, þæt he þam ungelæredum folce lifes weig tæhte. Þa fleah sum earn ætforan him on siðe, and he his geferan befrínan ongann, Hwú hi to ðam dæge afedan sceolde? Þa cwæð his gefera, þæt he gefyrn smeade hwær hi bigleofan biddan sceoldon, paða hí ða fare ferdon buton wiste. Cuðberhtus þa him togeanes cwæð, La hwæt se Ælmihtiga God mæg for eaöc unc, þurh þisne earn, ætfore sceawian, seðe giú ǽr Elian afedde þurh þone sweartan hremm, ǽr hé to heofonan siðode. Hi ða furdon forð-siðigende, and efue se earn on ðam ófre gesæt, mid fisce geflogen, þone he þærrihte gefeng. Þa cwæð se halga to his geferan, Yrn to ðam earne, and him of-anim þæs fisces dæl þe he gefangen hæfð, une to gereorde. Sy lóf þam Ælmihtigan, þe une þurh þisne fugel fedan wolde. Syle swa-þeah sumne dæl þam earne, to edleane his geswinces.

Hi ða, æfter gereorde, on heora weg ferdon, and Cuðberhtus þam folce fægere bodade, þæt hf wære wæron wið deofles syrwum, þy-læs þe hé mid leasunge heora geleafan awyrde, and frum þære bodunge heora módabrude. Þæt folc þa fierlice ongann forð-arǽsan betwux þyssere mynegunge, mieclum beþarht, þæt hf þære lǽre to lyt gymdon. Hwæt se swicola feond hf swiðe bedydrode, swilce þær sum hús soðlice forburne, brastligende mid brandum, gedwymorlice swa-þeah. Þa wolde þæt folc þæt fyr adwæscan, gif hit ænig wæta wanian mihte; ac þæs halgan andwerdnys eaðelice acwencte þæs deofles dyderunge, þe hf dwollice filigdon, and þæs lifes word lythwon gymdon. Þæt folc þa ofsceamod ongean cyrde to ðære lǽre þe hf ǽr forleton, biddende æt ðam lǽreowe liðe miltsunge, þæt hf his lǽre ǽr to lyt gymdon, þaða he ða fræcednysso him fore sǽde.

Cuðberhtus swa-þeah on oðrum timan, eall byrnende hús ana ahredde wið fyres dare, mid halgum benum, and þone windes blǽd aweg fifgde, seðe ǽr for oft þa ættrigan flán deoflicere costnunge on him sylfum adwǽscto, þurh gescyldnysse soðes Drihtnes. He wolde gelome leodum bodian on fyrlenum lande unforhtigende. Hwæt þa him geuðe se Ælmihtiga God fægre getingnysse þam folce to lǽre, and him menn ne mihton heora mód behydan, ac hf eadmodlice him geandetton heora digelnyssa, and elles ne dorston, and be his dihte digellice gebetton.

Sum eawfæst man eac swilce hæfde micele cyððe to ðam halgan Cuðberhte, and gelomlice his lǽre breac: þa getimode his wife wyrs þonne hé beðorfte, þæt heo þurh wód-

nysse micclum wæs gedreht. Þa com se eawfæsta to ðam
eadigan Cuðberhte, and hé wæs on ðam timan to prafoste
geset on ðam munuc-life, þe is Lindisfarnea geháten. Þa
ne mihte he for sceame him openlice secgan, þæt his eaw-
fæste wíf on ðære wódnysse læg, ac bæd þæt hé asende
sumne broðer þæt hire gerihta gedón mihte, ǽrðan þe heo
of lífe gelæd wurde. Þa wiste Cuðberhtus eal be ðam, wífe,
and wolde þurh hine sylfne sona hí geneosian; forðan þe
heo ǽrðan eawfæst leofode, þeah þe se unsið hire swa ge-
lumpe. Þa begann se wer dreorig wepan, anðracigende
þæs ungelimpes. Cuðberhtus hine þa mid wordum gefre-
frode, cwæð þæt se deofol þe hire derigan wolde, on his
geneosunge, hí forlætan sceoldo, and mid micelre fyrhte
aweg fleon, and þæt wíf mid gewitte wel sprecende him
togeanes gán, and his bridel onfón. Hit ða gelámp, þe
ðæs lǽreowes wordum, þæt þæt wíf gewittig hine mid wor-
dum gegrette, bæd þæt heo mosto him mete gearcian, aud
cydde hú se deofol hí dearnunge forlét, and swiðc forhti-
gende fleames cepte, þaða se halga þider siðode.
Cuðberhtus se halga siððan gefremode mihtiglice
wundra, on ðam mynstre wunigende. Begánn þa on mode
micclum smeagan, hu he þæs folces lóf forfleón mihte; þy-
lǽs þe hé wurde to blísful on worulde, and þæs heofenlican
lófes fremde wære. Wolde þa ánstandende ancor-líf
adreogan, and on digelnysse callunge drohtnian: ferde þa
to Farne, on flowendre yðe. Þæt igland is eal beworpen
mid scaltum brymme, on sǽ middan, þæt wiðinnan eall,
ǽr ðam fyrste, mid sweartum gastum swiðe wæs afylled,
swa þæt men ne mihton þa moldan bugian, for þeowracan
sweartra deofla; ac hí ealle þa endemes flugon, and þæt
igland eallunge rymdon þam æðelan compan, and he þær
ána wunode, orsorh beora ándan, þurh Ælmihtigne God.
Þa wæs þæt igland mid ealle bedæled wæteres wynsum-
nysse, on ðam westum cluduu, ac so halga wer þa sona

58 HOMILIES OF ÆLFRIC.

het þa heardnesse swiðe bólian, on middan þære flore his fingeran botles, and þær wæter-æddre ða wynsum aspríng, werod on swǽcce, þam were to brice, seðe hwilon wæter to winlicum swǽcce wundorlice awende, þaða bit wolde God. Se halga þa het him bringan sǽd, wolde on ðam westene wæstmes tilian, gif hit swa geuðe se Ælmihtiga God, þæt hé mid his fotum hine fedan moste. He scow þa hwæte on beswuncenum lande, ac hit to wæstme aspringan ne moste, ne furðon mid gærse growende næs. Þa het he him bringan bero to sæde, and ofer alene timan þa corðan aseow. Hit weox þa mid wynne and wel gerípode. Þa woldon hremmas hine bereaflan æt his gedcorfum, gif hí dorston. Þa cwæð se halga to ðam heard-nebbum, Gif se Ælmihtiga eow þises geuðe, brucað þæra wæstma, and me ne biddað; gif he þonne eow þises no getiðode, gewítað aweg, wælhreowe fugelas, to eowrum eðele of ðisum iglande. Hwæt, þa hremmas þa ricene flugon ealle tosomne ofer þone sealtan brym, and se halga þa his geswinces breac.

Eft þa siððan oðre twegen swearte hremmas siðlice comon, and his hús tieron mid heardum bile, and to neate bæron heora briddum to hleowðe. Þas eac se eadiga mid ealle aflígde of ðam eðele mid anum worde; ac ún þæra fugela eft fleogende com, ymbe þry dagas, þearle dreorig, fleah to his fotum, friðes biddeude, þæt he on ðam lande lybban moste symle unscæððig, and his gefera samod. Hwæt þa, se halga him þæs geuðe, and hí lustbære þæt land gesohton, and brohton þam læreowe líc to medes, swines rysl his scon to gedreoge, and hi þær siððan unscæððige wunedon.

Þa wolde se halga sum hús timbrian to his nedbricum, mid his gebroðra fultumo: þa bæd he hí fiure sylle, þæt he mihte þæt hús, on ða sǽ healfe, mid þære underlecgan. Þa gebroðra him bebeton, þæt hí woldon þæt treow, þonne

hſ eſt comon, him gebringan. Þa comon hí, swa swa hſ
cwædon, and wurdon, swa-þeah, þæs treowes ungemyn-
dige; ac se Ælmihtiga God his wæs gemyndig, and him
þa sylle sylf asende mid þam sǽlicum flode, and þæt flód
hſ awearp þær þær hé sylſ smeade þæt hús to arǽrenne,
on ðam sealtum oſre. Þa wunodo se halga wer manega
gear on ðam ancer-life swiðlice stiðe, and hine geneosodon
gelóme eawfæste menn, and be his lǽre heora líſ gerihtlæhton.

Þa com him to sum abbudysse, seo wæs Ælflæd gehǽten,
þæs cyninges sweoster Ecgfrides; wolde, þurh his myne-
gungum, hire mód getrymman. Þa, betwux heora spræce,
begǽnn heo to halsigenne þone halgan wer, þæt hé sceolde
hire secgan hú lange hire broðor Ecgfridus moste his ríces
brucan. Þa andwyrde hire se halga, mid twylicero spræce,
and cwæð, For nahte bið geteald ánes geares luſt, þær ðær
se swearta denð onsigende bið. Þa undergeat heo þæt se
broðer ne moste his líſes brucan ofer þam ánum geare, and
þærrihte, dreoriglice wepende, hine befrún, La leoſ, sege
me, hwá sceal to his rice fón, þonne he broðer næfð, ne he
bearn ne belæfð. Þa cwæð se halga wer eſt to ðam mæ-
dene, Se Ælmihtiga Scyppend hæfð gehealden sumne ge-
corenne þyssere leode to cyninge, and se bið þe swa leoſ
swa nu is se oðer. Þa gedyrstlǽhte þæt mæden þæt heo
him þa-gyt to spræc, and cwæð, Mislice smeagað mannn
heortan; sume wilniað geðincðe þyssere worulde, sume
gefyllað heora fracedan lustas, and hſ ealle syðða̅ sorhlice
wædliað. Þu forsihst þone healican wurðmynt, and þo is
leoſre on ðisum wacum scræfum, þonne þu on healle healic
biscop sitte. Þa cwæð se witega, þæt he wurðe nære swa
miccles hádes, ne ðæs heah-setles, ac, swa-þeah, nán man
Godes mihte ne forflihð, on nánum beolstrum heofenan,
oððe eorðan, oððe sǽ þriddan. Ic gelyſe, swa-þeah, giſ se
Ælmihtiga me hæt þæs hádes beon, þæt ic eft mote þis

ſgland gesecan, æfter twegra geara ymbryne, and þyses
eðcles brucan. Ic bidde þe, Ælfſæd, þæt þu uncre spræce
on minum líſe nǽnum ne ameldige.

Æfter þisum wordum wearð gemót gehæſd, and Ecg-
fridus þær-on gesǽt, and Þeodorus, þises ſglandes erce-
biscop, mid manegum oðrum geðungenum witum, and hſ
ealle ǽnmodlice þone eadigan Cuðberhtum to biscope
gecuron. Þa sendon hſ sona gewritu mid þam ærende to
ðam eadigan were; ac hſ ne mihton hine of his mynstre
gebringan. Þa reow se cyning sylſ Ecgfridus to ðam
ſglande, and Trumwine biscop, mid oðrum eawſæstum
werum, and hſ þone halgan swiðe halsodon, heora cneow
bigdon, and mid tearum bædon, oððæt hſ hine wepende
of ðam westene atugon to ðam sinoðe samod mid him;
and he þone hád be heora hǽse underfeng, swa swa hit
geſyrn ǽr gesǽd wæs, þurh þæs cildes múð, and þæs mæran
biscopes Boisiles, þe him mid soðre witegunge his líſes
endebyrdnysse sǽde.

On ðam ylcan geare wearð eac ofslegen Ecgfridus, se
æðela cyning, on his unsiðe, þaða he on Peohtum begánn
to feohtenne to dyrstelice, ofer Drihtnes willan; and his
cyſes-borena broðor siððan rixode, seðe for wisdomo wende
to Scottum, þæt he mlðeodig on lífe geðuge. Þa wæs ge-
ſyllod seo foresǽdo spræc, swa swa se halga wer sǽde þam
mædene be hire gebroðrum, ǽr he biscop wære. Hwæt þa,
siððan se halga Cuðberhtus, Lindisfarnensiscere gela-
ðunge leod-biscop, mid calre gecneordnysse his folces
gymde, to geeſenlæcunge þæra eadigra apostola, and hſ
mid singalum gebedum gescylde wið deofol, and mid hal-
wendum myngungum to heofonan tihte; and he swa
leoſode swa swa he sylſ lærde, and ǽ his bodunga mid
gebysnungum astealde, and eac mid wundrum wel go-
glengde, and mid soðre luſe symle geswette, and gemete-
gode mid micclum geċylde, and wæs swiðe eatſul on ælcere

spræce. He nolde awendan his gewunclican bigleofan, ne his gewǽda, þa he on westene hæfde, ac ða stiðnyssa his stearcan bigleofan, betwux hrwedum folce, on his life geheold. He wæs swiðo welig wædlum and þearfum, and symle him sylfum swiðe hafenleas.

Þa geworhte hé fela wundra eac binnon þam fyrste þe hé biscop wæs. Mid halgum wætere be gehælde sum wíf, anes ealdormannes ǽwe, fram earmlicero coðe, and heo sona gesund him sylfum þenode. Eft, on ðære ylcan tide, hé mid elo gesmyrode an licgende mæden on langsumum sare, þurh befigtymum heafod-ece, and hire sona wæs bet. Sum eawfæst wer wæs eac yfele gehæfd, and læg æt forð-siðe, his freondum orwene. Þa hæfde heora sum haligne blíf, þone se eadiga wer ǽr gebletsode, and ho þone þerr-ibte on wæter bedypte, and his ádligum mæge on ðone muð begeat, and ho þerrihte þæt ádl gestilde. Eac on oðrum timan, sum ádlig cniht færlice wearð geferod ætfo-ran þam witan, paða hé mid lare geond lúnd ferde; þa bædon þa bǽrmen his bletsunge georne, and hé þerrihte þone cniht arærde, swa þæt hé gesundful siðode on folum, seðe on bǽre þider geboren wæs. Sum earm moder uneaðelice bær hire samcuce cild swiðe dreorig, on ðam ylcan wege þe se wita ferde; þa besargode hé þære sorh-fullan meder, and geswæslice ða hire sunu cyste; cwæð þæt hire cild gesund beon sceolde, and eal hire hiwisc hǽlðe brucan; and þæs witegan wórd wurdon gefyllede.

Ælfred þa eft, þæt æðele mæden, þone halgan lǽreow to hire gelaðode: þa gesǽt hé æt mysan micclum onbryrd, he beseah to heofonum and his sex áwearp. Þa axode hine seo eadige fæmne, hwí hé swa brædlice his gereord forlete? Þa cwæð se biscop, mid onbryrdum mode, Efno nu ic ge-seah englas ferigan gesælige sawle of ðinum bóc-lande, to bealicre heofenan, mid halgum sange, and his nama þe bið ardlice gecydd on ærne-merigen, þonne ic offrige Gode þa

lfflican lác on geleaffulre cyrean. Hit wearð þa gewíd-
mærsod, swa swa se witega cwæð, þæt hire hyrdeman, þurh
holdrædene þa, sume ác astah, and his orf læswode mid
treowenum helme, and he heardo fcoll, gewát of worulde
mid wuldre to Gode, for ðære hylde his hirdrædene. Hwá
inæg æfre calle gereccan þa mihtigan tácna pises halgan
weres, hu oft hé caðelice fidlige gehælde, and þa sweartan
gastas aymle aflígde, and frægra manna forðsið fore-gleaw
sæde, wis þurh witegunge wisdomes gastes.

Þa wunode sum sacerd swiðe gelyfed on ancer-setle æfter
his láre, and on gehwilcum geare hine geneosode, Here-
berhtus geháten, hohful on mode. Cuðberhtus þa sona
hine on-sundron gespræc, cwæð þæt he þa accolde swiðlice
befrínan his nyd-þearfnysse, ær his nextan dæge; cwæð
þæt hé ne moste on menniscum lífe hine eft geseon, of
þam andweardan dæge. Hereberhtus þa swiðe hohful
wearð, and feol to his fotum, mid flowendum tearum bæd,
þæt hé moste him mid siðian to heofenlicum prymme, of
ðisum gewinne, swa swa hé on lífe his láre gehyrsumode.
Hwæt þa, se biscop his encowa gebigde to þissere bene,
mid bliðum mode, and syððan þone sacerd sona gefre-
frode; cwæð þæt him geuðe se Ælmihtiga Wealdend, þæt
hí ætsomne siðian moston of ðisum earfoðnyssum, to eeere
myrhðe. Hereberhtus þa hám gewende, and, on leger-
bedde liegende, abád þæs oðres geendunge, mid fidligum
lymum.

Cuðberhtus se halga þa swiðe onette to ðam ancer-setle,
þe he ær gesét, þurh halige myncgunge mihtiges
Drihtnes: wolde on ðam lande his líf geendian, þær þær
hé ær lange lybbende drohtnode. And hé on ðam lande
þa gelogered wearð on his torðsiðe swiðe fús to Gode, on
ðam þriddan geare his biscophádes, and on þisum dæge to
Drihtne gewát, and Hereberhtus samod, se halga sacerd,
swa swa hí on lífe ær geleornodon, þurh Godes Gast,

HOMILIES OF ÆLFRIC. 63

mid gódum willan. His líc wearð bebyrged on Lindisfarneiscre cyrcan, þær wurdon geworhte wundra forwel fela, þurh gœarnungum his eadigan lífes. Þa gelicode hit þam leod-biscope, Eadberhte sylfum, his æftergengan, þæt he his lichaman up þa golágode, on ðam endlyftan geare his geendunge. Þa wearð þæt hálige líc hál on eorðan gemét, gesundful licgende, swilce hé slæpende wære, liðebige on limum, swa swa hé geléd wæs.

Sy wuldor and lóf þam wologan Drihtne, soðe his gecorenan swa cystelice wurðað, æftor deadlicum lífe, mid him lybbende & on ecnysse ealra worulda. Amen.

FERIA IIII.

DE FIDE CATHOLICA.

ÆLC cristen man sceal æfter rihte cunnan ægðer ge his Pater noster ge his Credan. Mid þam Pater nostre he sceal hine gebiddan; mid þam Credan he sceal his geleafan getrymman. We habbað geszed embe þæt Pater noster, nu we wyllað secgan eow þone geleafan þe on þam Credan stent, swa swa se wisa Augustinus, be þære Halgan Þrynnysse, trahtnode.

An Scyppend is ealra þinga, gesewenlicra and ungesewenlicra; and we sceolon on hine gelyfan, forþon þe hé is soð God and úna Ælmihtig, soðe næfre ne ongunn ne anginn næfde, ac hé sylf is anginn, and hé eallum gesceaftum anginn and ordfruman forgeaf, þæt hí beon mihton, and þæt hí hæfdon agen gecynd, swa swa hit þære godcundlican sáduuge gelicode. Englas hé worhte, þa sind gastas, and nabbað nænne lichaman. Menn hé gesceop mid gaste and mid lichaman. Nytenu and deor, fixas and fugelas hé gesceop on flæsce, butan sawle. Mannum hé sealde uprihtne gang; þa nytenu hé lét gún alotene. Mannum hé forgeaf hláf to bigloofan, and þam nytenum gærs.

HOMILIES OF ÆLFRIC.

Nu mage ge, gebroðru, understandan, gif ge wyllað, þæt twa þing syndon, án is Scyppend, oðer is gesceaft. He is Scyppend, seðo gesceop and geworhte ealle þing of nahte. Þæt is gesceaft þæt se soða Scyppend gesceop; þæt sind ǽrest heofonas, and englas þe on heofonum wuniað; and syððan þeos eorðe, mid eallum þam þe hire on eardiað, and sǽ, mid eallum þam þe hyre on swymmað. Nu ealle þas þing synd mid ánum naman genemnode gesceaft. Hí nǽron ǽfre wunigende, ac God hí gesceop. Þa gesceafta sind fela, án is se Scyppend, þe hí ealle gesceop, se úna is Ælmihtig God. He wæs æfre, and æfre he bið þurhwunigende on him sylfum, and þurh hine sylfne. Gif he ongunne and anginn hæfde, butan tweon, ne mihte he beon Ælmihtig God. Soðlice þæt gesceaft, þe ongann and gesceapen is, nǽfð nane godcundnysse; forði ælc edwist þætte God nys, þæt is gesceaft; and þæt þe gesceaft nis, þæt is God.

Se God wunað on ðrynnysse úntodǽledlic, and on ánnysse ánre Godcundnysse. Soðlice oþer is se Fæder, oþer is se Sunu, oðer is se Halga Gast; ac, þeah-hwæðere, þæra þreora is án Godcundnys, and gelíc wuldor, and efen-ece mægen-þrymnys. Ælmihtig God is se Fæder, Ælmihtig God is se Sunu, Ælmihtig God is se Halga Gast. Ac, þeah-hwæðere, ne sind þry Ælmihtige Godas, ac án Ælmihtig God. Þry hí sind on héafdum and on naman, and án on Godcundnysse. Þry, forþi þe se Fæder bið æfre Fæder, and se Sunu bið æfre Sunu, and se Halga Gast bið æfre Halig Gast; and hyra nán ne awent næfre of þam þe he is. Nu habbað ge gehyred þa Halgan Þrynnysse; ge sceolon eac gehyran þa soðan Annysse.

Soðlice se Fæder and se Sunu and se Halga Gast habbað áne Godcundnysse, and án gecynd, and án weorc. Ne worhte se Fæder nán þing, ne ne wyrcð, butan þam Suna, oððe butan þam Halgan Gaste. Ne heora nán no wyrcð nán þing butan oþrum; ac him eallum is án weorc, and án ræd, and án willa. Æfre wæs se Fæder, and æfre wæs se Sunu, and æfre wæs se Halga Gast, án Ælmihtig God. Se is Fæder, seðe nis naðer ne geboren ne gesceapen fram nánum oðrum; se is Fæder gehâten, forþan þe he hæfð Sunu, þone þe he of him sylfum gestrynde, butan ælcere meder. Se Fæder is God of nánum Gode. Se Sunu is God, of þam Fæder Gode. Se Halga Gast is God, forð-stæppende of þam Fæder and of þam Suna. Þas word sind sceortlice gesæde, and eow is neod þæt we hi swute-licor eow onwreon.

Hwæt is se Fæder? Ælmihtig Scyppend, na geworht, ne acenned; ac hé sylf gestrynde Bearn, him sylfum efen-ece. Hwæt is se Sunu? He is þæs Fæder Wisdom, and his Word, and his Miht, þurh þone se Fæder gesceop ealle þing and gefadode. Nis se Sunu na geworht ne gesceapen, ac he is acenned. Acenned he is, and, þeah-hwæþere, he is efen-eald and efen-ece his Fæder. Nis na swa on his acennednysse, swa swa bið on ure acennednysse. Þonne se mann sunu gestrynð, and his cild acenned bið, þonne bið se fæder mara, and se sunu læssa. Hwf swa? Forþi, þonne se sunu wyxð, þonne ealdað se fæder. Ne finst þu na gelice on mannum fæder and sunu. Ac ic þe sylle bysne, hu þu Godes acennednysse þy bet understandan miht: fyr acenð of him beorhtnysse, and seo beorhtnys is efen-eald þam fyre: nis na þæt fyr of þære beorhtnysse, ac seo beorhtnys is of þam fyre. Þæt fyr acenð þa beorht-nysse, ac hit ne bið næfre butan þære beorhtnysse. Nu þu gehyrst þæt seo beorhtnys is ealswa eald swa þæt fyr þe heo ofcymð; geþafa nu forþi þæt God mihte gestrynan ealswa cald bearn and ealswa ece swa he sylf is. Se ðe mæg understandan þæt ure Hælend Crist is on þære God-cundnysse ealswa eald swa his Fæder, hé þancige þæs Gode, and blissige. Se ðe understandan ne mæg, he hit

F

sccal gelyfan, þæt he hit understandan mæge; forþan þæs
witegan word ne mæg beon afdlod, þe þus cwæð, Buton
ge hit gelyfan, ne mage ge hit understandan. Nu habbe
ge gehyred, þæt se Sunu is of þam Fæder, butan ælcum
anginne; forþan þe he is þæs Fæder Wisdom, and he wæs
æfre mid þam Fæder, and æfre bið.
Uton nu gehyran be þam Halgan Gaste, hwæt he sy.
He is se Willa and seo soðe Lufu þæs Fæder and þæs Sunu,
þurh þone sind calle þing gelíffæste and gehealdene; be
þam is þus geewedcn, Godes Gast gefylð ealne ymbhwyrft
middangeardes, and he hylt ealle þing, and he hæfð
ingehýd ælces gercordes. Nis he geworht, ne gesceapen,
ne acenned; ac he is forðstæppende, þæt is, ofgangende,
of þam Fæder and of þam Suna, þam he is gelic and efen-
ece. Nis se Halga Gast na Sunu, forþan þe he nis na
acenned; ac he gæð of þam Fæder and of þam Suna
gelice; forþan þe he is heora beigra Willa and Lufu.
Crist cwæð þus be him on his godspelle: So Frofor-Gást,
þe ic eow asendan wille, Gast þære soðfæstnysse þe of
minum Fæder gæð, he cyð gecyðnysse be me; þæt is, he
is min gewita þæt ic eom Godes Sunu. And eac se rihta
goleafa us tæcð, þæt we sceolon gelyfan on þone Halgan
Gast; he is se liffæstenda God, se gæð of þam Fæder and
of þam Suna. Hu gæð he of him? So Sunu is þæs
Fæder Wisdom, æfre of þam Fæder; and se Halga Gast
is heora beigra Willa, æfre of him bam. Is forþi þonne ún
Fæder, seðe æfre is Fæder, and ún Sunu, seðe æfre bið
Sunu, and ún Halig Gast, seðe æfre bið Halig Gast.
Æfre wæs se Fæder, butan anginne, and æfre wæs se
Sunu mid þam Fæder, forþan þe he is þæs Fæder Wisdom.
Æfre wæs se Halga Gast, seðe is heora beigra Willa and
Lufu. Nis se Fæder of nánum oðrum, ac he wæs æfre.
Se Sunu is acenned of ðam Fæder, ac he wæs æfre on
þæs Fæder bosme, forþan ðe he is his Wisdom, and he is of

þam Fæder eal þæt he is. Æfre wæs se Halga Gast, forþan ðe he is, swa we ǽr cwædon, Willa and soð Lufu þæs Fæder and þæs Suna. Soðlice willa and lufu getacniað án þing; þæt þæt þu wylt, þæt þu lufast, and þæt þæt þu nelt, þæt þu ne lufast.

Seo sunne, þe ofer us scinð, is lichamlic gesceaft, and hæfð swa-þeah þreo agennyssa on hire; án is seo lichamlice edwist, þæt is þære sunnan trendel; óðer is se leoma, oððe beorhtnys, æfre of þære sunnan, seoþe onliht ealne middangeard; þridde is seo hætu, þe mid þam leoman becymð to ús. Se leoma is æfre of þære sunnan, and æfre mid hire, and þæs Ælmihtigan Godes Sunu is æfre of þam Fæder acenned, and æfre mid him wunigende. Be þam cwæð se apostol, þæt he wære his Fæder wuldres beorhtnys. Þære sunnan hætu gǽð forð of hire and of hire leoman; and so Halga Gast gǽð æfre of þam Fæder and of þam Suna gelice. Be þam is þus awriten, Nis nán þe hine behydan mæge fram his hætan.

Fæder and Sunu and Halig Gast ne magon beon togædere genamode, ac hí ne beoð swa-þeah nahwǽr totwæmede. Nis so Ælmihtiga God na þryfeald, ac is Þrynnys. God is se Fæder, and se Sunu is God, and se Halga Gast is God. Na þrý Godas, ac hí ealle þry án Ælmihtig God. Se Fæder is eac Wisdom of nanum oþrum wisdome; se Sunu is eac Wisdom of þam wisan Fæder; se Halga Gast is Wisdom: ac þeah-hwæðere hí sind ealle ætgædere án Wisdom. Eft, se Fæder is soð Lufu, and se Sunu is soð Lufu, and se Halga Gast is soð Lufu; and hí ealle ætgædere án God, and án soð Lufu. Eac swilce is so Fæder Gast and halig, and se Sunu is Gast and halig, untwylice: þeah-hwæðere, se Halga Gast is synderlice gehâten Halig Gast, þæt þæt hí ealle þry sind gemænelice.

Swa micel gelicnys is on þyssere Halgan Þrynnysse, þæt se Fæder nis na máre þonne se Sunu on þære Godcund-

nysse, ne se Sunu nis na máre þonne se Halga Gást, ne
nán heora án nis na læsse, þonne eall seo Þrynnys. Swa
hwær swa heora án bið, þær hí beoð ealle þry, æfre án God
untodæledlic. Nis heora nán máre þonne oðer, ne nán
læssa þonne oðer, ne nán beforan oþrum, ne nán bæftan
oþrum; forþan swa hwæt swa læsso bið þonne God, þæt
ne bið na God; þæt þæt lator bið, þæt hæfð anginn; ac
God næfð nán anginn. Nis na se Fæder ána Þrynnys,
oððe se Sunu Þrynnys, oððe se Halga Gast Þrynnys; ac
þas þry húdas sindon án God on ánre Godcundnysse.
Þonne þu gehýrst nemnan þone Fæder, þonne understenst
þu þæt ho hæfð Sunu. Eft, þonne þu cwyst Sunu, þu
wást butan tweon þæt he hæfð Fæder. Eft, we gelyfað þæt
se Halga Gast is ægðer ge þæs Fæder ge þæs Suna Gast.
Ne bepæce nán man hine sylfne, swa þæt he secge oððe
golyfe þæt þry Godas syndon, oððe ænig hád on þære Hal-
gan Þrynnysse sy únmihtigra þonne oðer. Ælc þæra
þreora is God; þeah-hwæðere hí ealle án God; forþan þe
hí ealle habbað án gecynd, and áne Godcundnysse, and
áne edwiste, and án geþeaht, and án weorc, and áne
mægen-þrymnysse, and gelic wuldor, and efen-ece rice.
Is þeah-hwæðere se Sunu ána geflæschamod, and geboren
to men of þam halgan mædene Marian. Ne wearð se
Fæder mid menniscnysse befangen, ac þeah-hwæðere he
asende his Sunu to ure alysednysse, and him æfre mid
wæs, ægðer ge on lífe ge on þrowunge, and on his æriste,
and on his upstige. Eac eal Godes gelaðung andet on þam
rihtan geleafan, þæt Crist is acenned of þam clænan
mædene Marian, and of þam Halgan Gaste. Nis se
Halga Gast þeah-hwæðero Cristes Fæder, ne nán Cristen
man þæt næfre ne sceal gelyfan; ac se Halga Gast is
Willa þæs Fæder and þæs Suns: forþi þonne swiðe rihtlice
is awriten on urum geleafan, þæt Cristes menniscnys
wearð gefremmed þurh þone Halgan Willan.

Beheald þas sunnan mid gleawnysse, on þære is, swa we
ǽr cwædon, hætu and beorhtnys; ac seo hætu drygð, and
seo beorhtnys onlyht. Oðer þing deð seo hætu and oðer
seo beorhtnys, and þeah-hwæðere hí ne magon beon to-
twæmde; belimpð hwæþere-þeah seo hæþung to þære
hælan, and seo onlihting belimpð to þære beorhtnysse.
Swa eac Crist úna underfeng þa mennisenysse, and us se
Fæder ne se Halga Gast; þeah-hwæðere hí wæron æfre
mid him, on eallum his weorcum, and on ealre his fare.
We sprecað ymbe God, deaðlice be undeaðlicum, tyddre
be ælmihtigum, earmingas be mildheortum; ac hwá mæg
weorðfullice sprecan be þam þe is únaseegendlic. Hé is
butan gemete, forþy þe hé is æghwær; hé is butan getele,
forþon þe he is æfre; hé is butan hefe, forþon þe hé hylt
ealle gesceafta butan geswince, and hé hí ealle gelogode
on þam þrim þingum, þæt is on gemete, and on getele, and
on héfe. Ac wite ge þæt nán man ne mæg fullice embe
God sprecan, þonne we furðon þa gesceafta, þe hé gesceop,
ne magon asmeagan ne areccan. Hwá mæg mid wordum
þære heofenan freatewunge aseegan ? Oððe hwá þære
corðan wæstmbærnysse ? Oððe hwá herað genihtsumlice
calra tida ymbhwyrft ? Oððe hwá calle oðre þing, þonne
we furþon þa lichomlican þing, þe we onlociað, ne magon
fullice befón mid ure gesihðe ? Efne þu gesihst þone
mannan beforan þe; ac, on þære tíde þe þu his neb
gesihst, þu ne gesihst na his hricg : ealswa, gif þu sumne
clað sceawast, ne miht þu hine ealne togædere geseón,
ac wenst abutan, þæt þu ealne hine geseo. Hwylc wundor
is, gif se Ælmihtiga God is unaseegendlic and unbefan-
genlic, seðe æghwær is eall, and nawar todæled ?
Nu smeað sum undeoþþancol man, hu God mæge beon
æghwær ætgædere, and nawar todæled: beheald þas sun-
nan, hu heage heo astihð, and hu heo asent hyre leoman
geond ealne middangeard, and hu heo onliht ealle þas

eorðan þe mancynn on-eardað. Swa hraðe swa heo up-asprincð, on ærne-merigen, heo scinð on Hierusalem and on Rome-byrig, and on þisum carde, and on eallum eardum ætgædero; and hwæðere heo is gesceaft, and gæð be Godes dihte. Hwæt wenst þu, hu micele swiðor is Godes anweardnys, and his miht, and his noosung æghwær? Him ne wiðstent nán þing, naþer ne stænen weall, no bryden wáh, swa swa hí wiðstandað þære sunnan. Him nis nán þing diglo ne uncuð. Þu sceawast þæs mannes neb, and God sceawað his heortan. Godes Gast afandað ealra manna heortan; and þa þe on hine gelyfað, and hine lufiað, þa he clænsað and gegladað mid his neosunge; and þæra ungeleaffulra manna heortan he forbyhð and onscunað.

Wite eac gehwá, þæt ælc man hæfð þreo þing on him sylfum untodæledlice and togædere wyrcende, swa swa God cwæð, paða hé ǽrest man gesceop. He cwæð, Uton gewyrcean man to ure gelicnysse. And hé worhte þa Adám to his anlicnysse. On hwilcum dæle hæfð se man Godes anlicnysse on him? On þære sawle, na on þam lichaman. Þæs mannes sawl hæfð on hire gecynde þære Halgan Þrynnysse anlicnysse; forþan þe heo hæfð on hire þreo þing: þæt is gemynd, and andgit, and willa. Þurh þæt gemynd, se man geþencð þa þing þe he gebyrde, oððe geseah, oððe geleornode. Þurh þæt andgit he understent ealle þa þing þe he gebyrð, oððe gesihð. Of þam willan cumað geþohtas, and word, and weorc, ægðer ge yfele ge gode. An sawul is, and án líf, and án edwist, seoþe hæfð þas þreo þing on hire togædere wyrcende untodæledlice; forþi þær þæt gemynd bið, þær bið þæt andgit and se willa; and æfre hí beoð togædere. Þeah-hwæðere, nis nán þæra þreora seo sawl, ac seo sawl þurh þæt gemynd gemanð, þurh þæt andgit heo understent, þurh þone willan heo wile swa hwæt swa hire licað, and heo is hwæðere án sawl and án líf.

Nu hæfð heo forþi Godes anlicnysse on hire, forþan þe heo hæfð þreo þing on hire untodæledlice wyrcende. Is þeahhwæðere se man án man and na þrynnys. God soðlice, Fæder, and Sunu, and Halig Gast, þurhwunað on Þrynnysse háda, ond on ánnysse ánre Godcundnysse. Nis na se man on þrynnysse wunigende, swa swa God, ac he hæfð hwæðere Godes anlicnysse on his sawle, þurh þa þreo þing þe we ǽr cwædon.

Arrius hatte an gedwolman, se flát wið ænne bisceop, þe wæs genemned Alexander, wís and riht-gelyfed. Þa cwæð se gedwolman, þæt Crist, Godes Sunu, ne mihte na beon his Fæder gelic, ne swa mihtig swa he; and cwæð, þæt se Fæder wære ǽr se Sunu, and nam byane be mannum, hu ælc sunu bið gingra þonne se fæder on þisum life. Þa cwæð se halga bisceop Alexander him togeanes, God wæs æfre, and æfre wæs his Wisdom of him acenned, and se Wisdom is se Sunu, ealswa mihtig swa se Fæder. Þa begeat se gedwola þæs caseres fultum to his gedwylde, and cwæð gemót ongean þone bisceop, and wolde gebigan eal þæt folc to his gedwyldum. Þa wacode se bisceop áne niht on Godes cyrcan, and clypode to his Drihtne, and þus cwæð, Þu, Ælmihtiga God, dóm rihtne dóm betwux me and Arrium. Hi comon þa þæs on mergen to þam gemóte. Þa cwæð se gedwola to his geferum, þæt he wolde gán embe his neode forð. Þaða he to gange cóm and he gesǽt, þa gewand him út eall his innewearde, æt his setle, and he sæt þær dead. Þa geswutelode God, þæt he wæs swa geǽmtegod on his innoðe, swa swa he wæs ǽr on his geleafan. He wolde dón Crist læssan þonne he is, and his godcundnysse wurðmynt wanian. Þa wearð him swa bysmorlic deað geseald, swa swa he wel wyrðe wæs.

Oþer gedwolman wæs, se hatte Sabellius. He cwæð þæt se Fæder wære, þaða he wolde, Fæder, and eft, þaða he wolde, he wære Sunu, and eft, þaða he wolde, wære

Halig Gast; and wære forþi án God. Þa forwearð eac þos godwola, mid his gedwylde.

Nu cst þæt Iudeisce folc, þe Crist ofslogon, swa swa hé sylf wolde and gepafode, secgað þæt hí willað gelyfan on þone Fæder, and na on þone Sunu þe hyra magas ofslogon. Heora geleafa is naht, and hí forþi losiað. For ure alysednysse Crist gepafode þæt hí hine ofslogon. Hit ne mihte eal mancynn gedón, gif he sylf nolde. Ac so halga Fæder gesecop and geworhte mancyn þurh his Sunu, and he wolde eft, þurh þone ylcan, us alysan fram helle wite, þaþa we forwyrhte wæron. Butan ælcere þrowunge he mihte us habban, ac him þuhte þæt unrihtlic. Ac se deofol forwyrhte hine sylfne, þaða he tihte þæt Iudeisce folc to þæs Hælendes sloge; and we wurdon alysede, þurh his unscyldigan deað, fram þam ecan deaðe.

We habbað þone geleafan þe Crist sylf tæhte his apostolum, and hí eallum mancynne; and þone geleafan God hæfð mid manegum wundrum getrymmed and gefæstnod. Ærest Crist, þurh hine sylfne, dumbe and deafe, healte and blinde, wode and hreoflige gehælde, and þa deadan to life arærde; syððan, þurh his apostolas and oðre halige men, þas ylcan wundra geworhte: nu eac, on urum timan, gehwær þær halige men hí restað, æt heora deadum bánum God wyrcð fela wundra; to þi þæt he wile folces geleafan mid þam wundrum getrymman. Ne wyrcð God na þas wundra æt nánes Iudeisces mannes byrgene, ne æt nánes opres godwolan, ac æt riht-gelyfedra manna byrgenum, þa þe gelyfdon on þa Halgan Þrynnysse, and on soðe ánnysse ánre Godcundnysse.

Wite gehwá eac, þæt nán man ne mot tuwa gefullod; ac gif se man æfter his fulluhte aslide, we gelyfað þæt he mæge beon gehealden, gif he his synna mid wópe bebreowsað, and be hreowa træunge bí gebet. We sceolon gelyfan þæt ælces mannes sawul bið þurh God gesceapen;

ac hwæþere heo ne bið na of Godes ágenum gecynde. Þæs mannes lichaman antimber bið of þam fæder and of þære meder, ac God gescypð þone lichaman of þam antimbre, and asent on þone lichaman sawle. Ne bið seo sawl nahwar wunigende æror, ac God hí gescypð þærrihte and beset on þone lichaman, and læt hí habban ágenne cyre, swa heo syngige, swa heo synna forbuge. Þeah-hwæðere, heo behófað æfre Godes fultumes, þæt heo mæge synna forbugan, and eft to hyre Scyppende becuman, þurh góde geearnunga; forþon þe nán man ne deð butan Gode nán þing to góde.

Eac we sceolon gelyfan þæt ælc lichama, þe sawle underfeng, sceal arisan, on dómes dæg, mid þam ylcan lichaman þe he nu hæfð, and sceal onfón edlean ealra his dæda; þonne habbað þa gódan ece líf mid Gode, and he sylð þa méde ælcum be his geearnungum. Ða synfullan beoð on helle-wite á ðrowigende, and heora wite bið eac gometegod, ælcum be his geearnungum. Uton forþi gecarnian þæt ece líf mid Gode, þurh þisne geleafan, and þurh góde geearnunga, seðe þurhwunað on Þrynnysse, án Ælmihtig God, áá on ecnysse. Amen.

DOMINICA SEPTUAGESIMA.

DRIHTEN sæde þis bigspel his leorning-cnihtum, þus cweðende: Simile est regnum cœlorum homini patri familias, qui exiit primo mane, conducere operarios in vineam suam: et reliqua.

Se Hælend cwæð þæt heofenan rice wære gelíc sumum hfredes ealdre, seþe ferde on ærne-merigen, and wolde hyrian wyrhtan in to his wíngearde. Ða gewearð þam hlaforde and þam byrig-mannum wið ánum peninge, and hí eodon in to þam wíngearde. Eft, ymbe undern dæges, eode þæs wíngeardes hláford út and gemétte oþre hýrmen standende ydele on þære stréte, and hé cwæð him to,

Gað in to minum wíngearde, and ic sylle eow þæt riht bið. Hí þa eodon to his weorce be þam behấte. Ymbe midne dæg and nón-tíde, code se hírecles ealdor út, and dyde hand swa gelíce. Æt nextan twa tída ofer nóne, eode se hláford, and gemette mí wyrhtan standan, and him to cwæð, Hwí stande ge hér ealne dæg æmtige? Hí andwyrdon, Forþan þe ús nán mann ne hyrde. Se hláford cwæð, Gað in to minum wíngearde. Witodlice on æfnunge cwæð se hláford to his wícnere, Clypa þas wyrhtan, and agyld him heora méde; fóh on þam endenextan, oð þæt þu cume to þam fyrmestan. Þa comon þa endenextan, þe on æfnunge wæron gehyrode, and heora ælc underfeng ænne pening. Hwæt, þa fyrmestan, þe on ærne-merigen comon, wendon þa þæt hí máran méde onfón sceoldon: þa underfengon hí ænlipige penegas, swa swa þa oþre. Ða ongunnon hí to ceorigenne ongean þone hiredes ealdor, and cwædon, Þas endenextan menn worhton áne tíde, and þu dydest hí ús gelice æt þære hyre, we þe bæron ða byrðene þisses dæges and hætan. Þa andwyrde se hláford, and cwæð to heora anum, Du freond, ne dó ic þe nænne teonan. Húla, ne gewearð úne to ánum peninge? Nim þæt þin is, and gá ðe forð. Ic wille soðlice syllan þisum latestan swa micel swa þe. Hú, ne mót ic dón þæt ic wylle? Oððe þin eage is yfel, forðan ðe ic eom gód? Þus wæron þa latestan fyrmeste, and þa fyrmestan endenexte. Fela sind gecigede, and feawa gecorene.

Gregorius se Trahtnere cwæð þæt þis godspel hæfð lángne tíge on his trahtnunge, þa hé wile mid sceortre race befón; þæt hit to heáftyme ne þince þam heorenigendum.

Mine gebroðra, gelome ic eow sæde þæt heofonan ríce getácnað þas andwerdan gelaðunge; forþan þe rihtwisra manna gegaderung is geweden heofenan ríce. Se híredes ealdor is ure Scyppend, seþe gewylt þa þe hé gesceóp, and his gecorenan on þisum middanearde geáguað, swa swa

hláford his hired on his healle. He hæfð þone wíngeard
gewislice ealle þa geleaffullan gelaðunge, swa swa se witega
cwæð Isaias, Soðlice Godes wíngeard is Israhela hí wræden.
Mid þam naman is geswutelod cal Godes folc. Be ðam
wíngearde cwæð Drihten to Iudeiscre þeode, Ic secge eow
þæt Godes rice bið eow ætbroden, and bið forgyfen þære
þeode þe his wæstmas wyrcað. Þes wíngeard sprytto Godes
gecorenan fram þam rihtwisan Abel oð þam endenextan
halgan þe on þyssere worulde acenned bið, swilce hé swa
fela wín-boga getyddrode. Witodlice þes hiredes ealdor
gehyrde wyrhtan in to his wíngearde on ærne-merigen, eft
on undern, and on midne dæg, on nón-tíde, and on þære
endlyftan tíde ; forþan þe hé fram frymðe middancardes
oð his geendunge, ne ablinð to asendenno bydelas and lá-
reowas to lǽrenne his folc, þæt hí symle þa misweaxendan
bógas of-asnæðdian, þæt þa toweardan þeonde beon. Wi-
todlice, gif se wíngeard næfð þone ymbhwyrft, and ne bið
on riht gescreáidod, ne bið hé wæstmbære, ac for braðe
awildað. Swa eac Godes folc, buton þa láreowas screádian
symle þa leahtras þurh heora lǽre aweg, ne bið þæt lǽwede
folc wæstmbære on gódum weorcum. Eornostlice, se ǽr-
merigen wæs fram Adam oð Noe, se undern fram Noe oð
Abraham, se mid-dæg fram Abraham oð Moysen, se nón
fram Moyse oð Drihtnes to-cyme, seo endlyfte tíd fram
Drihtnes acennednysse oð ende þises middancardes.
Drihten sende his wyrhtan on eallum þisum forcsærdum
tídum to begánne his wíngeard ; forþan þe hé asende ǽrest
heahfæderas to lǽronne his folc, and siððan ǽlice láreowas
and wítegan, and æt nextan his apostolas, and þurh þa his
folces þeawas beeode, swilce hé þurh wyrhtan on wín-
geardes biggencge swunce.

Ǽlc þæra manna, þe mid ribtum geleáfan gód weore
beeode, wæs untwylice þises wíngeardes wyrhta. Se me-
rigenlica tilia, and þære þriddan tíde, and þære sixtan, and
þære nigoðan, getácniað þæt ealde Ebréisco folc, þe fram

HOMILIES OF ÆLFRIC.

frymðe middaneardes mid rihtum geleafan God wurðode, swilce hf swuncon on wíngeardes biggencge mid gecucórdlicere teolunge. To þære endlyftan tíde soðlice wurdon þa hæðenan geclypode, and þam wæs gecæd, To hwí staude ge her ealne dæg ydele? Þa hæðenan stodon ealne dæg ydele, forðan þe hf forgymeleasodon þæs ecan lífes teolunge, on swa lángsumere tíde middaneardes. Ac understúndað hu hí andwyrdon þæs wíngeardes hlaforde. Hi cwædon, Forþan þe nán man ús ne hyrde. Witodlice, næs nán heahfæder, ne nán witega ascnd to hæðenum folce, þe heora gedwyld belóge, ǽr Drihtnes to-cyme, þurh his menniscnysse. Hwæt is to cweðenne, þæt nán man ús to þam wíngearde ne gehyrde, buton þæt nán man us ne bodade lífes weig?

Mine gebroðra, hwylce beladunge mage we habban, gif we gódra weorca geswicað, we ðe fram cild-cradole to Godes geleafan comon? We magon eac þas ylcan mislicnyssa þæra foresædra tída to anum gehwylcum menn þurh his ylda tídum todælan. Witodlice ures andgites merigen is ure cildhád; ure cnihthád swylce undern-tíd, on þam astihð ure geogoð, swa swa seo sunne deð ymbe þære þriddan tíde; ure fulfremeda wæstm, swa swa middæg; forþan þe on midno dæg bið seo sunne on þam ufemestum ryne stigende, swa swa se fulfremeda wæstm bið on fulrestreneðe þeónde; seo nón-tíd bið ure yld, forþau þe on nón-tíde astihð seo sunne, and þæs ealdigendan mannes mægen bið wanigende; seo cudlyfte tíd bið seo forwerode ealdnys, þam deaðe genealæcende, swa swa seo sunne setlunge genealæcð on þæs dæges geendunge. Eornostlice þonne sume beoð gelædde on cildháde to gódum þeawum and rihtum life, sume on cnihtháde, sume on geþungenum wæstme, sume on ylde, sume on forwerodre ealdnysse; þonne bið hit swylce hí beon on mislicum tídum to þam wíngearde gelaðode.

Mine gebroðra, behealdað eowere þeawas, and, gif ge

gyt Godes wyrhtan sind, sceawiað. Smeage gehwilc hwæt hé deð, and behealde hwæðer hé on Godes wíngearde swince. Se ðe on andwerdum lífe him sylfum teolað, and na Gode, ne com se na gyt binnon Godes wíngearde. Þa tyliað soðlice Gode, þa þe ne secað heora ágen gestreon þurh gytsunge, ac smeagað ymbe Godes teolunge, hu hí magon unriht alecgan and rihtwisnysse fyrðrian, oðrum menn fremigan mid gecneordnysse þæro soðan lufe; and þa þo cariað mid wacelum mode hu hí oþra manna sawla Gode gestryþan, and mid him to ðam ecan lífe gelædan. Se ðe him sylfum leofað, and seðe on his flæsclicum lustum lioð, rihtlice hé is ydel gepread, forþan þe he ne teolað nánes wæstmes þæs godcundlican weorces.

Þa þe mid gymeleaste heora dagas aspendað, and nellað Gode lybban oð heora endenextan ylde, hí standað ydele oð þa endenextan tíde. To swilcum sleacum cweð se híredes caldor, To hwí stande ge hér calne dæg ydele? Swilce hé swutellice cwæde, Gif ge noldon Gode lybban on cildháde, ne on geogoðe, gecyrrað nu huru-þinga on ylde to lífes wege; nu ge habbað hwónlice to swincenne. And swa-þeah þyllice gelaðað se hiredes hláford, and for wel oft hí oufoð heora edlean hraðor, forþan þe hí gewitað to heofenan ríce hrædlicor þonne þa ðe fram cildháde Gode þeowodon. Witodlice se sceaða þe mid Criste þrowode, and, on hine gelyfende, his synna geandette, com on þære endlyftan tíde, na þurh ylde, ac þurh yfelnesse. Scyldig hé wæs to hellicere susle for his mándædum, ac hé geandette his synna Drihtne sylfum, on þære rode-hengene, mid fullum geleafan, and Cristes miltsunge, þisum wordum abæd, Drihten beo min gemyndig, þonne þu cymst to þinum ríce. Drihten him andwyrde, Soð ic þe secge, nu to-dæg þu mist bid me on neorxena-wange.

HOMILIES OF ÆLFRIC.

Witodlice fram þam endenextan ongann se híredes ealdor to agyldenne þone pening, þaða hé gelædde þone sceaðan in to heofenan ríce, ǽrþon þe hé lædde Petrum oððe his oðre apostolas, and rihtlice swa ; forþan ðe se sceaða gelyfde on þam timan on Crist, þaða his apostolas on mycelre twynunge wæron. Eala hú sela heahfædera ǽr Moyses æ rihtlice leofodon, and hú fela wítegan, under þære æ, Gode gecwemlice drohtnodon, and hí, swa-þeah, næron gelædde to heofouan ríce, ǽrðan þe Drihten niðer astáh, siððe neorxena-wanges fæsten mid his ágenum deaðe geopenode, and hí þa mid langsumere elcunge heora méde underfengon, þa ðe we buton elcunge, þærrihte, swa we of urum lichaman gewítað, underfoð. Soðlice þa ealdan heahfædras and gepungene wítegan bǽron þa byrðene and þæs dæges hǽtan, forþan ðe hí fram anginne middaneardes oð Cristes to-cyme on hellicere clysunge andbidodon ; þeah ðe hí on Abrahámes wununge, buton pinungum, for heora gódnesse wunedon; and swilce, æfter ceorunge, þone pening underfengon, þaða hí, æfter langsumere tíde, to heofonan becomon. Witodlice ne underfeð nán ceorigende sawul Godes ríce, ne nán ceorian ne mæg seðe to ðam becymð. Ac þæra ealdfædera ceorung is to understandenne heora gnórnung, þæt hí rihtlice for heofonan ríce leofodon, and, swa-þeah, mid langsumere elcunge hit underfengon. We soðlice, þe to þære endlyftan tíde comon, æfter urum geswince, nateshwon ne ceoriað, and we underfoð þone pening, forþan ðe we cumað æfter þæs Hælendes menniscnysse ; we beoð gelædde to his ríce þærrihte æfter urum forðsiðe, gif we ǽr on lífe rihtlice leofodon ; and we þonne, buton yldinge, underfoð þæt þæt þa ealdfæderas, æfter langsumere elcunge, underfengon. Be ðam cwæð se híredes ealdor, Ic wille syllan þisum endenextan eal swa miced swa ðé.

HOMILIES OF ÆLFRIC. 79

And forþan þe seo onſangennys þæs ríces is of Godes gódnesse, rihtlice is hér bæftan gecweden on endebyrdnesse þæs godspelles, La hú, ne mót ic dón þæt ic wille? Dyslic bið mannes ceast ongean Godes gódnesse. Sum ceorung mihte beon, gif he his behát ne gelæste, ac nán þeah ðe hé máre ne scalde; be þam is gyt gelimplice gecweden, Oððe þin eáge is yfel, forðan þe ic eom gód? Ne onhebbe hine nán man on his weorcum, ne on lángsumum þeowdome, þonne seo Soðfæstnys clypað, þus beoð þa endenextan fyrmeste, and þa fyrmestan endenexte. Efne nu, þeah we witon hu fela gód oððe hu micele we gefremedon, nyte we þeah gyt mid hwilcere smeaðancolnysse se upplica Dema þa afándað; and witodlice gehwilcum men is þearle to blissigenne, þeah ðe he endenext on Godes ríce sy geendebyrd.

Þises godspelles geendung is swiðe ondrædendlic: Fela sind gelaðode, and feawa gecorene. Drihten cwæð on oðre stowe, þæt fela cumað fram east-dæle, and fram westdæle, and gerestað mid þam heahfæderum, Abrahúme, and Isaáce, and Iacobe, on heofenan ríce. Hwæt, eac þes ylca trahtnere Gregorius, on sumes oðres godspelles trahtnunge, cwæð, þæt swa micel werod menniscra manna sceal astigan þæt heofonlice ríce, swa fela swa þæra gecorenra engla on heofonum belifon, æfter þæra modigra gasta hryre. Þeah þa gecorenan Godes cempan sind feawa geðuhte on andwerdum lífe betwux flæsclicum mannum, þe heora lustum gehyrsumiað, ac hí ne beoð feawa þonne hí gegaderode beoð. Ne gedafenað þam gastlicum þæt hí þam flæsclicum gecfenlæcon, ne hí húxlice forseon; forðan þe we geseoð hwæt nu to-dæg is, ac we nyton hwæt to merigen bið toweard. Forwel oft cymð se bæftan ús, þe us mid swyftnysse gódre drohtnunge fore-stæpð, and we earfoðlice him filiað to-merigen, scðe nu to-dæg is ure folgere geþuht. Witodlice þaða se forma cyðere, Ste-

phanus, for Godes geleafan gestæned wæs, Saulus heold
ealra þæra stænendra hlſcelan; and, swa-þeah, Paulus siðþan
fore-stóp Stephanum on Godes gelaðunge, mid mænig-
fealdum geswincum, þone þe hé ær ehtende martyr
gemacode.

Twá þing sind þe we sceolon carfullice scrutnian; æreſt,
þæt ure nán be him sylfum to dyrstelice ne truwige; syð-
ðan, þæt ure nán be his nextan ne ortruwige, þeah ðe hé on
leahtrum befeallen sy; forðan þe ús synd uncuðe þa micclan
welan Godes mildheortnysse. Þysscre mildheortnysse
welan besceawode se sealm-sceop, þaða hé to Gode þus cly-
pode: Min gefylsta! Þe ic synge; forðan ðe þu, God, eart
mín andfenga, mín God, and mín mildheortnyss. Efne
se sealm-wyrhta understód on hwilcum gedeorfum þis
mennisce líf is gelogod, and forði clypode God his gefylsta.
Hé gecfygde Drihton his andfenga, forþan þe hé underfehð
ús in to ecere reste fram þisum andweardum geswince.
Hé beheold þæt God gesihð ure yfelnyssa, and ure gyltas
forþyldgað: and swa-þeah hé sparað ús arfæstlice, and þurh
behreowsunge to þære ecan méde gehylt. Þa nolde hé
gecigan God mildheortne, ac hét hine his mildheortnys,
þus cweðende: Mín God and mín mildheortnys! Uton
gemunan ure érran synna, and uton besceawian þa
micclan Godes arfæstnysse, hu he urum gyltum miltsað,
and þær-to-eacan þæt heofenlice ríce behæt sóðlice dædbe-
tendum æfter gyltum. Uton forði ealle clypian mid
inweardre heortan, swa swa se sealm-sceop clypode: Þu
eart mín God and mín mildheortnys. Godes mildheortnys
ús fore-stæpð, and his mildheortnys ús fyligð. Þaða we
wel noldon, þa forhrædode Godes mildheortnys ús, þæt we
wel woldon: nu we wel willað, us fyligð Godes mildheort-
nys þæt ure willa ydel ne sy. Hé gearcað urne gódan willan
to fultumigenne, and hé fylst þam willan gegearcodne,
seðe leofað and rixað nú and symle on worulde. Amen.

FROM KING ÆLFRED'S TRANSLATION OF OROSIUS.

Nu wille we ymb Európa land-gemære reccan, swa mycel swa we hit fyrmest witon, fram þære eá Danais west oð Rhín ða eá, seo wylð of þæm beorge þe man Alpis hæt, and yrnð þonne norðryhte on þæs garsecges earm, þe þæt land utan-ymb lið þe man Bryttannia hæt, and eft suð oþ Donua þa eá, þære æwylme is neah þære eá Rínes, and is siððan east yrnende wið Crecaland út on þone Wendel-sæ, and norð oþ þone garsecg þe man Cwen-sæ hæt, binnan þæm syndon manega ðeoda; ac hit man hæt eall Germania.

Þonne wyð norðan Donua æwylme, and be eastan Ríne syndon East-francan; and be suðan him syndon Swæfas, on oðre healfe þære eá Donua, and be suðan him and be eastan syndon Bægðware, se dæl þe man Regnesburh hæt; and rihte be eastan him syndon Beme, and east-norð syndon Þyringas, and be norðan him syndon Eald-Seaxan, and be norðan-westan him syndon Frýsan. And be westan Eald-Searum is Ælfemuða þære eá, and Frýsland, and þanon west-norð is þæt land þe man Angle hæt, and Sillende, and sum* dæl Dena, and be norðan him is Apdrede, and east-norð Wylte, þe man Æfeldan hæt, and be eastan him is Wincdaland, þe man hæt Sysyle, and east-suð, ofer sumne dæl, Maroaro. And hf Maroaro habbað be westan him Þyringas and Behemas and Bægðware[b] healfe, and be suðan him, on oðre healfe Donua þære eá, is þæt land Carendre suð oð ða beorgas þe man hæt Alpis. To þæm ilcan beorgum licgað Bægðwara land-gemære and Swæfa; and þonne be eastan Carendran lande, begeondan þæm

---

* MS. sumne.   [b] MS. Bægware.

G

FROM KING ÆLFRED'S OROSIUS.

westenne, is Pulgaraland, and be eastan þæm is Creacaland; and be eastan Meroarolande is Wisleland, and be eastan þæm sind Datia, þa þe iu wæron Gottan; be eastan-norðan Maroara syndon Dalamensan, and be eastan Dalamensam sindon Horithi, and be norðan Dalomonsam sindon Surpe, and be westan him sindon Sysele; be norðan Horithi is Mægðalond, and be norðan Mægðalande Sermende, oð ða beorgas Riffin; and be westan Suð-Denum is þæs garsecges earm þe lið ymbutan þæt land Brittannia; and be norðan him is þæs sǽs earm þe man hæt Ost-sǽ, and be eastan him and be norðan him syndon Norð-Dene, ægþær ge on þæm maran landum ge on þæm iglandum; and be eastan him syndon Afdrede, and be suðan him is Ælfemuða þære eá, and Eald-Seaxna sum dæl.

Norð-Dene habbað him be norðan þone ilcan sǽs earm þe man Ost-sǽ hæt, and be eastan him sindon Osti ða leode, and Afdrede be suðan; Osti habbað be norðan him þone ilcan sǽs earm, and Winedas, and Burgendas; and be suðan him syndon Hæfeldan; Burgendan habbað þone ylcan sǽs earm be westan him, and Sweon be norðan; and be eastan him sint Sermende, and be suðan him Surfe; Sweon habbað be suðan him þone sǽs earm Osti, and be eastan him Sermende, and be norðan ofer þa westennu is Cwénland; and be westan-norðan him sindon Scríde-Finnas, and be westan Norðmenn.

OHTHERE'S NARRATIVE.

OHTHERE sæde his hlaforde, Ælfrede kyninege, þæt he ealra Norðmanna norðmest bude. He cwæð þæt he bude on þæm lande norðweardum wið þa West-sǽ; he sæde þeah þæt þæt land sy swyðe lang norð þonon, ac hit is call weste, buton on feawum stowum sticcemælum wiciað Finnas on huntaðe on wintra, and on sumera on fiscoðe be

FROM KING ÆLFRED'S OROSIUS.

þære sǽ. He sæde þæt he æt sumum cyrre wolde fandian, hu lange þæt land norð-rihte læge, oððe hwæþer ænig man be norðan þæm westene bude; þa fór he norð-rihte be þæm lande, let him ealne weg þæt weste land on þæt steorbord, and þa wíd-sǽ on bæcbord, þry dagas: þa wæs he swa feor norð swa ða hwæl-huntan fyrrest farað. Þa fór he þa-gyt norð-ryhte swa he mihte on þæm oðrum þrim dagum geseglian; þa beah þæt land þær easte-ryhte, oððe sio sǽ in on þæt land, he nyste hwæþer, buton he wiste þæt he þær bád westan windes, oððe hwón norðan, and seglede þanon east be lande, swa swa he mihte on feower dagum geseglian; þa sccolde he bídan ryhte norðan windes, forðan þæt land þær beah suð-rihte, oððe sco sǽ in on þæt land, he nyste hwæþer. Þa seglede he þanon suð-rihte be lande, swa swa he mihte on fíf dagum geseglian. Da læg þær ǽn mycel eá úp in þæt land; þa cyrdon hý up in on ða eá, forðæm hý ne dorston forð be þære eá seglian for unfriðe, forþæm þæt land wæs call gebún on oðre healfe þære eá. Ne mette he ǽr nán gebún land syððan he fram his ágnum hame fór; ac him wæs ealne weg weste land on þæt steorbord, butan fisceran and fugeleran and huntan; and þæt wǽron calle Finnas, and him wæs á wíd-sǽ on þæt bæcbord.

Da Beormas hæfdon swiðe well gebún hyra land, ac hí ne dorston þær-on cuman; ac ðara Terfinna land wæs call weste, butan þær huntan gewicodon, oððe fisceras, oððe fugeleras. Fela spella him sædon þa Beormas, ægðer ge of hyra agenum lande ge of þæm landum* þe ymb hy utan wæron; ac he nyste hwæt þæs soðes wæs, forþæm he hit sylf ne geseah. Þa Finnas, him þuhte, and þa Beormas spræcon neah án geðeode.

Swiðost he fór ðyder, to-eacan þæs landes sceawunge, for þæm hors-hwælum, forþæm hi habbað swyðe æðele bán on hyra toðum. Þa teð hy brohton sume þæm cyninege;

* MS. lande.

and hyra hýd bið swiðe gód to scip-rápum. Se hwǽl bið
micle lǽsse þonne oðre hwalas, ne bið he lengra þonne
syfan elna lang. Ac on his ágnum lande is se betsta
hwæl-huntað; þa beoð eahta and feowertiges elna lange,
and þa mæstan fiftiges elna lange; þara he sæde þæt he
syxa sum ofsloge syxtig on twām dagum. He wæs swiðe
spedig man on þæm æhtum þe heora speda on beoð, þæt is,
on wildeorum*; he hæfde þa-gyt, þa he þone cyning sohte,
tamra deora unbebohtra syx hund. Da deor hi hatað
hránas, þara wæron syx stæl-hránas; þa beoð swyðe dyre
mid Finnum, forþæm hy foð þa wildan hránas mid. He
wæs mid þæm fyrstum mannum on þæm lande, næfde he
þeah ma þonne twentig hryðera, and twentig sceapa, and
twentig swyna; and þæt lytle þæt he erede he erede mid
horsan; ac hyra ár is mæst on þæm gafole þe ða Finnas
him gyldað, þæt gafol bið on deora fellum, and on fugela
feðerum, and hwæles báne, and on þæm scip-rápum þe beoð
of hwæles hyde geworht, and of seoles. Æghwilc gylt be
his gebyrdum, se byrdesta sceal gildan fiftyne mearðes
fell, and fíf hránes, and án beran fell, and tyn ambra feðra,
and berenne kyrtel, oððe yterenne, and twegen scip-rúpas,
ægþer af syxtig elna lang, oþer af of hwæles hýde geworht,
oðer of sioles.

He sæde þæt Norðmanna land wære swyðe lang and
swiðe smæl. Eall þæt his man aþer oððe ettan oððe erian
mæg, þæt lið wið þa sǽ, and þæt is þeah on sumum stowum
swyðe cludig, and licgað wilde moras wið eastan, and wið
uppon emnlange þæm bynum lande. On þæm morum
eardiað Finnas. And þæt bync land is easteweard brádost,
and symle swa norðor swa smælre: easteweard hit mæg
bion syxtig mila brád, oððe hwene brædre, and midde-
weard pritig oððe brádre; and norðeweard, he cwæð, þær
hit smalost wære, þæt hit mihte beon preora mila brád to

* MS. wildrum, eo add. w. r.

FROM KING ÆLFRED'S OROSIUS. 85

þæm more, and se mór syðþan on sumum stowum swa brád swa mau mæg on twam wucum oferferan; and on sumum stowum swa brúd swa man mæg on syx dagum oferferan. Donne is to-emnes þæm lande suðcweardum on oðre healfe þæs mores Sweoland, oþ þæt land norðweard, and to-emnes þæm lande norðeweardum, Cwenaland. Da Cwenas bergiað hwilum on þa Norðmen ofer þone mór, hwilum þa Norðmen on hy. And þær sint swiðe micle meras ferace geond þa moras; and berað þa Cwenas hyra scypu ofer land on þa meras, and þanon hergiað on þa Norðmen. Hy habbað swyðe lytle scipa, and swiðe leohte. Ohthere sæde þæt sio scír hatte Halgoland, þe he on bude. He cwæð þæt nán man ne bude be norðan him. Þonne is án port on suðeweardum þæm lande, þone man hæt Sciringes-heal, þyder he cwæð þæt man ne mihte geseglian on ánum monðe, gyf man on niht wicode, and ælce dæge hæfde ambyrne wind. And calle þa bwíle he sceal seglian be lande, and on þæt steorbord, him bið ærest Isaland*, and þonne þa igland þe synd betwux Isalande* and þissum lande. Þonne is þis land oð he cymð to Sciringes-heale, and ealne weg on þæt bæcbord Norðwege. Bi wið suðan þone Sciringes-beal fylð swyðe mycel sæ up in on þæt land, seo is brádre þonne ænig man oferseon mæge; and is Gotland on oðre healfe ongean, and siððe Sillende. Seo sæ lið mænig hund mila up in on þæt land. And of Sciringes-heale, he cwæð þæt he ségloda on fíf dagum[b] to þæm porte þe monhæt æt Hæðum, se stent betuh Winedum and Seaxum and Angle, and hyrð in on Dene. Da he þiderweard séglode fram Sciringes-beale, þa wæs him on þæt bæcbord Denamearc, and on þæt steorbord wíd-sæ pry dagas; and þa twegen dagas ær he to Hæþum come, him wæs on þæt steorbord Gotland and Sillende and iglands fela. On þæm landum eardodon Engle, ær hi hider

* MS. Iraland.   b MS. dagan.

on land comon. And hym wæs ða twegen dagas on þæt
bæcbord þa igland þe in Denemearce hyrað.

WULFSTAN'S NARRATIVE.

WULFSTAN'S sæde þæt he gefore of Hæðum, þæt he wære
on Trúso on syfan dagum and nihtum, þæt þæt scyp wæs
ealne weg yrnende under segle. Weonodland him wæs on
steorbord, and on bæcbord him wæs Langaland, and Læ-
land, and Falster, and Scóneg, and þas land eall hýrað to
Denemearcan. And þonne Burgendaland wæs ús on bæc-
bord; and þá habbað him-sylf cyning. Ðonne æfter Bur-
gendalande wæron ús þas land þa synd hátene, ǽrest Ble-
cingeóg, and Meore, and Eowland, and Gotland on bæcbord,
and þas land hyrað to Sweon. And Weonodland wæs ús
ealne weg on steorbord oð Wisle-muðan. Seo Wisle is
swyðe mycel eá, and heo tolið Witland and Weonodland;
and þæt Witland belimpeð to Estum, and seo Wisle lið út
of Weonodlande, and lið in Estmere; and se Estmere is
huru fíftene mila brád. Þonne cymeð Ilfing eastan in Est-
mere, of þam mere þe Trúso standeð in staðe, and cumað
út samod in Estmere Ilfing eastan of Eastlande, and Wisle
suðan of Winodlande; and þonne benimð Wisle Ilfing hire
naman, and ligeð of þæm mere west and norð on sǽ; forðy
hit man hæt Wisle-muðan.
 Ðæt Eastland is swyðe mycel, and þær bið swyðe manig
burh, and on ælcere byrig bið cyninge, and þær bið swyðe
mycel hunig and fiscað; and se cyning and þa rícostan men
drincað myran meolc, and þa únspedigan and þa þeówan
drincað médo. Dær bið swyðe mycel gewinn betweonan
him, and ne bið ðær nænig ealo gebrowen mid Estum, ac
þær bið médo genoh. And þær is mid Estum ðeaw, þonne
þær bið man dead, þæt he lið inne unforbærned, mid his
magum and freondum, monað, gehwilum twegen: and þa

FROM KING ÆLFRED'S OROSIUS.

kyningas and þa oðre heahðungene men swa micle loneg swa hi maran speda habbað, hwilum healf geár þæt hi beoð unforbærned, and licgað bufan eorðan on hyra husum. And ealle þa hwile þe þæt lic bið inne, þær sceal beon gedrync and plega, oð ðone dæg þe hi hine forbærnað. Þonne þy ylcan dæg hi hine to þæm áde beran wyllað, þonne todælað hi his feoh þæt þær to lafe bið, æfter þæm gedrynce and þæm plegan, on fíf oððe syx, hwilum on má, swa swa þæs feos andefn bið. Alecgað hit þonne forhwæga on ánre mile þone mæstan dæl fram þæm tune, þonne oðerne, þonne þæne priddan, oþþe hyt call alcd bið on þære ánre mile; and sceall beón se læsta dæl nyhst þæm tune ðe se deada man on lið. Ðonne sceolon beon gesamnode calle ða men ðe swyftoste hors habbað on þæm lande, forwhæga on fíf milum, oððe on syx milum fram þæm feo. Ðonne ærnað hy calle toweard þæm feo; ðonne cymeð se man se þæt swifte hors hafað to þæm ærestan dæle and to þæm mæstan, and swa ælc æfter oðrum, oð hit bið eall genumen; and se nimð þone læstan dæl se nyhst ðæm tune ðæt feoh geærneð. And þonne rideð ælc hys weges mid ðan feoh, and hyt motan habban eall; and forðy þær beoð þa swyftan hors ungefohge dýre. And þonne his gestreon beoð þus eall aspended, þonne byrð man hine út, and forbærneð mid his wæpnum and hrægle, and swiðost calle his speda bý forspendað mid þam langan legere þæs deadan mannes inne, and þæs þe hy be þæm wegum alecgað, þe ða fremdan to ærnað and nimað. And þæt is mid Estum þeaw, þæt þær sccal ælces geðeodes man beon forbærned; and gyf þær man án bán findeð unforbærned, hi hit sceolan miclum gebetan. And þær is mid Easturn án mægð þæt hi magon cyle gewyrcan, and þy þær licgað þa deadan men swa lange and ne fuliað, þæt hy wyrcað þone cyle hine on; and þeah man asette twegen fætels full ealað oððe wæteres, hy gedoð þæt oþer bið ofer-froren, sam hit sy summor sam winter.

THE DEATH OF CYRUS.

CIRUS Persa cyning, þe we ær beforan sædon, þa hwile þe Sabini and Romane wunnon on þam west-dæle, þa hwile wann he, ægþer ge on Sciððige ge on Indie, oð he hæfde mæst eallne þæne east-dæl awest; and æfter þam, fyrde gelædde to Babilonia, þo þa welegre wæs þonne ænig oðer burh, ac hine Gandis seo ea lange gelette þæs ofer-færeldes, forþam þe þær scips næron; þæt is eallra feracra wætera mæst, butan Eufrate. Ða gebeotode an his þegena þæt he mid sunde þa ea oferfaran wolde, mid twam tyncenum; ac hine se stream fordraf. Ða gebeotode Cirus þæt he his þegen on hyre swa gewrecan wolde, þa he swa gram wearð on his mode, and wið þa ea gebolgen, þæt hy mihton wíf-men be heora eneowe ofer-wadan, þær heo ær wæs nygan mila bráid, þonne heo fiede wæs. He þæt mid dædum ge-læste, and hi up-forlet on feower hund ea, and on syxtig ea; and syððan mid his fyrde þær-ofer fór; and æfter þam, Eufrate þa ea, seo is mæst eallra feracra wætera, and is yrnendo ðurh middewearde Babilonian burh, he by eac mid gedelfe on menige ea upp-forlet, and syððan, mid eal-lum his folce, on þære ca-gang, on þa burh farende wæs, and hy geræhte. Swa ungelyfedlic is ænigum men þæt to gesecganne, hu ænig man mihte swylce burh gewyrcan, swylce seo wæs, oððe eft abrecan.

Nembrað se ent ongan ærest timbrian Babilonia, and Ninus se cyning æfter him, and Sameramis his cwén hi geendade æfter him, on middewerdum hyre ríce. Seo burh wæs getimbrad on fildum lande, and on swiðe emnum, and heo wæs swiðe fæger on to locianne, and heo is swiðe rihte feowerscyte, and þæs wealles mycelnyss and fæstnyss is un-gelyfedlic to secgenne, þæt is, þæt he is I. hund elna bráid, and II. hund elna heah, and his ymbgang is hund-seofantig mila, and seofeðan dæl anre mile, and he is geworht of tigelan and of eorð-tyrewan, and ymbutan þone weall is

FROM KING ÆLFRED'S OROSIUS. 89

se mæsta dīc, on þam is yrnonde se ungefotlicosta stream;
and wiðutan þam dīce is geworht twegra elna heah weall,
and bufan þam maran wealle, ofer eallne þone ymbgong,
he is mid stǽnenum wig-húsum beworht. Seo ylce burh
Babylonia, seoþe mǽst wæs and ǽrest ealra burga, seo is
nu lǽst and westast. Nu seo burh swylc is, þe ǽr wæs
eallra weorca fǽstast and wundorlicost and mǽrast, gelīce
and heo wǽre to bysne asteald eallum middanearde, and
eac swylce heo sylf sprecende sy to eallum mancynne, and
cweðe, Nu ic þus gehroren eom and aweg-gewiten, hwæt ge
magon on me ongitan and oncnawan, þæt ge nanuht mid
eow nabbað fæstes ne stranges, þætte þurhwunian mæge.

On þam dagum þe Cirus, Persa cyng, Babylonia abræc,
þa wæs Crœsus, se Liða cyning, mid fyrde gefaren Baby-
lonium to fultume; ac þa he wiste þæt he him on nánum
fultume beón ne mihte, and þæt seo burh abrocen wæs, he
him hámweard ferde, to his ágenum ríce, and him Cirus
wæs æfter-fyligende, oð he hine gefeng and ofsloh. Ond
nu ure Cristene Romana bespryceð þæt hyre weallas for
ealdunge brosniað, nalæs na forþam þe heo mid forher-
gunge swa gebysmerad wǽre, swa Babylonia wæs, ac heo
for hyro Cristendome nu gyt is geacyld, þæt ægþer ge
heo sylf, ge hyre anweald, is ma hreosende for ealddome,
þonne of æniges cyninges niede.

Æfter þam Cirus gelædde fyrde on Sciððie, and him þær
án giong cyning mid fyrde ongean fór, and his modor mid
him, Damaris. Ða Cirus fór ofer þæt land-gemære, ofer
þa ea þe hatte Araxis, him þær se geonga cyning þæs ofer-
færeldes forwyrnan myhte, ac he forþam nolde, þy he mid
his folce getruwade, þæt he hine beswican mihte, siððan he
binnan þæm gemære wǽre, and wic-stowe name. Ac þa
Cirus gearsode þæt hine se geonga cyning þær sacan
wolde, and eac þæt þam folce seldsyne and uncuþe wǽron
wīnes drencas; he forþam of þære wic-stowe afór, on áne

digle stowe, and þær beæftan forlet eall þæt þær liðes
wæs and swetes, þæt þa se gionga cyning swiðor myccle
wénende wæs þæt hy þanon fleonde wæron, þonne hy
ænigne swicdom cyþan dorstan, þa hy hit þær swa rémenne
gemetton. Hy þær þa, mid mycelre bliðnesse, buton ge-
motgunge, þæt wín drincende wæron, oð hi heora sylfra
lytel geweald hæfdon. He þa Cirus hy þær besyrode, and
mid ealle ofsloh, and syððan wæs farende þær þæs cyninges
modor, mid þam twam dælum þæs folces, wunigende wæs;
þa he þone þriddan dæl mid þam cyninge beswicen hæfde.
Heo þa seo cwén Dameris mid mycelre gnornunge ymb
þæs cyninges slege hyre suna þencende wæs, hu heo hit
gewrecan mihte, and þæt eac mid dædum gelæste, and
hyre folc on twa todælde, ægðer ge wífmen ge wæpned-
men, forðan þe þær wífmen feohtað, swa same swa wæpned-
men. Hio mid þæm healfan dæle beforan þam cyninge
farende wæs, swilce heo fleonde wære, oð bio hine gelædde
on ún mycel slæd, and se healfa dæl wæs Ciruse æfter-
fyligende. Þær wearð Cirus ofslegen, and twa þusend
manna mid him. Seo cwén het þa þam cyninge þæt
heafod of-aceorfan, and bewyrpan on ánne cylle, se wæs
afylled mannes blodes, and þus cwæð, Du þe þyrstende
wære mannes blodes xxx. wintra, drinc nu ðine fylle.

CÆSAR AND POMPEY.

ÆFTER þam þe Romeburh getimbred wæs VI. hund win-
trum and LXVII., Romane gesealdon Caiuse Iulius seofon
legion, to þon þæt he sceolde fíf winter winnan on Gallie.
Æfter þam þe he by oferwunnen hæfde, he fór on Bryt-
toniæ þæt ígland, and wið þa Bryttas gefeaht, and ge-
flymed wearð on þam lande þe man het Cent-land.
Raðe þæs he gefeaht wið þa Bryttas eft on Cent-lande,
and hy wurdon aflymede. Heora þridde gefeoht wæs

FROM KING ÆLFRED'S OROSIUS. 91

neah þære ea þe mon hæt Temese, neah þam forda þe man hæt Welinga-ford. Æfter þam gefeohte, him eode on hand se cyning, and þa burhware þe wæron on Cyrnceastre, and syððon ealle þe on þam iglande wæron.

Æfter þam Iulius fór to Rome, and bæd þæt him man brohte þone triumphan ongean. Þa bebudon hy him þæt he come mid feawum mannum to Rome, and ealne his fultum beæftan him lete: ac þa he hímweard fór, him coman ongean þa þry ealdormenn, þe him on fultume wæron, and him sædon, þæt hy for his þingum adræfde wæron, and eac, þæt ealle þa legian wæron Pompeiuse on fultume geseald, þe on Romane onwealde wæron, þæt he þe fætlicre gewin mihte habban wið hine. Da wende eft Iulius to his ágenum folce, and wepende mænde þa unáre, þe by him, buton gewyrhton, dyde, and swiðost þara manna þe for his þingum forwurdon, and he him aspeon to siþþon þa scofon legian þe wæron on Silomone þam lande. Da Pompeius, and Cato, and ealle þa senatus þæt gehyrdon, þa foran hy on Greacas, and mycelne fultum gegaderodan, and on Thraci þære dúne. Þa fór Iulius to Rome, and tobræc heora madm-hús, and eall gedælde þæt þær-inne wæs, þæt is unalyfedlic to secganne, cwæð Orosius, hwæt þæs ealles wæs. Æfter þam he fór to Samariam þam lande, and þær let preo legian beæften him, to þon þæt he þæt folc to him genyddon, and he sylf, mid þam oðrum dæle, fór on Ispaniæ, þær Pompeius legian wæron, mid his þrim latteowum, and he hi ealle to him genydde. Æfter þam he fór on Creacaland, þær his Pompeius, on fnre dúne, oubád, mid xxx. cyningan, buton his ágenum fultume. Da fór Pompeius þær Marcellus wæs, Iuliuses ládtcow, and hine ofsloh mid eallum his folce. Æfter þam Iulius besæt Torquatus, Pompeiuses latteow, on ánum fæstene, and him Pompeius æfter fór; þær wearð Iulius geflymed, and his folces feala forslagen

forþam þe him man feaht on twa healfa, on oþre healfe
Pompeius, on oðre healfe se latteow. Siððan fór Iulius on
Thessaliam, and þær his fultum gegaderade. Ða Pompeius
þæt gehyrde, þa fór he him æfter mid ungemætlicum ful-
tume, he hæfde hund-eahtatig coortana, þæt we nu truman
hatað, þæt wæs on þam dagum of hund manna and fíu x̄.
Þis eall he hæfde buton his ágenum fultume, butan Catone
his geferan, and buton þara senatusos ; and Iulius hæfde
hund-eahtatig coortana. Heora ægðer hæfde his folc on
þrim heapum, and hi sylfe wæron on þam midmestan, and
þa oðre on twam healfa heora. Ða Iulius hæfde ænne
þæra dæla geflymed, þa clypode Pompeius him to, ymbe
Romane ealde gecwydrædene, þeah þe hi sylf gelæstan
ne þohte, Gefera, Gefora, gemyne þæt þu ure geferrædenne
and cwydrædenne to lange ne oferbræc. Ða andwearde
he him and cwæð, On sumere tíde þu wære mín gefera,
and forþam þe þu nu ne eart, me is eall leofost þæt þe is
laðost. Dæt wæs seo gecwydræden þe Romane geset
hæfdon, þæt heora nán oðerne on þone andwlitan ne sloge
þær þær hi hi æt gefeohtum gemetton. Æfter þam wordum
Pompeius wearð geflymed mid eallum his folce, and he
sylf siþþan oðfleah on Asiam, mid his wífe and mid his
bearnum, and syððon he fór on Egyptum, and his ful-
tumes bæd æt Ptolomeuse þam cyninge, and raðe þæs þe
he to him com, he him het þæt heafud of-acoorfan, and hit
syððon het Iuliuse onsendan, and his hring mid ; ac þa
man hit to him brohte, he wæs mænende þa dæde mid
miclum wópe, forðon he wæs ealra manna mildheortast
on þam dagum. Æfter þam Ptolomeus gelædde fyrde
wið Iuliuse and eall his folc wearð geflymed, and he sylf
gafangen, and ealle þa men Iulius het ofslean, þe æt þære
láre wæran þæt man Pompeius ofsloh ; and he swa-þeah
eft forlet Ptolomeus to his ríce. Æfter þam Iulius gefeaht
wið Ptolomeus þriwa, and æt ælcon cyrre sige hæfde.

FROM KING ÆLFRED'S BOETHIUS.

Æfter þam gefeohte ealle Egypti wurdon Iuliuse underþeowas, and he him syððon hwearf to Rome, and eft sette senatus, and hine sylfne man gesette þæt he wæs hyrre þonne consul, þæt hi hetan tictator. Æfter þam he fór on Africe, æfter Catone þam consule. Đa he þæt geahsode, þa lærde he his sunu þæt he hi ongean fóre, and hine him to friðe gesohte, Forðon, cwæð he, þe ic wát þæt nán swa gód man ne leofað swa he is on þisson lífe, þeah þe he me sy se laðosta; and forðon eac ic ne mæg findan æt me sylfum þæt ic hine æfre geseo. Æfter þam worde he eode to þære burge weallum, and fleah út ofer, þæt he eall tobærst. Ac þa Iulius to þære byrig com, he him wæs swyðe uneaðc, þæt he to him cucon ne com, and þæt he swylcon deaðc swealt. Æfter þam Iulius gefeaht wið Pompeiuses genefon, and wið manige his magas, and he hi ealle ofsloh, and siððon to Rome fór, and þær wæs swa andrysne þæt him man dyde feower siþon þone triumphan, þa he hám com. Siþþon he fór on Ispanie, and gefeaht wið Pompciuses twam sunum, and þær wæs his folc swa swiðe forslagen, þæt he sume hwile wénde þæt man hine gefón sceolde, and he for þære ondrædinge þæs þe swiðor on þæt werod prang, forþon þe him wæs leofre, þæt hinc man ofsloge, þonne hinc man gebunde. Æfter þam he com to Rome, and ealle þa gesetnyssa þe þær to strange wæron and to hearde, he hy ealle gedyde leohtran and liðran. Hit þa, eallum þam senatum ofþincendum and þam consulum, þæt he heora ealdan gesetnyssa tobrecan wolde, ahleopan þa ealle, and hine mid heora mét-seaxum ofsticedon, on heora gemót-erne: þara wunda wæs xxvII.

FROM KING ÆLFRED'S TRANSLATION OF BOETHIUS.

The Story of Orpheus.

Gesælig bið se mon þe mæg geseón þone hluttran swellm

94 FROM KING ÆLFRED'S BOETHIUS.

þæs hehstan gódes, and of him selfum awcorpan mærg þa þiostro his módes. We sculon get, of ealdum leasum spellum, þo sum bíspell reccan. Hit gelamp gio þætte án hearpere wæs, on þære þeode þe Thracia hatte, sio wæs on Creca ríce; se hearpere wæs swiðe ungefræglice gód, þæs nama wæs Orfeus, he hæfde án swiðe ænlic wíf, sio wæs haten Eurydice. Da ongann monn secgan bo þam hearpere, þæt he mihte hearpian þæt se wudu wagode, and þa stánas hi styredon for þam swege, and wild-deor þær woldan to-irnan and standon, swilce hi tame wæron, swa stille, þeah hi men oððe hundas wið eodon, þæt hi hi na ne onscunedon. Da sædon hi þæt ðæs hearperes wíf sceolde acwelan, and hire sawle mon sceolde lædan to helle. Da sceolde se hearpere weorþan swa sárig, þæt he ne mihte on gemong oðrum mannum bion, ac teah to wuda, and sæt on þam muntum, ægþer ge dæges ge nihtes, weop and hearpode, þæt þa wudas bifodon, and þa ea stodon, and nán heort ne onscunode nænne leon, ne nán hara nænno hund, ne nán neat nyste nænne ándan ne nænne ege to oðrum, for þære mirhþe þæs sones. Da ðæm hearpere þa þuhte þæt hine þa nánes þinges ne lyste on þisse worulde, þa þohte he þæt he wolde gesecan helle gatu, and onginnan him oleccan mid his hearpan, and biddan þæt hi him ageafan eft his wíf. Da he ða þider com, þa sceolde cuman þære helle hund ongean hine, þæs nama wæs Ceruerus, se sceolde habban þrio heafdu, and ongan fægenian mid his steorte, and plegian wið hine for his hearpunga. Da wæs þær eac swiðe egeslic geat-weard, þæs nama sceolde beon Caron, se hæfde eac þrio heafdu, and se wæs swiðe oreald. Da ongan se hearpere hine biddan, þæt he hine gemundbyrde þa hwíle þe he þær wære, and hine gesundne eft þanon brohte. Þa gehet he him þæt, forþæm he wæs oflyst þæs seldcuþan sones. Da eode he furðor oð he gemette þa graman gydena þe folcisce men hatað Parcas, þa hi secgað þæt on nánum men nyton

FROM KING ÆLFRED'S BOETHIUS. 95

nâne fire, ac ælcum menn wrecan be his gewyrhtum; þa hi secgað þæt wealdan ælces monnes wyrde. Þa ongann he biddan hiora miltse; þa ongunnon hi wepan mid him. Ða eode he furþor, and him urnon ealle hellwaran ongean, and læddon hine to hiora cyninge, and ongunnon ealle sprecan mid him, and biddan þæs þe he bæd. And þæt unstille hweol þe Ixion wæs to-gebunden, Laiuta cyning, for his scylde, þæt oðstód for his hearpunga, and Tantalus se cyning, þe on þisse worulde ungemetlice gifre wæs, and him þær þæt ilce yfel fyligde þæro giferncsse, he gestilde. And se uultor secolde forlætan, þæt he ne slát þa lifro Tyties þæs cyninges, þe hine ǽr mid þy witnode; and eall hellwara witu gestildon, þa hwile þe he beforan þam cyninge hearpode. Da he ða lange and lange hearpode, þa clipode se hellwarana cyning, and cwæð, Uton agifan þæm cnæpe his wff, forþam he hi hæfð geearnod mid his hearpunga. Bebead him þa, þæt he geara wiste, þæt hine næfre underbæc ne besawe, siþþan he þononweard wære, and sæde, gif he hine underbæc besawe, þæt he sceolde forlætan þæt wff. Ac þa lufe mon mæg swiðe uneaþe forbeodan; wei la wei! hwæt Orfeus þa lædde his wff mid him, oððe ho com on þæt gemære leohtes and þeostro; þa eode þæt wff æfter him. Da he forð on þæt leoht com, þa besæah he hine underbæc wið þæs wffes; þa losedo heo him sona. Dæs leasan spell lærað gehwilcne man, þara ðe wilnað helle þiostra to flionne, and to þæs soþan Godes lichte to cumenne, þæt he hine ne besio to his ealdum yfelum, swa þæt he bi eft swa fullice fullfremme, swa he hi ǽr dyde; forþam swa hwa swa, mid fullon willan, his mód went to þam yflum þe he ǽr forlet, and hi þonne fulfremeð, and he him þonne fullice liciað, and he hi næfre forlætan ne þencð, þonne forlyst he eall his ǽrran gód, buton he hit eft gebete.

The Story of Ulysses.

Hit gebyrede gio on Troiana gewinne þæt þær wæs án cyning þæs nama Aulixes, se hæfde twa þioda under þam kasere. Þa ðioda wærron hatene Iðacige and Retie; and þæs kaseres nama wæs Agamemnon. Ðase Aulixes mid þam kasere to þam gefiohte for, þa hæfde he sume hundred scipa. Ða wærron hi sume ten gear on þam gewinne, þa se cyning eft hûm cerde from þam kasere, and hi þæt land hæfdon gewunnen; þa nærfde he na mî scipa þonne ân, þæt wæs þeah pre-repre. Þa gestód hine heah weder and storm sǽ, wearð þa fordrifen on án iglond ût on þære Wendel-sæ; þa wæs þær Apollines dohtor, Iobes suna, se Iob wæs hiora cyning, and licette þæt he secolde bion se hehsta god, and þæt dysige folc him gelyfde, forþam ðe he wæs cyne-cynnes, and hi nyston nænne oþerne god on þæne timan, but on hiora cyningas hi weorþodon for godas. Ða scoolde þæs Iobes fæder bion eac god, þæs nama wæs Saturnus, and his swa ilce æl cine hi hæfdon for god [a]. Þa wæs hiora án se Apollinus, þe we ær ymb-spræcon. Þæs Apollines dohtor sceolde bion gydene, þære nama wæs Kirke; sio hi sædon sceolde bion swiðe drycræftigu, and sio wunode on þam iglande, þe se cyning on fordrifen wearð, þo we ær ymbespræcon. Hio hæfde þær swiðe micle werode hire þegna, and eac oðerra mædena. Sona swa hio gescah þone fordrifenan cyning, ðe we ær ymb-spræcon þæs nama wæs Aulixes, þa ongan hio hine lufian, and hiora ægþer oðerne swiðe ungemetlice, swa þætte he for hire lufan forlet his ríce call, and his cynren, and wunode mid hire oð þone first þæt his ðegnas him ne mihton leng mid gewunian; ac for hiora eardes lufan, and for þære wræce, tihodon hine to forlætanne. Ða ongunnon læse men wyrcan spell, and sædon þæt hio sceolde mid hire drycræft þa men

[a] *Leg. forte*, and his swilce eal eyn hi hæfdon for godas.

FROM KING ÆLFRED'S BEDA.

forbredan, and weorpan hi ón wilde deora lfc, and siððan sleán on þa raccentan and on cospas. Sume hi sædon þæt hio sceolde forsceoppan to leon, and þonne seo sceolde sprecan þonne rynde hio; sume sceoldan bión eforas, and þonne hi sceoldan hiora sár sioflan þonne grymetodan hi; sume wurdon to wulfan, þa ðuton þonne hi sprecan sceoldon; sume wurdon to þam deorcynne þe mon hat tigris. Swa weorð call se geferscipe forhwerfed to mistlicum deorcynnum, æle to sumum diore, buton þam cyninge ánum. Ælcne mete hi onscuncdon þe men etað, and wilnodon þara þe deor etað. Næfdon hi náne anlicnesse manna ne on lichoman ne on stemne, and ælc wisste þeah his gewit swa swa he ær wisste. Þæt gewit was swiðe sorgiende for þam ermðum þe hi drogan. Hwæt þa menn þe þysum leasungum gelefdon, þeah wisston þæt hio mid þam drycræfte ne mihte þara manna mód onwendan, þeah hio þa lichoman onwende. Eala þæt hit is micel cræft þæs módes for þone lichoman. Be swilcum and be swilcum þu miht ongitan þæt se cræft þæs lichoman bið on þam móde, and þælte sólcum menn mú deriað his módes unþeawas; þæs módes tioð callne þone lichoman to him, and þæs lichoman mettrumnes ne mæg þæt mód callunga to him getión.

FROM KING ÆLFRED'S TRANSLATION OF BEDA'S ECCLESIASTICAL HISTORY.

The Life of Saint Hild,
with an Account of the Poet Cædmon.

Be life and forðfore Hilde þære Abbudissan.

Wæs ymb syx hund wintra and hund-eahtatig from þære Dryhtenlican menniscnesse, þætte seo ærfeste Cristes þeowe, Hild, Abbudisse þæs mynstres þe is eweden

Streoneshalh, swa swa we beforan sædon, æfter monigum
heofonlicum dædum ðo heo on corþan dyde, to onsonne
þæs heofonlican lifes mede, and heo of corþan alædded,
leorde, þy fifteoþan dæge kalendarum Decembrium, mid
þy heo hæfde syx and syxtig wintra, þæm wiutrum to-
dældum efenlice dæle: þreo and þrittig þa ærestan heo
æpellice gefylde in weoruldbǽde drohtiende, and efen feolo
þa æfter-fylgendan heo æþelicor in munuc-life Drihtne
gehalgade. Wæs heo eac swylce æþele in weoruld-
gebyrdum, þæt heo wæs Edwines þæs cyninges nefan
dohtor, se wæs Hereric haten; mid þy cyninge he to
bodunge, and to láre þære eadegan gemynde Paulinus,
þæs ǽrestan biscopes Norþan-hymbra, Cristes geleafan
and geryno onfeng, and þone unwemme geheold, oðþæt þe
he gecarnode þæt he to his gesihðe becom.
Da heo þa Hild weoruldbǽd forleorte, and Gode súum
getcohode þeowian, ða gewát heo in East-Engla mægþe,
forþon heo wæs þæs cyninges mæge; wilnade þanon, gif
heo meahte, þæt heo wolde hire eþel forlætan, and eal þæt
heo for weorulde hæfde, and wolde cuman in Gallia ríce,
and in Calc ðam mynstre in elpeodignesse for Dryhtne
lifian, þæt heo þy eð meahte þæt ece epel in heofonum
geearnian; forþon þe in þæm ylcan mynstre hire sweoster
Hereswyð, seo wæs Aldwulfes modor, East-Engla cyninges,
regollicum þeodscypum underþeoded, in þa tíd bád þone
ecan sige, ðære bysene heo wæs onhyrgende in foresæt-
nesse elpeodunge, and eall ger in þære foresprecenan
mægþe East-Engla hæfd wæs, oðþæt heo eft from Aidane
þæm biscope wæs hým gelaþad and gesponnen. Da onfeng
heo anes hiwscipes stowe to norð-dæle Wire þære ea, and
þær efenlice án gear munuc-líf dyde mid feawum hire
geferum. Æfter þyssum heo wæs geworden abbudisse in
þæm mynstre þe is geciged Heortea. Ðæt mynster wæs
geworden and getimbred noht micle ær fram Hegu þære

FROM KING ÆLFRED'S BEDA. 99

ǽrestan Cristes þeowe, seo ǽrest wífa is sægd in Norþanhymbra mægþe þæt heo munuchâde and halig refte onfenge, þurh halgunge Aidanes þæs biscopes. Ac heo nalæs æfter med-micelre tíde þæs þe þæt mynster getimbred wæs, gewât to þære ceastre þe in Englisc is haten Kalcaceaster and hire þær wic âsette, þæt heo Gode inlifde. Da feng to þæs mynstres gerece Hild, seo Cristes þeowe, and heo þæt sona mid regollice life gesette and geendebyrdade, swa swa heo æt gelǽredum wæpned-monnum geleornian mihte; forþon þe Aidan se biscop and monige oþre æfeste wæras and góde, þa þe hie cuþon, for hire snytro and wísdóme, and fore lufan þæs godcundan þeowdomes, hi gelomlice neosodan and sohton, and hie georne lufedon, and hie geornlice tydon and lærdon.

Mid þy heo þa feala geara þyssum mynstre in regollices lifes láre swíðe geornful fore wæs, ða gelomp þæt heo onfeng mynsterto timbrienne and to endebyrdienne, in stowe seo is gecyged Streoneshalh, and heo þæt weorc, þe hire þa to geþeoded wæs, unaswundenlice gefyllde; forþon þa sylfan þe ǽr þæt mynster heoldon and rihton, heo mid þeodscipum regollices lifes insette, and trymede: ond hie eac swylce þær soðfæstnesse and arfæstnesse and clænnesse and opera gastlicra mægena gebyld, and swiþust sibbe and Godes lufan geornlice lærde, þætte, on bysene þære frymþelican cyricean, nænig þær welig wæs, ne nænig wædla, ac eallum wære eal gemæne, noht âgnes ænigum gesewen wæs. Wæs heo swa micelre snytro and wísdomes, þætte nalæs þæt án þætte þa mettran men ymb heora nedþearfnesse wæron, ac eac swylce cyningas and ealdormen oft from hire geþeaht and wísdom sohton, and hine þær gearone gemetton; ond hie swa swíðe [on]* leornunge godcundra gewrita and soðfæstnesse weorcum hire underþeoddan dyde to biggongenne, þætte þær spelice monige

* The words within brackets are not in the Corp. Chr. MS.

H 2

100   FROM KING ÆLFRED'S BEDA.

mihton gemette beon, þa þe to ciriclicum húde, þæt is to wigbedes þenunge, geþungen wæron: þæt is to tácne, þæt we gesegon æfter þan fíf biscopas þa þe of þæm ylcan mynstre comon, and þær gelǽrde wæron, ealle mycelre geearnunge and halignesse weras: þa wæron þus hatene and nemde, Bosa, Ætla, Oftfor, Iohannes and Wilfrið. Big þæm ǽrostan we bufan cwædon, þæt he wære in Eoforwic-ceastre to biscope gehalgad; bi þæm æftran is brædlice to witanne, þæt he wæs on Dorce-ceastre to biscope gehalgad; big þæm nehstan twam her is æfter to cweþenne, þæt heora se ǽrra wæs æt Heagostcaldes ea, and se æftra wæs in Eoforwic-ceastre, to biscope gehalgad.

Bo þæm midlestan is nu to secgenne. Þa he, in æghwæ-þerum mynstre, Hilde þære abbudissan geornlice his leorn-unge ætfalh, þa wolde he eac swilce Rome gesecan, þæt in þa tíd wæs micles mægenes teald and gelyfed. Ða he þanon eft hwearf, þa gesohte he eft Breotone, ferde ða in Hwiccia mægþe, þær wæs þa Osric cyning, and he þær Godes word and þæs halgan geleafan bodade and lærde, and somod ætgædere lifes bysene on him seolfum gegear-wade eallum þam þe hine gesegon and gehyrdon, and he micle tíde þær wunade. In þa ylcan tíd, se biscop þære mægþe, se wæs Bosel haten, wæs mid swa micelre untrum-nesse his lichoman heflgad, þæt he þa bisceop-þenunge þurh hine [sylfne] þenian ne mihte; forþon þa, ealra heora dome, se forespreeena wer for hine in biscophád wæs ge-coren, and þa, þurh Æþelredes hæse, Myrcna cyninges, þære eadegan gemynde Wilfrið biscop hine to biscope ge-halgade, se on þa tíd þone byseeophád þenade Middel-Engla; forðon þe se arcebysceop Theodor wæs þa forð-fered, and nænig oþer bysceop þa-gena fore hine gehalgad wæs. On þære ylcan mægþe, hwene ǽr, þæt is ǽr þam forespreeenan Godes men Boosle, wæs of þære ylcan abbu-dissan mynstre sum from wer, and wel gelǽred, and

FROM KING ÆLFRED'S BEDA. 101

scearpre gleawnesse, to biscope gecoren, þæs noma wæs
Taatfrið, ac ǽrþon ðe he gehádod beon mihte, he wæs
mid hrædlice deaðe forgripen. Ond seo foresprecene
Cristes þeowe Hild abbudisse, calle þa þe hie cuþon,
for árfæstnesse tácne and Godes gyfe, gewunadon hi
moder cygan and nemnan; and nales þæt án, þæt heo
in hire mynstre þæm andweardum lífes bysene gestode,
ac eac swylce monigum feor-wuniendum, to þæm þe se
gesæliga hlisa hire geornfulnesse and hire mægenes becom,
þæt him gódre rece and hælo intingan þenade.
Wæs þæt eac gedefen, þæt þæt swefen gefylled wære,
þætte Bregoswið, hire modor, gesæah on hire cildháde. Ða
Hereric, hire wer, wracade under Cerdice, Bretta cyninge,
and þær wæs mid atre acweald; þa gesæah heo, þurh
swefn, swa swa he semninga from hire ahafen and alæded
wære. Ða sohte heo hine mid eallre geornfullnesse, and
nænige swaþe his owern ætywdon. Ða heo þa hine bihi-
dilice and geornlice sohte, þa gemette heo semninga, under
hyre hrægle, gyldene sigele awiðe deorwyrðe. Þa heo þa
geornlice hi sceawode and beheold, þa wæs heo gesæwen
mid swa micle beorhtnesse [þæt heo eal Breotene gemæro
mid hire leohtes sciman] gefyllde. Þæt swefen wæs soðlice
gefylled on hyre dehter, be þære we nu sprecað; forþon
hyre líf nales hyre ánre and hyre underþeoddum wæs
leohtes byson, ac swiðe monigum wide, þam þe woldan
Gode wel leofian.
Mid ðy heo þa monig ger þyssum mynstre, þæt ys æt
Streonesheale, on abbudissan þegnunge fore wæs, þa licade
þam árfæstan Forescende ure hælo, hyre þa halgan saule
eac swylce mid longre untrumnesse lichaman ademde and
asodene beon; þæt æfter þæs apostoles bysene hyre mægen
on untrumnesse gefremed and getrymed wære. Ða wæs
heo gestanden mid hefigre untrumnesse lichaman, and
þurh syx singal ger þære ylcan hefinesse adle unblinnend-

FROM KING ÆLFRED'S BEDA.

lico won, and on ealre þære tíde heo næfre blan hyre Scyppende Ælmihtigum Gode þancuncge dón; ge eac þa bebodenan heorde hyre mánian and léran: hi ealle gemyndige wæron hyre bysene, þæt hi on þam gesundlican þingum and on þære onfangenan hælo lichaman heo geornlice Drihtne þeowde and hyrde; and on þam wiðerweardum þingum, oððe on lichaman untrumnessum, þæt heo symle getreowlice Drihtne þancunge dyde.

Da wæs þy seofoðan geare hyre untrumnesse þæt seo adl and þæt súr hwyrfde on hyre innoþas, and heo becom to þam ytemestan dæge, and, ymb hancred utan, heo onfeng wegnyste þære swiðe halgan gemænsumnesse Cristes lichaman and his blodes. Da gehet heo þa Godes þeowas to hyre, þa þe on þam ylcan mynstre wæron, and heo þagyt hi mánode and lérdo, þæt hi betweoh him hooldon and eallum Godes mannum sibbe and lufan, and betweoh þa word hyre trymnesse and lúre, heo bliðe deað geseah; and gen soðre, þæt ic Drihtnes wordum aprece, þæt heo of deaðe ferde to life.

Da wæs on þære sylfan nihte, þæt se Ælmihtiga Drihten hyre forðfore on oþrum mynstre fyr gesetttum, þæt heo þy ylcan geare ær getimbrade, and is nemned Haconos, mid sweotolre gesyhðe, wæs geeaðmodad to onwrionne. Wæs on þam sylfan mynstre sum haligu nunne þære nama wæs Beguswyð, seo wæs Dryhtne gehalgad on clænum mægþháde, má þonne þritig wintra; and heo þær on munucháde Dryhtne þeowade. Da wæs heo restende on sweostra slæperne, þa gehyrde heo semninga on þære lyfte uppcundne sweg, and hleoþor cluceggan þære hi gewunedon to gebedum gecigde and awehte beon, þonne heora hwylc of worulde gefered wæs. Da geseah heo, openum eágum, þæs þe hyre þuhte, of þæs huses hrofe ufan micel leoht cuman, and eall þæt hús gefyllde. Da heo þa on þæt leoht behydilice locade, and bit georne beheold, þa geseah heo þære forespre-

FROM KING ÆLFRED'S BEDA. 103

cenan Godes þeowe saule, Hilde þære abbudissan, on þam sylfan leohte, engla weredum gelædendum, to heofonum úp-geborene beón.

Mid ðy heo þa þy slæpe tobræd, þa geseah heo opre sweostor ymb hi restende, þa onget heo, ge on þam swefne ge on hyre modes gesyhðe, hire ætywed beón þæt heo geseah; and heo sona arús, mid micle ege afyrhted, and arn to þære fæmnan, þe þa þæs mynstres abbudysse wæs, Hylde geongra, þære nama wæs Freogyð, and heo mid wópe and mid tearum wæs swiðe geondgoten, and longe sweorettunge wæs toonde; and hire sægde, ealra heora moder Hilde abbudissan þa of weorolde geleoran, and, hyre geseondre, mid micele leohte and mid engla þreatum, to þæm ecan leohte heofona ríces wuldres, and to gemanan þara uplicra ceaster-werena astigan. Ða heo þa þæt gehyrde, þa awehte heo ealle þa sweostor, and het to cyrcan gán, and in gebedum and on sealm-songe for heora modor sawle georne þingedon. Ða hie þæt þa georne dydon þa lafe þære nihte tíde, þa comon, swiðe ǽr in da-gungo, sume broðor, þa þe hire forðfore sægdon from þære stowe þe heo forðfered wæs; andsweredon hie and cwædon, þæt hi þæt ilce ǽr wiston and ongeaton; and þy hie þa þurh endebyrdnesse þam broþrum aræhton, hu hie þas þing and hwænne hie geleornodon; and hie him sædon in hwylce tíd heo of middangeardes leorde. Þa wæs gemeted þætte hire geleornes wæs in þa ylcan tíd þe hire þurh þa gesihðe ætywed wæs; ond, mid fægerre geþwærnesse þara wisena, wæs godcundlice foresewen, þæt mid þy hie hire útgong gesawon of þyssum lífe, þa þa úp hire ingong ongeton in þæt ece líf haligra sawla. Ðær syndon be-tweonon þam twam mynstrum þreottyne míla ametene.

Ðæt on hire mynstre wæs sum broðor, þam godcundlice forgifen wæs gyfu to singanne.

On þisse abbudissan mynstre, wæs sum broðor synderlice

mid godcundre gyfe gemǽred, and geweorþad; forþon he
gewunade gerisenlice leoð wyrcean, þa þe to æfæstnesse
and to árfæstnesse belumpon; swa þætte swa hwæt swa he
of godcundum stafum þurh boceras geleornade, þæt he
æfter med-miclum fæce in scóp-gereorde, mid þa mæstan
swétnesso and inbryrdnesse geglencde, and in Englisc
gereorde wel gebwær forðbrohte; and for his leoð-songum,
monigra monna módo oft to worolde forhohnesse, and to ge-
þeodnesse þæs heofonlican lífes onbærnde wæron. Ond eac
swylce monige oðre æfter him in Ongel-þeode ongunnon
æfæste leoð wyrcan, ac nænig hwæþero him þæt gelice dón
meahte; forþon he nales from monnum ne þurh mon
geléred wæs, þæt ho þone leoðcræft geleornade; ac he wæs
godcundlice gefultumod, and þurh Godes gyfe þone song-
cræft onfeng; ond he forþon næfre noht leasunga, ne ideles
leoþes wyrcan meahte, ac efne þa ân þa þe to æfestnesse
belumpon, and his þa æfestan tungan gedafenode singan.
   Wæs he se mon in weoruldhâde geseted oð ða tíde þe he
wæs gelyfedre yldo, and he næfre ænig leoð geleornade;
and he forþon oft in gebeorscipe, þonne þær wæs blisse
intingan godemed, þæt hie ealle sceoldon þurh endebyrd-
nesse be hearpan singan, ðonne ho geseah þa hearpan him
nealæcan, þonne arâs he for scome from þæm symble, and
hâm code to his huse. Da he þæt þa sumre tíde dyde, þæt
he forlet þæt hûs þæs gebeorscipes, and ût wæs gongende
to neata scypene, þara heord him wæs þære nihte beboden,
ða he þa þær in gelimplicre tíde his limo on reste gesette
and onslæpte, þa stód him sum mon æt, þurh swefn, and
hine halette and grette, and hine be his naman nemde,
Cædmon, sing me æthwegu. Þa andswarode he, and cwæð,
Ne con ic noht singan, and ic forþon of þysum gebeorscipe
ût-eode, and hider gewât, forþon ic noht cuðe. Eft he
cwæð, scðe mid him spreccnde wæs, Hwæðere þu meaht
me singan. Cwæð he, Hwæt sceal ic singan. Cwæð he,

FROM KING ÆLFRED'S BEDA.

Sing me Frumsceaft. Ða he þa þas andsware onfeng, ða ongan he sona singan, in herenesse Godes Scyppendes, þa fers and þa word þe he næfre ne gehyrde, þara endebyrdnes þis is.

Nu we sceolan herian eorðan bearnum,
heofon-rices Weard, heofon to hrofe,
Metodes mihte, halig Scyppend;
and his mód-geþonc, þa middangeard,
wera Wuldor-Fæder; moncynnes Weard,
swa he wundra gehwæs, ece Dryhten,
ece Dryhten, æfter teode
oord onstealde. firum foldan,
He ærest gesceop, Frea Ælmihtig.

Ða arás he from þæm slæpe, and eall þa þe he slæpende song færste in gemynde hæfde, and þæm wordum sona monig word in þæt ylce gemet, Gode wyrþes songes, to-geþeodde. Ða com he on marne to þam tún-gerefan, seþe his ealdormon wæs, him sæde, hwylce gyfe he onfeng, and he hine sona to þære abbudyssan gelædde, and hire þæt cyðde and sægde. Þa het heo gesomnian ealle þa gelærdestan men and þa leorneras, and him andweardum het secgan þæt swefn, and þæt leoð singan, þætte eallra heora dome gecoren wære, hwæt oððe hwonon þæt cumen wære. Ða wæs him eallum gesegen, swa swa hit wæs, þæt him wære from Dryhtne sylfum heofonlic gifu forgifen. Ða rehton hie him and sægdon sum halig spell, and godcundre lare word: bebudon him þa, gif he mihte, þæt he him sum sunge, and in swinsunge leoðsonges þæt gehwyrfde. Ða he þa hæfde þa wisan onfangene, þa eode he hám to his huse, and com eft on morgen, and, þy betstan leoðe geglenged, him asong and ageaf þæt him beboden wæs.

Ða ongan seo abbudysse clyppan and lufian þa Godes gyfe in þæm men, and heo hine þa monode and lærde, þæt

FROM KING ÆLFRED'S BEDA.

he weoroldhád forlete, and munucháde onfenge; ond he
þæt wel pafode; and heo hine in þæt mynster onfeng mid
his gódum, and hine geþeodde to gesomnunge þara Godes
þeowa, and het hine léran þæt getæl þæs halgan stærcs and
spelles; ond he eall þæt he in geherneste geleornian mihte,
mid hine gemyngade, and, awa clæne nyten eodorcende, in
þæt swéteste leoð gehwyrfde, and his song and his leoð
wæron swa wynsum to gehyronne, þæt þa sylfan his láreowas
æt his muðe writon and leornodon. Song he ærest be mid-
dangeardes gesceape, and be fruman moncynnes, and eall
þæt stær Genesis, þæt is seo ærcste Moises bóc, and eft be
útgonge Israela folces of Ægypta londe, and be ingonge
þæs gehát-londes, and be oðrum monigum spellum þæs
halgan gewrites canones bóca, and be Cristes menniscnesse,
and be his þrowunge, and be his up-astignesse on heofonas,
and big þæs Halgau Gastes cyme, and þara apostola láre;
and eft bi þam ege þæs toweardan dómes, and be fyrhto
þæs tintreglican witea, and be swétnesse þæs heofonlican
ríces, he monig leoð geworhte; and swylce eac oþer monig
be þam godcundum fremsumnessum and dómum he ge-
worhte. On eallum þam he geornlice gymde þæt he men
atuge fram synna lufan and mán-dæda, and to lufan and to
geornfullnesse awehte gódra dæda; forþon he wæs se mon
swiðe æfest, and reogollicum þeodscypum eaðmodlice un-
derþeoded; and wið þam þa ðe on oþre wísan dón woldon,
he wæs mid wylme micelre ellenwódnesse onbærned, and
he forþon fægere eude his líf betynde and geendade.

Forþon þa ðære tide nealecte his gewitenessa and forð-
fore, ða wæs he feowertyne dagum ér, þæt he wæs licum-
licre untrymnesse pryeced and befigad, hwæþere to þon
gemetlice, þæt he ealle þa tíd mihte ge sprecan ge gangan.
Wæs þær on neaweste untrumra manna hús, on þam hyra
þeaw wæs þæt hi þa untruman, and þa þe æt forðfore wæron,
inlædan sceoldan, and him þær ætsomne þenian. Ða bæd

he his pén, on æfenne þæro nihte þe he of worulde gangende
wæs, þæt he on þam húse him stowe gegearwade, þæt he
restan mihte. Ða wundrade se þeng for hwon he þæs bæde,
forþon him þuhte þæt his forðfore swa neh ne wære, dyde
hwæþere swa swa he cwæð and bebead: ond mid þy he þa
þær on reste eode, and he gefeonde mode sumu þing ætgæ-
dere mid him sprecende and gleowiende wæs þe þær ær
inne wæron, þa wæs ofer middeniht þæt he frægn, hwæþer
hi ænig husel þær-inne hæfdon? Ða andswarodon hie and
cwædon, Hwilc þearf is þe husles? Ne pfnre forðfore swa
neh is, nu þu þus rotlice and þus glædlice to us sprecende
eart. Cwæð he eft, Berað me hwæþere husel to. Ða he
hit on handa hæfde, þa frægng he, hwæþer hi ealle smylte
mód, and butan eallum incan, bliðe to him hæfdon? Ða
andswarodon hi ealle, and cwædon, þæt hi nænigne incan
to him wistan, ac hi ealle him swiðe bliðe móde wæron,
and hi wrixendlice hine bædon þæt he him eallum bliðe
wære. Ða andswarode he, and cwæð, Mine broþro þa
leofan, ic eom swiðe bliþmód to eow and to eallum Godes
monnum. And he swa wæs hine getrymmende mid þy
heofonlican wegneste, and him opres liffes ingang gearwade.
Ða gyt he frægn, hu neh þære tíd wære, þætte þa broðor
arísan sceoldon, and Godes folc læran and heora uht-sang
singan? Andswearodon hi, Nis hit feor to þon. Cwæð
he, Tela, utan we wel þære tíde bidan; and þa him gebæd,
and hine gesenade mid Cristes róde-tácne, and his heafod
onhylde to þam bolstre, and med-mycel fæc onslæpte, and
swa mid stillnesse his líf goendade. Ond swa wæs
geworden, þætte swa swa he hluttere móde and bylewite
and smyltre willsumnesse Drihtne þeowde, þæt he eac
swylce swa smylte deaðe middangeard wæs forlætende,
and to his gesybðe becom. And seo tunge þe swa monig
halwende word on þæs Scyppendes lóf geætte, he þa swylce
eac þa ytemestan word on his herencsse, hine sylfne

seniende, and his gaat in his handa bebeodende, betynde. Eac swylco þæt is gesegen*, þæt he wære gewis his sylfes forðfore, of þam þe we nu secgan hyrdon.

FROM THE STORY OF APOLLONIUS OF TYRE.

MID þi ðe se cyning þas word gecwæð, ða færinga þar eode in ðæs cynges iunge dohtor, and cyste hyre fæder and ða ymbsittendan. Ða heo becom to Apollonio, þa gewænde heo ongean to hire fæder, and cwæð, Du góda cyninge, and min se leofesta fæder, hwæt is þes iunga man, þe ongean ðe on swa wurðlicum setle sit, mid sárlicum andwlitan? nát ic hwæt he besorgað. Ða cwæð se cyninge, Leofe dohtor, þes iunga man is forliden, and he gecwemde me manna betst on ðam plegan; forðam ic hine gelaðode to ðysum urum gebeorscipe. Nát ic hwæt he is, ne hwanon he is; ac gif ðu wille witan hwæt he sy, axsa hine, forðam þe gedafenað þæt þu wite. Ða eode þæt mæden to Apollonio, and mid forwandigendre spræce cwæð, Deah ðu stille sy and unrót, þeah ic þine æðelborennesse od ðe geseo: nu þonne, gif ðe to hefig ne þince, sege me þinne naman, and þin gelymp arece me. Ða cwæð Apollonius, Gif ðu for neode axsast æfter minum naman, ic secge þe, ic hine forleas on sæ. Gif ðu wilt mine æðelborennesse witan, wite ðu þæt ic hig forlet on Tharsum. Dæt mæden cwæð, Sege me gewislicor, þæt ic hit mæge understandan. Apollonius þa soðlice hyre arehte ealle his gelymp, and æt þare spræcan ende him feollon tearas of ðam eagum.

Mid þy ðe se cynge þæt geseah, he bewænde hine ða to ðare dohtor, and cwæð, Leofe dohtor, þu gesingodest mid þy þe þu woldest witan his naman and his gelimp: ðu hafast nu ge-edniwod his ealde sár; ac ic bidde þe þæt þu gife him swa hwæt swa þu wille. Daða þæt mæden gehirde þæt hire wæs alyfed fram hire fæder þæt heo ǽr hyre silf gedón

* MS. gesægd: the original has *videtur*.

wolde, ða cwæð heo to Apollonio, Apolloni, soðlice þu eart
ure; forlæt þine murcnunge; and nu ic mines fæder lcafe
hæbbe, ic godo þe weligne. Apollonius hire þæs þancode,
and se cynge blissode on his dohtor welwillendnesse, and
hyre to cwæð, Leofe dohtor, hat feccan þine hearpan, and
gecig ðe to þinum frynd, and afirsa fram þam iungan his
sárnesse.

Ða eode heo út, and het feccan hire hearpan; and sona
swa heo hearpian ongan, heo mid winsumum sange ge-
mægnde þaro hearpan sweg. Ða ongunnon ealle þa men
hi herian on hyre swegcræft, and Apollonius ána swigode.
Ða cwæð se cyninge, Apolloni, nu ðu dest yfele, forðam þe
ealle men heriað mine dohtor on hyre swegcræfte, and þu
ána hi swigende tælst. Apollonius cwæð, Eala þu góda
cynge, gif ðu me gelifst, ic secge þæt ic ongite þæt soðlice
þin dohtor gefeol on swegcræft; ac heo næfð hine na wel
gelcornod. Ac hat me nu sillan þa hearpan, þonne wást
þu nu þæt þu git nást. Arcestrates se cyning cwæð, Apol-
loni, ic oncnawe soðlice þæt þu eart on eallum þingum wel
gelǽred. Ða het se cyng sillan Apollonige þa hearpan.
Apollonius þa út-eode, and hine scridde, and sette ænne
cyne-helm uppon his heafod, and nám þa hearpan on his
hand, and in-eode, and swa stód þæt se cynge and ealle þa
ymbsittendan wéndon þæt he nære Apollonius, ac þæt he
were Apollines, ðara hæðenra god. Ða wearð stilnes and
swíge geworden innon ðare healle, and Apollonius his
hearpe-nægl genám, and he þa hearpe-strengas mid cræfte
astirian ongan, and þare hearpan sweg mid winsumum
sange gemægnde; and se cynge silf and ealle þo þar and-
wearde wæron, micelre stæfne cliopodon, and hine heredon.
Æfter þisum forlet Apollonius þa hearpan and plegode, and
fela fægera þinga þar forðteah, þe þam folce ungecnawen
wæs and ungewunelic : and heom eallum þearle licode ælc
þara þinga ðe he forðteah.

A DIALOGUE BETWEEN SATURN AND SOLOMON.

Hér kið hu Saturnus and Saloman fettode ymbe heora wísdóm.

Þa cwæð Saturnus to Salomane, Sage me hwer God séte þa he geworhte heofonas and eorðan? Ic þe secge, he sætt ofer .... feðerum. Sage me hwilc word érust forðeode of Godes muðc? Ic þe secge, Fiat lux et facta lux. Saga me for hwilcum þingum heofon sy gehaten heofon? Ic þe secge, forþon he bebélað eall þæt hym be ufan byð. Saga me hwæt is God? Ic þe secge þæt ys God þe ealle þing on hys gewealdum hafað. Saga me on hu fela dagum God geworhte calle gesceafta? Ic þe secge on VI. dagum God gesceóp calle gesceafta: on þam ærostan dæge he gesceóp leoht; on þam æfteran dæge he gesceóp þa gesceapu þe þisne heofon healdað; on þam þriddan dæge he gesceóp sǽ and eorðan; on þam feorðan dæge he gesceóp heofonæs tunglon; and on ðam V. dæge he gesceóp fixas and fugelas; and on ðam VI. dæge he gesceóp deor, and nytenu, and Adám, ðone ærostan man. Saga me hwanon wæs Adames náma gesceapen? Ic þe secge fram IIII. steorrum. Saga me hwæt hatton page? Ic þe secge Artbox, Dux, Arótholem, Minsymbric. Saga me þæt andworc þe Adám wæs of-geworht, se ærusta man? Ic þe secge of VIII. punda gewihte. Saga me hwæt hatton page? Ic þe secge þæt ærosto wæs fóldan pund, of ðam him wæs flesc geworht; oðer wæs fýres pund, þanon him wæs þæt blód reád and hát; pridde wæs windes pund, þanon him wæs seo æðung gescald; feorðe wæs wolcnes pund, þanon him wæs his módes unstaðelfæstnes gescald; fifte wæs gyfe pund, þanon him wæs gescald se fat and geðang; syxste wæs blostnena pund, þanon him wæs eagena myssenlicnys gescald;

SATURN AND SOLOMON.

seofoðe wæs deawes pund, þanon him becom swat; eahtoðe
wæs sealtes pund, þanon him wæron þa tearas sealte. Saga
me on hwilcere ylde wæs Adám, ða he gesceapen wæs?
Ic þe secge he wæs on xxx. wintra yldo. Saga me hu lang
wæs Adám on længe gesceapen? Ic þe secge he wæs vi.
and cx. ynca lang. Saga me hu fela wintra leofode Adám
on þissere worulde? Ic þe secge ne leofode ix. hund win-
tra, and xxx. wintra, on geswince and on yrmðe; and syð-
ðan to helle ferde, and þær grimme witu þolode v. þusend
wintra, and twa hund wintra, and viii. and xx. wintra. Saga
me hu fela wintra hæfede Adám ær he bearn strinde? Ic
þe secge án hund wintra, and xxx. wintra, ær he bearn
strinde; and þa gestrinde he bearn on his cnihthade, se
hatte Seth, and he þa leofode ealles nygon hundred wintra,
and xxx. on þissere worulde. Da lyfde Seth his sunu án
hund wintra, and v. wintra, ær he bearn gestrinde, and þa
gestrinde he bearn, on his cnihthade, se hætte Enos, and
þa lyfde he hym sylf ealles nygon hund wintra, and xii.
wintra. Da hæfede Enos án hund wintra, þa gestrinde he
Chanan, and þa lyfde he Enos ealles nygon hund wintra,
and v. wintra. And þa hæfede Chanan lxx. wintra, þa
gestrinde he Malaleh, and Chanan lyfde þa ealles nygon
hund wintra, and x. wintra. Þa hæfede Malaleh v. and lx.
wintra, þa gestrinde he Iared; and Malaleh he lyfde ealles
nygon hund wintra, and v. wintra. Da hæfede Iared ii.
and lx. wintra, and án hund wintra, þa gestrinde he Enoh;
and Iared his fæder lyfde ealles eahta hund wintra, and ii.
and lx. wintra. Da hæfede Enoh v. and lx. wintra, þa
gestrinde he Matusalem; and Enoh lyfde ealles ccc. wintra,
and v. and lx. wintra; þa genám hine God, myd sawle and
myd lychaman, up in þone heofon. Da hæfede Mathusalem
vii. and lxxx. wintra, and án hund wintra, þa gestrinde he
Lamec; and Matusalem his fæder lyfde ealles nygon hund
wintra, and ix. and lx. wintra. Da hæfede Lamec án hund

wintra, and LXXXII. wintra, þa gestrinde he Noo; and Lamec lyfde ealles VII. hund wintra, and LXXVII. wintra. Da hæfede Noe D. wintra, þa gestrinde he bearn, Sem, Cham, Iafet; and Noe lyfde ealles in þissere worulde DCCCC. wintra, and L. wintra. Saga me hu fæla þeoda ſwócon of his III. bearnum? Ic þe secge, LXXII. þeoda sindon; and of Seme his yldestan suna ſwócon XXX., and of Chám XXX., and of Iafeðe XII. Saga me hwæt wæs seðe acénned næs, and æſt bebyrged wæs on his moder innoðe, and æfter þam deáðe gefullod wæs? Ic þe secge, þæt was Adám. Saga me hu lange lyfde Adám on neorxena-wange? Ic þe sæcge . . . . . . and on þam . . . . . . he abyrgde þa forbodenan fictrewes blæda, and þæt on frigdæg, and þurh þæt he was on helle V. þusend wintra, and II. 'C. wintra, and VIII. and XI. wintra. Saga me of Sča Maria ylde. Ic þe secge, heo wæs III. and syxtig geara eald, þa heo be lyfon wæs, and heo was XIIII. wintra, þa heo Crist cénde, and heo wæs myd him XXXIII. geara on myddanearde, and heo wæs XVI. ger æfter him on worulde. And fram Adáme, and of frimðe myddaneardes, was on getal gerſmes, oð þone micclan Noes flód, II. þusend wintra, and II. c. wintra, and II. and LX. wintra; and fram þam flóde wæs of Abrahámes gebyr tíde IX. C. wintra, and II. and XL. wintra; and fram Abrahámes wæs þa forð oð Moises tíd, and Israela ofer-ſár út of Egyptam, V. C. wintra, and VIII. wintra; and fram frimðe myddaneardes oð Cristes þrowunge wæron VI. þusend wintra, and hund wintra, and VIII. and L. wintra. Saga me hu lange worhte men Noes earce? Ic þe secge, LXXX. wintra, of þam treow-cinne þe is genemned Sem. Saga me hwæt hatte Noes wyſ? Ic þe secge, heo hætte Dálila. And hwæt hatte Chames wyſ? Iaftarecta heo hatte. And bwæt hatte Iafeðes wyſ? Ic þe secge, Cataflunia heo hatte; and oðrum naman hyg sindon genémnede, Olla, and Ollína, and Ollibana, swa hyg þreo hatton. Saga me hu lange

SATURN AND SOLOMON. 113

wæs Noes flúd ofer eorðan? Ic þe secge, XL. daga and nihta. Saga me hu lang wæs Noes earc on lenge? Ic þe secge, heo wæs CCC. fæðema lang, and L. fæðema wíd, and XXX. fæðema heah. Saga me hwæt suna hæfede Adám? Ic þe secge, XXX. sunena, and XXX. dohtra. Saga me hwilc mann átimbrode ærust ceastre? Ie þe secge, Knos hatte, and wæs Niniuem seo burh, and wæron þarin gemanna hund-tweltig pusenda, and XL pusenda; and Hierusalem seo burh heo wæs ærost æfter þam Noes flóde getymbrod. And hwæt hætte seo burh þær sunne úp on morgen gæð? Ic þo secge, Iaiaca hatte seo buruh. Saga me hwar gæð seo sunne on æfen so sætle? Ic þe secge, Garfta hatte seo burh. Saga me hwilc wyrt ys betst and selust? Ic þe secge, lilige hatte seo wyrt, forþon þe heo getácnað Crist. Saga me hwilc fugel ys selust? Ic þe secge, culfre ys selust, heo getácnað ðone Halegan Gast. Saga me hwanon cymð ligetu? Ic secge, heo kimð fram winde and fram watere. Saga me hwilc water is selust? Ic þe secge, Iordanem seo ea ys selust, forþon þe Crist wæs on hyre gefullod. Saga me hwider gewiton þa engelas þe Gode wiðsocón on heofona rice? Ic þe secge, byg todældon on þri dælas; ánne dæl he asette on þæs lyftes gedrif, operne dæl on þæs wateres gedrif, þriddan dæl on helle neowelnysse. Saga me hu fela is woruld-watra? Ic þe secge, twa syndon sealte sǽ, and twa fersce. Saga me hwilc man erost wære wyð hund aprecende? Ic þe secge, Scs Petrus. Saga me hwilc man apohte ærust myd sul to æriende? Ic þe secge, þæt wæs Cham, Noes sunu. Saga me forhwam stánas ne synt berende? Ic þe secge, forþon þe Abeles blód gefeoll ofer stán, þa hyne Chain hys broþer ofsloh myd anes esoles cyng-báne. Saga me hwæt ys betst and wyrst betwinan mannon? Ic þe secge, word ys betst and wyrst betwix mannon. Saga me hwæt ys cuþost mannon on eorðan to witanne? Ic þe secge, þæt nys nænygum men

I

nánwyht swa cuð swa he sccal deað prowian. Saga me hwæt syndon þa III. þing þe næn man buton lufian ne mæg? Ic þe secge, on ys fyr, oðer ys wæter, þridde ys yæn. Saga me hwilc treow ys ealra treowa betst? Ic þe secge, þæt ys wín-treow. Saga mo hwar resteð þæs mannes sawul, þonne se lychama slepð? Ic þe secge, on þrim stowum heo byð: on þam bragene, oþþe on þere heortan, oþþe on þam blóde. Saga me for hwan wæs sco sǽ scalt geworden. Ic þe secge, of þam x. wordum þe Moises gesomnode in þære caldan ǽ, Godes bebóde, and he awearp þa x. word in þa sǽ, and his tearas agot in þa sǽ; forþon wearð sco scalt. Saga me hwæt wæron þa word? Ic þe secge, þæt forme word wæs: Non habeas Deos alienos, þæt is, Ne lufa þu oþerne God ofer me. Ðæt oþer word wæs, Non adsumes nomen Dñi in vanum, Ne cig þu Godes naman on ydel. Ðæt þrid..... Healdað þone haligan resten dæg. Ðæt..... wæs, Ara þínon fæder and þínre meder,..... word wæs, Non occides, Ne sleh þu man..... dine. Ðæt VI. word wæs, Non mechaberis, On unriht ne hæmð þu. Ðæt VII. word wæs, Ne stala þu. Ðæt VIII. word wæs, Ne sæge leaso gewitnysse. Ðæt IX. word wæs, Ne concupiscas uxorem proximi tui, Ne gewilna þu oðres mannes wýfes on unriht. Saga me hwær is Moyses byrgen, þæs kininges? Ic þe secge, heo ys be þam huse þe Fegor hatte, and nán man nys þe hyg wite ǽr þam miclan dóme. Saga me for hwilcum þingum þeos corðe awyrged wære, oððe eft gebletsod? Ic þe secge, þurh Adám heo wæs awirged, and þurh Abeles blód, and eft heo wæs gebletsod þurh Noe, and..... and þurh fulluhte. Saga me hw..... wíngeard ǽrost plantode? Ic þe secge, þæt..... se heahfæder. Saga me hwa némde ǽrost Godes naman? Ic þe secge, se deoful némde ǽrost Godes naman. Saga me hwæt is héfogost to berenne on eorðan? Ic þe secge, mannes synna, and his hláfordes grre. Saga me hwæt ys þæt oðrum lícyge,

SATURN AND SOLOMON. 115

and oðrum myslycige? Ic þe secge, þæt is dóm. Saga me hwæt syndon þa IIII. þing þe næfre fulle næron, ne næfre ne beoð. Ic þe secge, ån ys eorðe, oðer ys ſſr, þridde ys hell, feorþe ys se gytsyenda man worulde welena. Saga me hu fela ys fleogendra fugel-cynna? Ic þe secge IIII. L. Saga me hu feln ys fisc-cynna on wætere? Ic þe secge, VI. and XX. Saga me hwilc man ærost mynster getimbrode? Ic þe secge, Elias and Eliseus þa wītegan, and, æfter fulluhte, Paulus and Antonius, þa ærostan ancran. Saga me hwæt syndon þa streamas, and þa.... an, þe on ncorxenawange flotað? Ic þe secge, hiora syndon IIII., seo æroste hatte Fison, seo oþer hatte Geon, and seo III. hatte Tygres, seo feorþe Eufraten, þæt is meolc, and hunig, and æle, and wín. Saga me forhwan byð seo sunne read on æfen? Ic þe secge, forþon heo locað on helle. Saga me hwſ scýneð heo swa reade on morgene? Ic þe secge, forþon hyre twynað hwæþer heo mæg þe ne mæg þisne myddaneard eondscýnan, swa hyre beboden ys. Saga me þas IIII. wæters þe þas eorðan fedað? Ic þe secge, þæt ys snaw, and wæter, and hagol, and deaw. Saga me hwa ærost bócstafas sette? Ic þe secge, Mercurius se gygand. Saga me hwæt bóc-kinna and hu fela syndon? Ic þe secge, kanones bóc syndon ealra twa and hund-seofontig, eall swa fela þeo..... syndon on gerſme, and eall swa fela leornyng-cnihta, butan þam XII. aplm. Mannes bána syndon on gerſme callra CC. and XVIII., mannes addre..... callra CCC., and V. and LX.; mannes tóþa beoð on eallum his lýfe II. and XXX. On XII. monðum beoð II...... wucena and CCC. dagena and V. and LX. daga; on XII. monðum beoð ehta þusend týda and VII...... hund týda; on XII. monðum þu scealt syllan pſnon þeowan men VII. hund hláfa, and XX. bláſa, buton morge-mettum and nón-mettum.

THE MANDRAKE.

Ðeos wyrt þe man Mandragoram nemneð ys mycel and mǽre on gesihþe, and heo ys fremful. Ða þu scealt þyssum gemeto niman : þonne þu to hyre cymst, þonne ongist þu hy, be þam þe heo on nihte scineð, ealswa leoht-fæt. Þonne ðu hyre heafod ǽrest geseo, þonne bewrit þu hy wel hraþe mid iserne, þy-læs heo þe ætfleo. Hyre mægen ys swa mycel and swa mǽre, þæt heo unclǽnne man, þonne he to hyre cymeð, wel hraþe forfleon wyle. Forðy þu hy bewrit, swa we ǽr cwǽdon, mid iserne. And swa þu scealt onbutan hy delfan, swa ðu hyre mid þam iserne na æthrine ; ac þu geornlice scealt mid ylpenbǽnenon stæfe ða eorðan delfan, and þonne þu hyre handa and hyro fet gesco, þonne gewrið þu hy. Nim þonne þæne operne ende, and gewrið to anes hundes swyran, swa þæt se hund hungrig sy : wurp him syþþan mete to-foran, swa þæt he hyne ahræcan ne mæge, buton he mid him þa wyrte up-abrede. Be þysse wyrte ys sæd þæt heo swa mycele mihte hæbbe, þæt swa hwylc þincg swa hy up-atyhð, þæt hyt sona scyle þam sylfan gemete beon beswycen ; forþy sona swa þu gesco þæt heo up-abroden sy, and þu hyre geweald hæbbe, genim hy sona on hand, swa andwealc hi, and gewring þæt wós of hyre leafon on ane glæseno ampullan, and þonne ðe neod becume þæt þu hwylcon menn þærmid helpan scyle, þonne help þu him ðyssum gemete : Wið heafod-ece, etc.

A SPELL
TO RESTORE FERTILITY TO LAND RENDERED STERILE BY WITCHCRAFT.

Her ys seo bót hu þu meaht þine æceras betan, gif hi nellað wel wexan, oððe þær hwilc ungedefe þing ongedon bið, on dry oððe on lyblace.

A SPELL. 117

Genim þonne on niht, ǽr hit dagige, feower tyrf on feower healfa þæs landes, and gemearca hu hy ǽr stodon. Nim þonne ele, and hunig, and beorman, and ælces feos meolc þe on þæm lande sy, and ælces treow-cynnes dæl þe on þæm lande sy gewexen, butan heardan beaman, and ælcre namcuþre wyrte dæl, butan glappan ánon; and do þonne halig-wæter þæron, and drype þonne þriwa on þone staðol para turfa, and cweðe þonne þis word: *Crescite*, wexe; *et multiplicamini*, and gemænigfealde; *et replete*, and gefylle; *terram*, þas eorþan; *in nomine Patris et Filii et Spiritus Sancti benedicti*; and *Pater noster*, swa oft swa þæt oðer, and bere sippan þa turf to circean, and mæsse-preost asinge feower mæssan ofer þan turfon, and wende man þæt grene to þan weofode, and sippan gebringe man þa turf þær hi ǽr wæron ǽr sunnan setlgange, and hæbbe him geworht, of cwicbeame, feower Cristes mælo, and awrîte on ælcon ende, Mattheus and Marcus, Lucas and Iohannes. Lege þæt Cristes mæl on þone pyt neoþeweardne: cwepe þonne, *Crux, Mattheus; Crux, Marcus; Crux, Lucas; Crux, Iohannes*. Nim þonne þa turf, and sæte þær-ufon-on, and cweþe þonne nigon siþon þas word: *Crescite*, and swa oft *Pater noster*, and wende þe þonne eastweard, and onlut nigon siðon eadmodlice, and cweð þonne þas word;

Eastweard ic stande,
arena ic me bidde,
bidde ic þone mǽran Dñe
bidde þone miclan Drihten,
bidde ic þone haligan
heofon-rîces Weard;
eorðan ic bidde,
and up-heofon,
and þa soþan
sancta Marian,
and heofones meaht,

and heah-reced,
þæt ic mote þis gealdor,
mid gife Drihtnes,
toþum ontynan,
þurh trumne gcþanc,
aweccan þas wæstmas
us to woruld-nytte,
gefylle þas foldan
mid fæste geleafan,
wlitigian þas wang-turf;
swa se witega cwæð,

A SPELL.

þæt æ hæfde fire on eorð-ríce, dælde dómlice,
seþe ælmyssan Drihtnes þances.

Wende ðe þonne þriwa sunganges, astrece þonne on and-
lang, and arim þær letanias, and cweð þonne, *Sanctus,
sanctus, sanctus,* oð ende. Sing þonne, *Benedicite,* aþenedon
earmon, and *Magnificat,* and *Pater noster,* and bebeod hit
Criste, and Sancta Marian, and þære halgan róde, to lofe
and to weorðinga, and þam [to] are þe þæt land áge, and
eallon þam þe him underþeodde synt.

Þonne þæt eall sie gedon, þonne nime man uncuð sæd
æt ælmesmannum, and selle him twá swylc swylce man æt
him nime, and gegaderie ealle his sulh-geteogo togædere ;
borige þonne an þan beame stór and finol and gehalgode
sapan, and gehalgod sealt ; nim þonne þæt sæd, sete on
þæs sules bodig ; cweð þonne,

Erce, erce, erce, Geunne him
eorðan modor, ece Drihten,
geunne ðe se Alwalda, and his halige
ece Drihten, þe on heofonum synt,
æcera wexendra, þæt hys yrð si gefriþod
and wriðendra, wið ealra feonda gehwæne,
eacniendra, and heo si geborgen
and elniendra ; wið ealra bealwa gehwylc,
sceafta hen þara lyblaca
se scíre wæstma, geond land sawen.
and þære brádan Nu bidde ic þone Waldend,
bere wæstma, seþe ðas woruld gesceop,
and þære hwítan þæt ne sy to þæs cwidol wíf,
hwæte wæstma, ne to þæs cræftig man,
and ealra þæt awendan ne mæge
eorðan wæstma. word þus gecwedena.

Þonne man þa sulh forðdrife, and þa forman furh onsceote ;
cweð þonne,

HOMILY IN NATALE S. EADMUNDI.

Hál wes þu, folde! on Godes fæðme,
fira modor, fodre gefylled,
beo ðu growende firum to nytte.

Nim þonne ælces cynnes melo, and abace man innewerdne
handa brǽdnæ hláf, and gecned hine mid meolce, and mid
halig-wætere, and lecge under þa forman furh; cweð þonne,

Ful æcer fodres and þas eorðan
fira cinne, þe we on lifiað,
beorht-blowende, se God se þas grundas geworhte
þu gebletsod weorð, geunne us growende gife,
þæs haligan nóman, þæt us corna gehwylc
þe ðas heofon gesceop, cume to nytte.

Cweð þonne þriwa, *Crescite in nomine Patris benedicti,
Amen*; and *Pater noster* þriwa.

IN NATALE SANCTI EADMUNDI, REGIS ET MARTYRIS.

A HOMILY.

Sum swyðe ilǽred munuc com supan ofer sǽ, from Sæincte
Benedictes stowe, on Æþelrædes dagum kynges, to Dun-
stane archeb., þreom gearm ærþam þe he forðferde, and
sum munuc hatte Abbo. Þa wurdon heo on spece, oððet
Dunstan rehte be Sco Eadmundo, swa swa Eadmundes
swyrd-boræ hit rehte Æþelstan kynge, paða Dunstan
geunc mon wæs, and þe sweord-boræ wæs forcaldod mon.
Da sette ðe munuc alle þas gerecednysse on ane bóc, and eft,
paða ðeo bóc com to us, binnon feawum gearum, þa awende
we hit on Englisc, swa swa hit her æfter stont. Þe munuc

HOMILY IN NATALE S. EADMUNDI.

þa Abbo, binnon twam gearum, wende him to mynstre, and wearð þa to abbode iset on þam ylcan mynstre. Eadmund, þe eadiga East-Engla kyng, wæs snoter and wurðful, and wurðode symle mid æþele ðeawum þone Almihtigan God. He wæs eadmod and iþungen, and swa anræde þurhwunede, þæt he nolde bugan to bismerfulle leahtræ, ne on nane healfe he ne ahydde his þeawes, ac wæs symle mundig þare sopan lufe. Gyf þu eart to heofod-men isct, ne ahafe þu ðe, ac beo betweox monnum swa swa an mon of him. He wæs cystig wædlum and wydewum, swa swa fæder, and mid wæl-willendnesse wissode his folc simle to rihtwisnesse, and þam reðan styrede and isæligelice leofode. Hit ilamp þa æt nyxtan, þæt ða Deniscan leoda ferden mid scyphere, hergende and sleande wide geond lond, swa swa heoræ wune is. On þam floten wæron ða fyrstan heafodmen, Hinguar and Hubba, geanlæhte þurh deofel, and heo on Norðhumbrelond gelændon mid æscum, and wæsten þæt lond and ða leoden ofslogen. Ða wende Hinguar east mid his scypum, and Hubba belaf on Norðhumbrælaude, wunnenum sige mid wælreownesse. Hinguar bicom þa to East-Englum rowende, on þam geare þe Ælfred æþeling an and twentig geare wæs, þe þe Wæst Seaxene king syððan wearð mære. And þe fore-sæde Hinguar færlice, swa swa wulf, to londe bistalcode, and þe leoda sloh, werms and wif, and þa unwittige child, and to bysmere tucode þa bilewite cristene. He sende þa syððan sona to þam kynge beotlice ærende, þæt he bugon sceolde to his monrædene, gif he his feores rohte. De ærendracan com þa to Eadmunde kynge, and Hinguares ærende him beardlice abead: "Hinguar ure kyng, kene and sigefest on sæ and on londe, hæfð felæ peodæ iwæld, and com nu mid ferde ferlice her to lande, þæt he her winter-selt mid his werode habbe. Nu hæt he þe dælen þine diglan goldhordas, and þine aldrynæ streon hærlice wið hine, þæt þu beo his under-kyng, gif þu cwyc

HOMILY IN NATALE S. EADMUNDI. 121

beon wult, forþan ðe ðu næfst þa mihte, þæt ðu mage him wiðstandæn." Hwæt þa, Eadmund kyng clypede ænne biscop, þe him þa hendest wæs, and wið hine smeade, hu he þam reðan Hinguare berstan sceolde. Þa forhtede þe biscop for þam færlice gelimpe, and for þæs kynges life, and cwæð, þæt him ræd þuhte, þæt he to þam abuge, þe Hinguar him bead. Ða swywode þe kyng, and biseah to þare eorðan, and cwæð þa æt nyhstan þyne lice him to: "Eala, þu biscop, to bysmero beoð itawode þæs earman lond leodæ, and me nu leofre were, þæt ic on feohte feolle, wið þam ðe min folc moste heoræ eardes brucæn." And þe biscop cwæð: "Eala, þu leofe kyng, þin folc liþ ofslagen, and þu narfst þonne fultume, þæt ðu feohten mage, and þas flotmen cumæð, and ðe cwicne bindæþ, buten þu mid fleame þine feore burge, oððe þu ðe swa burge þæt ðu buge to him." Ða cwæð Eadmund kyng, swa swa he ful keno wæs: "Þæs ic wilnige and wisce mid mode, þæt ic ane ne bileafe æfter mine leofum þægnum, þe on heoræ beddum wurdon, mid bearnumand wifum, ferlice ofslagane from þissæ flotmonnum. Næs me næfre iwunelic þæt ic wrohte fleames, ac ic wolde swiðor swelton, gif ic þyrfte, for mine agene earde, and þe Almihtigæ God wat þæt ic nylle bugan from his bigengum æfre, ne from his soðan lufe, swelte ic libbe ic." Æfter þissum wordum, he wende to þam ærendracan ðe Hinguar to him sende, and sæde him unforht: "Witodlice þu wære nu weorðe slæges, ac ic nelle fylæn mine clæne handæn on þino fule blode, forþam ðe ic folgige Criste, þe us swa bisnode; ac ic bliþelice wylle beon ofslagen þurh eow, gif hit God foresceawæð. Fare nu swiðe raþe, and sæge þine ræpum laforde, ne buhþ nefre Eadmund Hinguare on life, hæþene herctogæn, buton he to Hælende Criste ærest mid geleafan on þisse lond buge." Ða wende þe erendracæ beardlice awæg, and imette þone wælreowan Hinguare mid alle his furde fuse to Eadmunde, and sæde

HOMILY IN NATALE S. EADMUNDI.

þam arleasum hu him iandswæred wæs. Hinguar bead þa mid bealde þam scyp-here, and þæt heo þæs kynges anes alle cepan sceoldon, þe his here forseah, and hine sone bindæn. Hwæt þa, Eadmund kyng, mid þam ðe Hinguar com, stod innan his halle, þæs Hælendes imyndig, and awearp his wepnæ, wolde efenlæcen Cristes gebisnungum, þe forbead Petrum mid wæpnum to feohten wið þa wælreowan Iudeiscan. Hwæt þa, þa arleasan Eadmundum bundon, and bysmoreden hyxlice, and beoten mid sahlum, and swa syððan læddon þonne ileaffulne kyng to ane eorðfestum treowe, and tegdon hine ðærto, mid hearde bendum, and hine eft swunegon longlice mid swipum, and he symle clypode, betweox þam swincglum, mid soþan ileafan, to Hælende Criste; and þa hæþene þa, for his ileafe, wurdon þa swyðe yrre, forþam ðe he clypode Crist him to fultume: heo scyLæn þa mid gauelocum him togeanea, oððet he all wæs bisæt mid heoræ scotungum, swylce yles burstæ, swa swa Sebastianus wæs. Da iseah Hinguar, þe arleaso flotmon, þæt þe æðcle kyng nolde Criste wiðsacen, ac mid andræde ileafo hine æfre clypode, hæt hine þa bihæfdian, and þa hæþenan swa dyden. Betweox þam þe he clypode to Criste þa-gyt, þa tugon þa hæþene þone halgan to slæge, and, mid ane swenege, slogon him of þæt hæfod, and sawlæ siðode isælig to Criste. Þær wæs sum mon gehende ihealdon, þurh Gode behydd þam hæþenum, þe ðis iherde all, and hit eft æsde, swa swa we sæcgæð hit her. Hwæt þa, ðe flothere ferde þa eft to scipe, and behyddon þæt heafod þæs halgan Eadmundes on þam ðiccum bremlum, þæt hit biburiged ne wurðe. Þa æfter fyrste, syððan heo ifarene wæron, com þæt lond-folc to, þe þær to lafe þa wæs, þær heoræ lafordes lic buton heafde þa læg, and wurdon swiðe sarig for his slægie on mode, and bure þæt heo næfdon þæt heafod to þam bodige. Þa sæde ðe sceawere, þe hit ær iseab, þæt þa flotmen hæfdon þæt heafod mid heom, and wæs him

HOMILY IN NATALE S. EADMUNDI. 123

iþuht, swa swa hit wæs ful soð, þæt heo hydden þæt heofod on þam holte. For-hwæga heo eoden þa endemes alle to þam wude, sæcende gehwær, geond þyfclas and brymelas, gif heo mihten imeten þæt heafod. Wæs eac mycel wunder þæt an wulf wæs isend, þurh Godes willunge, to biwærigenne þæt heafod, wið þa oðre deor, ofer dæg and niht. Heo eoden ða ascende and cleopigende, swa swa hit iwunelic is þæt ða þe on wude gaþ oft: "Hwær eart þu nu, gerefa?ᵃ" And him andswyrde þæt heafod: "Her, her, her." And swa ilome clypode andswarigende, oððet heo alle bicomen, þurh þa clypunge, him to. Þa læg þe grægæ wulf þe bewiste þæt heafod, ant mid his twam fotum hæfde þæt heafod biclypped, gredig and hungrig, and for Gode ne dyrste þæs hæfdes onburigen, ac heold hit wið deor. Ða wurdon heo ofwundroden þæs wulfes hordrædene, and þæt halige heafod ham feroden mid heom, þankende þam Almihtigan alre his wundræ. Ac þe wulf fologede forð mid þam heafde, oððet heo on tune comen, swylce he tome wære, and wende æft syþþan to wude ongean. Ða londleodan þa syððan lægdan þæt heafod to þam halige bodige, and burigdon, swa swa heo lihtlucost mihten on swylce rædinge, and cyrce arærdon on-uppon him. Eft þa on fyrste, æfter felæ geare, þa ðeo hergung aswac, and sib wearð igyfen þam iswæncte folce, þa fengon heo togadere, and wrohten ane circe wurðlice þam halgan, æt his burigene, æt þam bed-huse þær he iburiged wæs. Heo wolden þa ferian, mid folclice wurðmente, þone halgan lichame, and læcgen inne þare circean. Þa wæs mycel wundor þæt he wæs all hal, swylce he cwic wære, mid clænum lichame, and his sweoræ wæs ihaled, þe ær forslagen wæs; and wæs swulce an solcene ðred embe his sweoræn, monnum to swutelunge hu he ofslagen wæs. Eac swylce wundæ, þe ða wælreowan hæþenæn, mid ilome scotunge, on his lice

ᵃ gefera?

HOMILY IN NATALE S. EADMUNDI.

makedon, wæron ihealede, þurh ðone heofonlice God; and he liþ swa ansund oð þysne andweardne dæg, abidende æristes and þæs ecen wuldres. His lychame us cyð, þe lið unformolsnod, þæt he buton forligre her on worulde leofode, and mid clæne life to Criste siðode. Sum wydewa wunede, Oswyn ihaten, on gebedum and fæstenum, monige gear syððan. Þeo walde efsian ælce gear þone sont, and his nægles ccorfæn syferlice mid lufe, and on scryne healdon to haligdome on weofode. Þa wurðode þæt lond-folc mid ilcasien þone sont to wurðmente. Ða comen on sumne sæl unsælig þeofes eahta, on ane nihte, to þam arwurðæn halgan, and wolden stelon þa madmæs þe men ðider brohton, and cunnedon mid cræfte hu heo in-cumen mihte. Sum sloh mid slæge swyðe þa hæpsan, sum heo mid fyle feoledon abutæn, sum eac underdealf þa dure mid spade, sum heo mid læddræ wolden unlucæn þæt æh-þyrl; ac heo swuncon on ydel, and earmlice ferdon, swa þæt þe halgæ wær heom wunderlice bont, ælene swa he stod strutigende mid tolæ, þæt heora nan ne mihte þæt morþ gefremman, ne heo þeonan styrian; ac heo stoden swa oð maregen. Men þa ðæs wundredon, hu þa weargas hangedon, sum uppon læddræ, sum leat to dælfe, and ælc on his weorce wæs feste ibunden. Heo wurdon þa ibrohte to þam biscope alle, and he het heom ahon on heagum gealgum alle; ac he næs na imundig hu þe mildheorte God clypode þurh his witegan þas word þe her stondæþ: Eos qui ducuntur ad mortem eruere ne cessa, "Da þe mon læt to deaþe alys ut symle." And eac þa halgan canones ihadedon forbeodreþ, ge biscopum ge preostum, to beonne embe ðeofæs, forþan þe hit ne buræð þam ðe beoð icorene Gode to þenigenne, þæt heo þwærlæcen scylon on æniges monnes deaþe, gif heo beoð drihtines þegnæs. Eft þaða Deodræd biscop, syððan he his bec sceawode, he reowsode mid geomerunge, þæt he swa ræþne dom sette

HOMILY IN NATALE S. EADMUNDI. 125

þam unsæligum þeofum, and hit bisaregede æfre, oð his lifes ende, and þa loode bead georne þæt heo him mid fæstæn fullice ðreo dagæs, biddende þone Almihtigæn God, þæt he him arisæn sceolde.

On þam londe wæs sum mon Leofstan ihaten, rico for worulde, unwittig for Gode, þe rad to þam halgan mid ricetere swyðe, and het him æteowan orhlice swyðe þono halgæ sont, hwæðer he isund wære; ac swa raðc swa he iseah þæssontes lichame, ða awedde he sonæ, and wælreowlice grymetede, and earmlice endode yfelum deaþe. Dis is þam ilic þe halga papa Gregorius, on his isetnesse [awrat] be þam halgum Laurentium, þe lið on Rome-burig, ðæt men wolden sceawian hu he læge; ac God heom gestyrde, swa þæt ðærr swulton on ðære sceawuncge æne seofe men ætgædere, þa swiko þa oðre to sceawenne ðone martyr mid mennisce dwylde. Felæ wundræ we iherdon on folclice spæce bi þam halgan Eadmundum, þe we her nyllæð on write setten, ac heom wat gehwa. On þissum halgum is swutel, ænt on swylcum oðrum, þæt God Almihtig mæg þone mon aræran æft on domes dæge ansundne of corðan, þe þe healt Eadmundne halne lichame, oð ðone myclan dæg, þeah ðe he on moldæn come. Weorðe wære ðeo stow for þam wurðfullæn halgum, þæt hire mon wæl wurðode and wælegode mid clæne Godes þeowum to Cristes ðeowdome; forþan ðe þe halgæ is mærræ þone men magon asmean. Nis Angol bidæled Drihtnes halgene, forþam on Englæ londe liegæþ swylce halgan, swylce þes halgæ king, and Chutbertus þe eadigæ, and Æþeldryþ on Elig, and eac hire swuster, ansund on lichame, geleafæn to trumuncge. Beoð eac fela oðræ on Angel-cynne, þe fela wundræ wurcæð, swa swa hit wide is cyþ, ðam Almihtigan to lofe, þe heo on ilyfden. Crist sylf swytelæþ monnum, þurh his mæren halgan, þæt he is Ælmihtig God, þe makæþ swylce wundræ, þeah þe ða earman Iudeiscæn hine allungæ wiðsocon, forþan þe heo

beoð awarigede, swa awa heo wiscton heom sylfum. Ne
beoð nane wundræ iwrohte æt heoræ burigene, forþam þe
heo ne gelyfað on þone lyfigenden Crist; ac Crist swu-
telaþ monnum hwær þe gode ilcafæ is, þenne he swylce
wundra wurcað, þurh his halgan, wide geond þas eorðan,
þam beo wuldor and lof a mid his lleofenlice Fæder.

WILLS.

I.

† HER swytelað, on þissum gewrite, hu Ælfric bisceop
wille his are betcon, þe he under Gode geernode, and under
Cnute kyncge, his leofne laforde, and siþþan hæfð rihtlice
gehealdan under Haralde cyncge. Þet is þonne ærest ; þet
ic gefin þet land et Wilrincgawerþa into Sce Eadmunde
for minra saule, and for minæ lafordas, swa ful and swa
forð, swa he hit me to handa let. And ic gean þet land æt
Hunstancstunc bo Æstanbroke, and mid þan lande et
Holme, into Sce Eadmunde. And ic wille þet þa munccas
on Byrig sellan syxtig punda for þan lande et Ticeswelle
and et Doccyncge, and þet þerto gehyrað. And ic gean
Leofstane dæcane þet land et Grimastune, swa ful and swa
forð swa ic hit ahte. And ic gean mine cyne-laforde Ha-
ralde II. marc gol. And ic gean minre hlefdigen fin marc
gol.

And gelæste man Ægelrice fin pund, minne fat-fylre*;
and scla man mina cnihtas þa mina stiwardas witon, xxx.
punda, and fif pund into Elig, and fif pund into Holm,
and fif pund Wulfwarde muneke, minne mæge, and fif
pund Ælfrche mine sæmestre. And ic wille þet man
sella þet land et Walsingaham, swa man derast mæge, and
gelesta man þet feoh, swa ic gewissod hæbbe. And ic
wille þet man sella þet land et Fersafeld, swa man derast

* MS. minre fat sylre.

mæge, and recne man iuncere Brun ān marc gol, and mid
þan laue acytta man mſne borgaa. And ic gean Ælfwine
minan preoste et Walsingaham xxx. akera et Eggemære,
and Uui prouast habba þone ofarægtan. And ic geah
Ædwine muncke þa mylne et Græysæte, þe Ringware ahte.
And ic geah Ælfrig preoste þet land et Rygedune, þe ic
bohte to Leofwenne. And ic geah þæt myln þe Wulnoð
ahte into Sc̄e Eadmunde. And ic geah Sibribt þet land
þe ic gebohte on Mulantune. And ic geah þet ſen þe
Þurlac me sealde into Ælmham, þa preostas to ſoddan.
And ic geah into Hoxne þa preostas ān þusend-werð ſen.
And ic geah þet ſen þe Ælfric me sealde into Holme.
And ic geah þon hage binnon Norðwic, for minre saule,
and for ealra þe hit me geuðon, into Sc̄e Eadmunde.
And ic geah þan hage into Sc̄e Pætre binnon Lunden.
And ic geah iungre Brun þet healſe þusend ſen.

II.

† Ic Luſa, mid Godes giſa, Ancilla Dī, wes soecende and
smeagende, ymb mine saul-þearfe, mid Ceolnoðes ærce-
biscopes geðeahte, and ðara hioua et Cristes cirican: Willa
ic geſellan of ðem ærfe ðe me God forgeſ, and mine friond
to gefultemedan, ælce gere, LX. ambra maltes, and CL.
hlafa, L. hwite hlaſa, ð. an briðer, an ſuin, IIII. weðras,
II. wæga spices and ceses, ðem higum to Cristes circcan,
for mine saule, and minra frionda and mega, ðe me to
Gode gefultemedan ; and þet sie simle to Adsumsio Sc̄æ
Marie, ymb XII. monað end: sue eihwelc mon swe þis
lond hebbe, minra ærbenumena, ðis ageſe, and mittan
fulne huniges X. ...oes, XX. hen-fuglas.

† Ic Ceolnoð, mid Godes gefe, Ercebiac̄, mid Cristes rode-
tacne ðis ſestne and write
ħ cxx. elmes hlafes.
Beagmund pr̄. geðaſie and midwrite.

Brornfrið pr̃. geðaſte and midwrite.
Wealhhere pr̃. Swiðberht diac̃.
Osmund pr̃. Beornbeah diac̃.
Deimund pr̃. Æðelmund diac̃.
Æðelwald diac̃. Wighelm diac̃.
Werbald diac̃. Lubo.
Sifred diac̃.

† Ic Luba, caðmod Godes ðiwen, ðas foro-cwedenan gód and ðas clmessan gesette and gefeſtnie ob minem erfelande et Mundlingham ðem hiiue to Criſtes cirican; and ic bidde, and an Godes libgendes naman bebiade, ðæm men ðe ðis land and ðis erbe hebbe et Mundlingham, ðet he ðas gód forðlente oð wiaralde ende. Se man ſc ðis healdan wille, and leſtan ðet ic beboden hebbe an ðisem gewrite, ſe him geſeald and gehealden ſia hiabenlice bledſung; ſe his ferwerne oððe hit agele, ſc him ſcald and gehealden helle-wite, bute he to fulre bote gecerran wille, Gode and mannum. Uene ualete.

FROM THE GOSPELS.

MARK, CHAPTER I.

In the Northumbrian Dialect from the Durham MS.*

¹₂ GODSPELLES fruma, Hælendes Crist, Godes Suna, suæ awritten is in Esaia ðone witgo, Heonu *ic asende* mín engel befora onsione ðín, ſcðe foregearwas weg ðín. ³ Cliopendes ſtefn in *ðam* woesten, Gearuas Drihtnes woeg; ⁴ doeð [wyrcas] rehta his ſtigo [geongas]. Iohannes

---

* In the Northumbrian Gloss, the words between brackets are various renderings of the Latin; those in italics are wanting in the Gloss, but are here ſupplied, in order to complete the ſense.

MARK, Chap. I.

wæs in woesten; *and* gefulwade and bodade hreownisses
fulwiht, on synna forgefnisse. And to him foerde all [3]
Iudæa lond, and alle ða Hierusolomisco-waras, and weo-
ron from him gefulwad in Iordanes stream, hiora synno
ondetende. And Iohannes wæs gegerelad mið camelles [6]
hérum, and fellera gyrdils *wæs* ymb his sfdo, and lo-
peatro and wudu-hunig *he* wæs brucende [he gebréc];
and *he* bodade, cuoeðende, Strongre cymes [cuom] æfter [7]
mec. his [ðæs] nam ic wyrðe fore-hlutende undoa his
scoe-ðuongas. Ic fulwade iwih mið wætre, he uutodlice [8]
iwih gefulwas mið Hálig Gást. And *hyt* wæs aworden [9]
in ðæm dagum *ðæt* se Hælend cuom from Nazareth ðær
byrig, and wæs gefulwad in Iordanem from Iohanne.
And sóna of ðæm wætre *he* astág, and gesæh untynde [10]
heofnas, and Gaast swelce culfre ofstigende and ón him
wunigende: and stefn wæs of heofnum geworden, Ðu [11]
arð mín leof Sunu, on ðec ic wel lícade. And sóna ðe [12]
gást hine ón woesten dráf. And feoertig daga and [13]
feoertig næhta he wæs from ðæm wiðerwearde acunnad,
and *he* mið wild-deorum wæs, and him englas gebérdon.
Efter ðon [ða] Iohannes gesald wæs, cuom se Hælend in [14]
Galilea, and Godes ríces godspell bodade, and cuoeðende, [15]
Forðon tíd is gefylled, and Godes ríc to-geneolecde;
hreowiges, and gelefes to ðæm godspell. And færende [16]
æt Galilæs sǽ, *he* gesæh ðone Simon, and Andreas his
broðor, hiora nnetta in ða sǽ séndende; forðon *hia* we-
ron fisceras. And him cuoeð se Hælend, Cymað æfter [17]
mec, and ic gedo iuih þæt ge sie monna fisceras. And [18]
hi hreonlice, forletnum nettum, weron him fylgendo.
And ðóna *he* lytel huon foerde, and gesæh Iacob Zebe- [19]
dies sunu, and ðone Iohannem his broðer ; and ða ilco
[hia] in *hiora* scip gesetton ða netto. And *he* hia sóna [20]
geceigde, and mið ðy *hia hiora* fæder Zebedeum for-
leorton mið ðæm celmert-monnum, *and* hine [him] fyl-

K

MARK, Chap. I.

21 gedon, and in-foerdon Capharnaum ða burug, and sóna
22 to somnung incode [foerdo] and lǽrde hia. And hia
swigdon [styldon] ofer his lár; forðon he wæs his lǽ-
23 rende swælce he mæht hæfde, and ne suæ uðuta. And
in hiora somnung wæs sum monn in unclæno gǽst, and
24 he of-cliopade, Cuoeðende, Huæt us and ðe, ðu Hælend
ðe Nazaro? Cwome ðu losige [to losane] usig? Ic
25 wát ðæt ðu arð Godes Haligu. And bebead hine se Hæ-
26 lend cwoeðende, Suiga ðu, and gaa of ðæm menn. And
se unclænæ gæst hine bidtende, and micla [mið miclo]
27 stefne of-clioppende, from him of-eode. And alle wun-
drande weron, ðus ðætte his gefregnodon betuih him
cuoeðende, Huæt is ðis? Huælc is ðius niue lar, forðon
[ðætte] he in mæht unclænum gastum batna, and hia
28 eðmodigað him? And hraðe foerde [gesprang] his
29 mersung [merða] in all Galilea lond. And recene of
somnunge hia foerdon, and cuomon in Symones and An-
30 dreas hus, mið Iacob and Iohanne. Ða wæs Symones
awer gelegen fobriende, and hia him sona of ðær cuedon.
31 And geneolecde, and ða ilca ahóf, and mið ðy hire hond
gegrippen wæs, reconlice forloort his hal from februm;
32 and hio geembehlade him. Uutedlice ðu efern gewarð,
mið ðy sunna to sett eade, hia geferedon [gebrohton]
33 to him alle yfel hæbbende and diowbla hæbbende. And
alle ða burgwaras wæron gesomnad to ðære duru [to
34 gæt]. And he lecnade [gemde] monigo ða ðe missen-
licum adlum geswoenced woeron; and menigo dioblas he
ut-fordraf; and his ne lefde to sprecanne, forðon hia
35 hine wiston. And suiðe on æring aras, and foerde ðona,
and code on woestigum stouo [styd] and ðer gebæd.
36 And him wæs fylgend Simon, and ða ðe mið hine woeron.
37 And mið ðy hia hine onfundon hia cuedon him, Forðon
38 alle ðec soecnð. And he cuocð to him, Ga we [wutum
geonga] in ða necsto lond, and ða ceastre, pæt ec ðer ic

bodige, forðon to ðis ic cwom. And he wæs bodande ⁴⁰
in hiora somnungum, and alle Galileæ, and dioblcs wor-
pend. And to him cwom *sum* licðrower, and hine bæd ⁴⁰
[giornede], and mið cnew-beging cuoeð, Gyf ðu wilt,
ðu mæht geclænsiga meh. Ða wæs se Hælend his mil- ⁴¹
sando, *and* his hond gerahto, and hine hrinando, to him
cueð, Ic willo ðe geclænsiga. And mið ðy *he* gocueð, ⁴²
sona ðiu riofol from him foerde, and *he* wæs geclænsod.
And sona *he* bebead him, and cuoeð to him, Gesih ðu ⁴³
ðæt ðu *hit* nænigum menn coeðe, ah gaa adcaw ðec ðæm
sacerda aldor, and gef fore ðin clænsunge ða ðe Moises
heht, him in cyðnisse. Soð he foerde *and* ongann bo- ⁴⁵
diga and mersiga ðæt word; ðus ðæt uutedlice *he* ne
mæhte ewunga in ða ceastre ingeonga, ah he wæs uta in
woestigum stowum; and *his* eghuona to him gesom-
nadon.

THE BATTLE OF MALDON,

AND

DEATH OF THE EALDORMAN BYRHTNOTH.

A FRAGMENT.

* * * brocen wurde.
Het þa hyssa hwæne
hors forlætan,
feor afysan,
and forðgangan,
hicgan to hondum,
and * * * hige godum.
* * * þæt Offan mæg

ærest onfunde,
þæt se eorl nolde
yrmðo gepolian:
ho let him þa of handon
loofre fleogan,
hafoc wið þæs holtes,
and to þære hilde stóp;
be þam man mihte oncnawan

THE BATTLE OF MALDON.

þæt se cniht nolde
wacian æt þam wige,
þa he to wæpnum feng.
Eac him wolde Eadric
his ealdre gelæstan
frean to gefeohte;
ongan þa forðberan
gar to guþe:
he hæfde God geþanc,
þa hwile he mid handum
healdan mihto
bord and brād swurd;
beot he gelæste,
þa he ætforan his frean
feohtan sceolde.
Ða þær Byrhtnoð ongan
beornas trymian,
rād and rædde,
rincum tæhte
hu hi sceoldon standan,
and þone stede healdan,
and bæd þæt hyra randan
rihte heoldon
fæste mid folmum,
and ne forhtedon na.
Ða he hæfde þæt folc
fægre getrymmed,
he lihte þa mid leodon,
þær him leofost wæs,
þær he his heorð-werod
holdost wiste.
Ða stód on stæðo,
stiðlice clypode,
wicinga ár,

wordum mælde,
se on beot abead
brim-liþendra
ærende to þam eorle,
þær he on ofre stód:
Me sēndon to ðe
sǣmen snelle;
heton ðe secgan,
þæt þu most sendan raðe
beagas wið gebeorge;
and eow betere is
þæt ge þisne gar-ræs
mid gafole forgyldon,
þonne we swa hearde
hilde dǣlon.
Ne þurfe we us spillan:
gif ge spedað to þam,
we willað wið þam golde
grið fæstnian.
Gyf þu þæt gerædest,
þe her rīcost eart,
þæt þu þīne leoda
lysan wille,
syllan sǣ-mannum,
on hyra sylfra dóm,
feoh wið freode,
and nīman frið æt us,
we willað mid þam sceattum
us to scype gangan,
on flót feran,
and eow friþes healdan.
Byrhtnoð maþelode,
bord hafenode,
wand wācne æsc,

wordum mælde,
yrre and anræd,
ageaf him andsware:
Gehyrst þu, sæ-lida,
hwæt þis folc segeð,
hi willað eow to gafole
garas syllan,
ættrynne ord,
and ealde swurd,
þa heregeatu þe eow
æt hilde ne deah.
Brim-manna boda,
abeod eft ongean,
sege þinum leodum
miccle laþre spell,
þæt her stynt unforcuð
eorl mid his werode,
þe wile gealgian
eþel þysne,
Æþelrædes eard,
ealdres mines,
folc and foldan:
feallan sceolon
hæþene æt hilde.
To heanlic me þinceð
þæt ge mid urum sceattum
to scype gangon
unbefohtene;
nu ge þus feor hider
on urne earde
in-becomon,
ne sceole ge swa softe
sinc gegangan;
us sceal ord and ecg

ær geseman,
grim guð-plega,
ær we gofol syllon.
Het þa bord beran,
beornas gangan,
þæt hi on þam ea-steðe
ealle stodon.
Ne mihte þær for wætere
werod to þam oðrum,
þær com flowende
flod æfter ebban,
lucon lagu-streamas;
to lang hit him þuhte,
hwænne hi togædere
garas beron.
Hi þær Pantan stream
mid prasse bestodon,
East-Seaxena ord,
and se æsc-here;
ne mihte hyra ænig
oþrum derian,
buton hwá þurh flánes flyht
fyl genäme.
Se flod ut gewát;
þa flotan stodon gearowe,
wicinga fela,
wiges georne.
Het þa bealeþa hleo
healdan þa bricge
wigan wigheardne,
se wæs haten Wulfstán,
cafne mid his cynne,
þæt wæs Ceolan sunu,
þe þone forman man

mid his francan ofsceat,
þe þær baldlicost
on þa bricge stóp.
Þær stodon mid Wulfstáne
wigan unforhte,
Ælfere and Maccus,
módige twégen;
þa noldon æt þam forde
fleam gewyrcan,
ac hi fæstlice
wið þa fynd weredon,
þa hwíle þe hi wæpna
wealdan moston.
Þa hi þæt ongeaton,
and georne gesawon,
þæt hi þa bricg-weardas
bitere fundon;
ongunnon lytegian þa
laðe gystas;
bædon þæt hi úp-gangan
agan moston,
ofer þone ford faran,
feþan lædan.
Ða se eorl ongan,
for his ofermóde,
alyfan landes to fela
laþero ðeode.
Ongean ceallian þa,
ofer cald wæter,
Byrhthelmes bearn,
beornas gehlyston:
Nu eow is gerymed,
gað riceno to us,
guman to guþe;

God ána wát,
hwá þære wæl-stowe
wealdan mote.
Wodon þa wæl-wulfas,
for wætere ne murnon,
wicinga werod,
west ofer Pantan,
ofer scír wæter
scyldas wægon,
lidmen to lande
linde bæron.
Þær ongean grámum
gearowe stodon
Byrhtnoð mid beornum;
he mid bordum het
wyrcan þone wi-hagan,
and þæt werod healdan
fæste wið feondum.
Þa wæs fohte neh
tir æt getohte;
wæs seo tíd cumen
þæt þær fæge men
feallan sceoldon.
Þa wearð hream aháfen,
hremmas wundon,
earn æses georn,
wæs on eorþan cyrm.
Hi leton þa of folman
feol-hearde speru,
gegrundene
garas flugon,
bogan wæron bysige,
bord ord onfeng,
biter wæs se beadu-ræs,

THE BATTLE OF MALDON.

beornas feollon,
on gehwæðere hand
hyssas lagon;
wund wearð Wulfmær,
wæl-reste geceas,
Byrhtnoðes mæg,
he mid billum wearð,
his swuster sunu,
swiðe forheawen;
þær wearð wicingum
wiþerlean agifen:
gehyrde ic ðæt Eadweard
ánne sloge
swiþe mid his swurde,
swenges ne wyrnde,
þæt him æt fótum feoll
fæge cempa;
þæs him his þeoden
þanc gesæde,
þam byrþene*,
þa[b] he byre hæfde.
Swa stemnetton
stið-hugende
hyssas æt hilde,
hogodon georne
hwá þær mid orde
ærost mihte
on fægean men
feorh gewinnan,
wigan mid wæpnum:
wæl feol on eorðan;
stodon stæde fæste,
stihte hi Byrhtnoð,

* búr-þene?

bæd þæt hyssa gehwylc
hogode to wige,
þe on Denum wolde
dóm gefeohtan.
Wód þa wiges heard,
wæpen úp-ahóf,
bord to gebeorge,
and wið þæs beornes stóp;
eode swa ánræd
eorl to þam ceorle,
ægþer hyra oðrum
yfles hogode.
Sende þa se sǽ-rinc
superne gar,
þa gewundod wearð
wigena hlaford;
he sceaf þa mid þam scylde,
þæt se sceaft tobærst,
and þæl spere sprengde,
þæt hit sprang ongean;
gegremod wearð se guð-rinc.
he mid gare stang
wlancne wicing,
þe him þa wunde forgeaf.
Frod wæs se fyrd-rinc,
he let his francan wadan
purh þæs hysses hals;
hand wisode
þæt he on þam fær-sceaðan
feorh geræhte;
ða he oþerne
ofstlice sceat,
þæt seo byrne tobærst,

* þæt?

he wæs on breostum wund
þurh þa hring-locan;
him æt heortan stód
ætterne ord.
Se eorl wæs þe bliþra,
hloh þa modi man,
sæde Metode þanc
ðæs dæg-weorces,
þe him Drihten forgeaf.
Forlet þa drenga sum
daroð of handa,
fleogan of folman,
þæt se to forð-gewát
þurh þone æþelan
Æþelrædes þegen.
Him be healfe stód
hyse únweaxen,
cniht on gecampe,
se full caflice
bræd of ðæm beorne
blodigne gar,
Wulfstanes bearn,
Wulfmær se geonga;
forlet for-heardne
faran eft ongean;
ord in-gewód,
þæt se on eorþan læg,
þe his þeoden ǽr
þearle geræhte.
Eode þa gesyrwed
secg to þam eorle,
he wolde þæs beornes
beagas gefecgan,
reaf and hringas,
and gerenod swurd.
Ða Byrhtnoð bræd
bill of sceðe,
brád and brún-ecg,
and on þa byrnan sloh:
raþe hine gelette
lidmanna sum,
þa he þæs eorles
earm amyrde;
feoll þa to foldan
fcalo-hilte swurd,
ne mihte he gehealdan
heardne mece,
wæpnes wealdan.
Þa-gyt þæt word gecwæð
hár hilde-rinc,
hyssas bylde
bæd gangan forð,
góde gaféran:
ne mihte þa on fótum leng
fæste gestandan;
he to heofenum wlát:
Geþance þe ðeoda Waldend,
ealra þæra wynna
þe ic on worulde gebád:
nu ic ah, milde Meotod,
mæste þearfe,
þæt þu mínum gaste
gódes geunne,
þæt mín sawul to þe
siðian mote,
on þín geweald,
Þeoden engla,
mid friðe ferian;

THE BATTLE OF MALDON.

ic eom frymdi to þe,
þæt hi* hel-sceapan
hynan ne moton.
Ða hine heowon
hæðene scealcas,
and begen þa beornas
þe him bigstodon,
Ælfnoð and Wulmær begen
lagon ða on-emn
hyra frean,
feorh gesealdon.
Hi bugon þa fram beaduwe
þe þær beon noldon;
þær wurdon Oddan bearn
ærest on fleame,
Godric fram guþe,
and þone gódan forlet,
þe him mænigne oft
mear gesealde;
he gehleóp þone eoh,
þe ahte his hlaford,
on þam gerædum
þe hit riht ne wæs,
and his broðru mid him,
begen ærdon,
Godrinc and Godrig,
guþe ne gymdon,
ac wendon fram þam wige,
and þone wudu sohton,
flugon on þæt fæsten,
and hyra feore burgon,
and manna má
þonne hit ænig mæð wære,

gyf hi þa gearnunga
ealle gemundon,
þe he him to duguþe
gedón hæfde;
swa him Offa on dæg
ǽr asæde,
on þam meþel-stede,
þa he gemót hæfde,
þæt þær módlice
manega spræcon,
þe eft æt þære [hilde]
polian noldon.
Ða wearð afeallen
þæs folces ealdor,
Æþelrædes eorl;
ealle gesawon
heorð-geneatas
þæt hyra heorra læg.
Þa ðær wendon forð
wlance þegenas,
unearge men,
efston georne,
hi woldon þa ealle
oðer twega,
lff forlætan,
oððe leofne gewrecan:
swa hi bylde forð
bearn Ælfrices,
wiga wintrum geong,
wordum mælde:
Ælfwine, þa cwæð he,
on ellen-spræc gemuna
þa mæla þe we oft

* The *hi* in this line is very questionable.

138   THE BATTLE OF MALDON.

æt meodo spræcon,
þonne we on bence
beot ahófon,
hæleð on healle,
ymbe heard gewinn ;
nu mæg cunnian
hwá céne sy ;
ic wylle míne æþelo
eallum gecyþan,
þæt ic wæs on Myrcon
miccles cynnes,
wæs mín calda fæder
Ealhelm haten,
wís ealdorman,
woruld-gesælig.
Ne sceolon me on þære þeode
þegenas ætwítan,
þæt ic of þisse fyrde
féran wille,
eard gesecan,
.nu mín ealdor ligeð
forheawen æt hilde,
me is þæt hearma mæst ;
he wæs ægðer mín mæg
and mín hlaford.
Ða he forð-eode,
fæhðe gemunde,
þæt he mid orde
ánne geræhte
flótan on þam folce,
þæt se on foldan læg
forwegen mid his wæpne.
Ongan þa wínas mánian,
frynd and geferan,

þæt hi forð-eodon.
Offa gemælde,
æsc-holt asceoc :
Hwæt þu, Ælfwine, hafast
ealle gemánode,
þegenas to þearfe :
nu ure þeoden lið,
eorl on eorðan,
us is eallum þearf,
þæt ure æghwylc
oþerne bylde
wigan to wige,
þa hwile þe he wæpen mæge
habban and healdan,
heardne mece,
gar and gód swurd.
Us Godric hæfð,
earh Oddan bearn,
ealle beswicene :
wende þæs for-moni man,
þa he on meare rád,
on wlancan þam wicge,
þæt wære hit ure hlaford ;
forþan wearð her on felda
folc totwæmed,
scyld-burh tobrocen.
Abreoðe his angin,
þæt he her swa manigne
man aflymde.
Leofsunu gemælde,
and his linde ahóf,
bord to gebeorge,
he þam beorne oncwæð :
Ic þæt geháte,

THE BATTLE OF MALDON.

þæt ic heonon nelle
fleón fótes trym,
ac wille furðor gán,
wrecan on gewinne
mínne wine-drihten.
Ne þurfon me embe Sturmere
atede-fæste hæleð
wordum ætwítan,
nu mfu wíne gecranc,
þæt ic hlafordleas
hám síðie,
wende fram wige;
ac me aceal wæpen níman,
ord and íren.
He ful yrre wód,
feaht fæstlice,
fleam he forhógode.
Dunnere þa cwæð,
daroð acwehte,
unorne ceorl,
ofer eall clypode,
bæd þæt beorna gehwylc
Byrhtnoð wræce:
Ne mæg na wandian
se þe wrecan þenceð
frean on folce,
ne for feore murnan.
Þa hi forð-eodon,
feores hi ne rohton.
Ongunnon þa hired-men
heardlice feohtan,
grâme gar-berend,

and God bædon
þæt hi moston gewrecan
hyra wyne-drihten,
and on hyra feondum
fyl gewyrcan.
Him se gysel[a] ongan
geornlice fylstan;
He wæs on Norð-hymbron
heardes cynnes,
Ecglafes bearn,
him wæs Æscferð náma;
he ne wandode na
æt þam wig-plegan,
ac he fysde forð
flán genehe;
hwílon he on bord sceat,
hwílon beorn tæsde;
æfre embe stunde he scealde
sume wunde,
þa hwíle ðe he wæpna
wealdan moste.
Ða-gyt on orde stód
Eadweard se langa,
gearo and geornful;
gylp-wordum spræc,
þæt he nolde fleogan
fót-mæl landes,
foer-bæc bugan,
þa his betera leg:
he bræc þone bord-weall,
and wið þa beornas feaht,
oðþæt he his sinc-gyfan

[a] The story of the *gysel* (hostage) was no doubt contained in the part of the poem now lost.

on þam sǽmannum
wurðlice wrec,
ǽr he on wæle læge.
Swa dyde Æþeric,
æþele gefera,
fús and forðgeorn,
feaht eornoste,
Sibyrhtes broðor,
and swiðe mænig oþer,
clufon cellod bord,
céne hi weredon,
bærst bordes lærig,
and seo byrne sang
gryre leoða sum.
Þa æt guðe sloh
Offa þone sǽ-lidan,
þæt he on eorþan feoll,
and þær Gaddes mæg
grund gesohte;
raðe wearð æt hilde
Offa forheawen;
he hæfde þeah geforþod
þæt he his frean gehet,
swa he beotode ǽr
wið his beah-gifan,
þæt hi sceoldon begen
on burh rídan,
hále to háme,
oððe on here cringan,
on wæl-stowe
wundum sweltan.
He læg ðegenlice
ðeodne gehende.
Ða wearð borda gebræc;

brim-men wódon,
guðe gegremode,
gar oft þurh-wód
fæges feorh-húa.
Forð ða eode Wistan,
Þurstanes sunu,
wið þas secgas feaht;
he wæs on geþrang
hyra þreora bána,
ǽr him Wigelines bearn
on þam wæle læge.
Þær wæs stið gemót;
stodon fæste
wigan on gewinne,
wigend cruncon,
wundum werige;
wæl feol on eorþan.
Oswold and Ealdwold,
ealle hwile,
begen gebroþru,
beornas trymedon,
hyra wine-magas
wordon bædon,
þæt he þær æt ðearfe
þolian sceoldon,
unwáclice
wæpna neotan.
Byrhtwold maþelode,
bord hafenode,
se wæs eald geneat,
æsc acwehte,
he ful baldlice
beornas lǽrde :
Hige sceal þe heardra,

JUDITH.

heorte þe cénre,
mód sceal þe máre,
þe ure mægen lytlaõ:
her lið ure ealdor
ealle forheawen,
gód on greote;
á mæg gnornian,
se ðe nu fram þis wig-plegan
wendan þenceð.
Ic eom fród feores,
fram ic ne wille,
ac ic me be healfe
mínum hlaforde,
be swa leofan men,

licgan þence.
Swa hi Æþelgares bearn
ealle bylde,
Godric to guþe,
oft he gar forlet,
wæl-spere windan,
on þa wicingas:
swa he on þam folce
fyrmest eode,
heow and bynde,
oðþæt he on hilde gecranc.
Næs þæt na se Godric
þe ða guðe forbeah,
* * * * *

JUDITH.

A FRAGMENT.

* * * tweode gifena,
in ðys ginnan grunde;
heo þær þa gearwe funde
mund-byrd æt þam méran
  þeodne,
þa heo ahte mæste þearfe
hyldo þæs hehstan Déman,
þæt he hie wið þæs behstan
  brogan
gefriðode, frymða Waldend;
hyre þæs Fæder on roderum
torhtmód tíðe gefremede,
þe heo ahte trumne geleafan
á to þam Ælmihtigan.
Gefrægen ic þa Holofernus

wín hatan wyrcean georne,
and eallum wundrum þrymlic
girwan up swæsendo;
to ðam het se gumena baldor
ealle þa yldestan ðegnas,
hie ðæt ofstum miclum
ræfndon rond-wiggende;
comon to ðam rícan þeodne,
feran folces ræswan.
Þæt wæs þy feorþan dogore
þæs þe Iudið hyne,
gleaw on geþonce,
ides ælf-scínu,
ærest gesohte.

X.

Hie ða to ðam symle
sittan eodon,
wlance to wín-gedrince,
calle his wea-gesiðas,
bealde byrn-wiggende.
Þær wæron bollan steape
boren æfter bencum gelome,
swylce eac bunan and orcas
fulle flet-sittendum;
hie þæt fæge þegon,
rófe rond-wiggende,
þeah ðæs se rica ne wende,
egesful eorla dryhten.
Da wearð Holofernus,
gold-wino gumena,
on gyste-salum*;
hloh and hlydde,
hlynede and dynede,
þæt mihten fira bearn
feorran gehýran,
hu se stiðmóda
styrmde and gylede;
módig and medu-gal
mánode geneahhe
benc-sittende,
þæt hi gobærdon wel.
Swa se inwidda
ofer ealne dæg,
dryht-guman sine
drencte mid wíne,
swiðmód sinces brytta,
oðþæt hie on swiman lagon,

ofer-drencte his duguðe ealle,
swylce hie wæron deaðe ge-
 slegene,
agótene góda gehwylces.
Swa het se gumena aldor
fylgan flet-sittendum,
oðþæt fira bearnum
nealæhte niht seo þystre.
Het ða niða geblonden
þa eadigan mægð,
ofstum fetigan
to his bed-reste,
beagum gehlæste,
hringum gehródene.
Hie braðe fromedon
anbyht-scealcas,
swa him heora ealdor be-
 bead,
byrn-wigena brego:
bearhtme stopon
to þam gyst-erne,
þær hi Iudithðe
fundon ferhð-gleawe,
and þa fromlice
lind-wiggende
lædan ongunnon
þa torhtan mægð
to træfe þam hean,
þær se rica hyne
reste on symbel
nihtes inne,
Nergende lað,
Holofernus.

* MS. gyte salum.

JUDITH.

Þær wæs eall gylden
fleoh-net fæger,
and ymbe þæs folc-togan,
bed ahongen,
þæt se bealofulla
mihte wlitan ðurh,
wigena baldor,
on æghwylcne,
þe ðær-inne com,
hæleða bearna,
and on hyne nænig
monna cynnes,
nymðe se modiga hwæne
niðe-rofra
him þe near het,
rinca to rune gegangan.
Hie ða on reste gebrohton
snude þa snoteran idese;
eodon ða sterced-ferhðe hæ-
leð,
heora hearran cyðan,
þæt wæs seo halige meowle
gebroht on his bur-getelde.
Ða wearð se brema on móde
bliðe, burga ealdor,
þohte ða beorhtan idese
mid widle and mid womme
besmitan;
ne wolde þæt wuldres Déma
geðafian, ðrymmes Hyrde,
ac he him þæs ðinges ge-
styrde,
Dryhten, dugeða Waldend.
Gewát ða se deofulcunda,

galferhð gumena ðreate,
bealofull his beddes neosan,
þær he sceolde his blæd for-
leosan,
ædre binnan ánre nihte,
hæfde þa his ende gebidenne,
on eorðan unswæslicne,
swylcne he ær æfter worhte,
þearlmod ðeoden gumena,
þenden he on ðysse worulde
wunode under wolcna hrófe.
Gefeol þa wíne swa druncen
se ríca on his reste middan,
swa he nyste ræda nánne
on gewit-locan:
wiggend stopon
út of ðam inne
ofstum miclum,
wares wín-sade,
þe ðone wærlogan,
laðne leod-hatan,
læddon to bedde,
nehstan siðe.
Þa wæs Nergendes
þeowen þrymful,
þearle gemyndig
hu heo þone atolan
eaðost mihte
ealdre benæman,
ær se unsyfra
womfull onwóce.
Genam ða wunden-locc,
Scyppendes mægð,
scearpne mece,

JUDITH.

scurum heardne,
and of sceaðe abræd
swiðran folme:
ongan ða swegles Weard,
be náman nemnan,
Nergend ealra
woruld-buendra,
and þæt word acwæð:
Ic ðe, frymða God,
and frofre Gæst,
Bearn Alwaldan,
biddan wille
miltse þínre
me þearfendre,
Drynesse Drym;
þearle ys me nuða,
heorte* onhæted,
and hige geomor swyðe
mid sorgum gedrefed;
forgif me, swegles Ealdor,
sigor and sóðne geleafan,
þæt ic mid þys sweorde mote
geheawan þysne morðres
    bryttan;
geunne me mínra gesynta,
þearlmód Þeoden gumena:
nahte ic þínre næfre
miltse þon máran þearfe:
gewrec nu, mihtig Dryhten,
torhtmod tires Brytta,
þæt me ys pustorne on móde,
háte on breðre mínum.
Hi þa se hehsta Déma

ædre mid elne onbryrde,
swa he deð ánra gehwylcne
her buendra þe hyne
him to helpe seceð
mid ræde and mid rihte ge-
    leafan.
Þa wearð hyre rúme on
    móde,
haligre hyht geniwod;
genám þa þone hæðenan
    mannan
fæste be feaxe sínum,
teah hyne folmum,
wið hyre weard bysmerlice,
and þone bealofullan
listum alede,
laðne mannan,
swa heo ðæs unlædan
eaðost mihte
wel gewealdan.
Sloh ða wunden-locc
þone feond-sceaðan
fagum mece,
hete þoncolne,
þæt heo healfne forcearf
þone sweoran him,
þæt he on swiman læg,
druncen and dolh-wund:
næs ða dead þa gyt,
ealles orsawle;
sloh ða eornoste
ides ellen-róf,
oþre siðe,

* In MS. ys is repeated after þearle.

JUDITH.

þone hæðenan hund,
þæt him þæt heafod wand
forð on ða flóre.
Læg se fula leap,
geane beæftan,
gæst ellor hwearf,
under neowelnæs,
and þær genyðorad wæs,
susle gesæled,
syððan æfre,
wyrmum bewunden,
wítum gebunden,
hearde gehæfted,
in helle bryne,
æfter hin-siðe ;
ne ðearf he hopian nó,
þystrum forðylmed,
þæt he ðonan mote,
of ðam wyrm-sele,
ac ðær wunian sceal,
áwa to aldre,
butan ende forð,
in ðam heolstran húm,
hyht-wynna leas.

XI.

Hæfde ða gefohten,
fore-mærne blæd,
Iudith æt guðe,
swa hyre God uðe,
swegles Ealdor,
þe hyre sigores onleah.
Ða seo snotere mægð

snude gebrohte
þæs herewæðan
heafod swa blódig,
on ðam fætelse,
þe hyre foregenga,
blác-hleor ides,
hyra begea nest
þeawum geðungen,
þyder onlædde,
and hit ða swa heolfrig
hyre on hond ageaf,
hige ðoncolre,
húm to berenne,
Iudith gingran sfnre.
Eodon ða gegnum þanonne
þa idesa bú,
ellen-þriste,
oðþæt hie becomon,
collen-ferhðe,
ead-hreðige mægð,
út of ðam herige,
þæt hie sweotollice
geseón mihton
þære wlitegan byrig
weallas blican,
Bethuliam.
Hie ða beah-hrodene
feðe-laste
forð onettan,
oð hie glæd-mode
gegán hæfdon
to ðam weal-gate.
Wiggend sæton,
weras wæccende

L

JUDITH.

wearde heoldon ᵃ
in ðam fæstenne,
swa ðam folce ǽr
geomor-módum
Iudithe bebead,
searo-ðoncol mægð,
þa heo on sið gewát,
ides ellen-róf.
Wæs ða eft cumen
leof to leodum,
and ða lungre het
gleaw-hydig wíf,
gumena sumne,
of ðære ginnan byrig,
hyre togeanes gán,
and hi ofostlice
in-forlætan ᵇ
ðurh ðæs wealles geat,
and þæt word acwæð
to ðam sige-folce:
Ic eow secgan mæg
þoncwyrðe þing,
þæt ge ne þyrfen leng
murnan on móde:
eow ys Metod bliðe,
cyninga Wuldor,
þæt gecyðed wearð,
geond woruld wíde,
þæt eow ys wuldor-blǽd
torhtlic toweard,
and tir gifeðe
ðara læðða
ðe ge lange drugon.

ᵃ MS. heo ildon.

Þa wurdon bliðe
burh-sittende,
syððan hi gehyrdon
hu seo halige spræc
ofer heanne weall.
Here wæs on lustum;
wið þæs fæsten-geatos
folc onette,
weras wíf somod,
wornum and heapum,
ðreatum and ðrymmum,
þrungon and urnon
ongean þa ðeodnes mægð
þusendmælum,
ealde ge geonge;
æghwylcum wearð
men on ðære medo-byrig
mód aroted,
syððan hie ongeaton
þæt wæs Iudith cumen
eft to eðle,
and ða ofostlice
hie mid eaðmedum
in-forleton.
Þa seo gleawe het,
golde gefrætewod,
hyre ðinenne,
þancol-móde,
þæs here-wæðan
heafod onwriðan,
and hyt to beheðe
blódig ætywan
þam burh-leodum,

ᵇ MS. forlæton.

JUDITH.

hu hyre æt beaduwe gespeow.
Spræc ða sco æðele
to eallum þam folce:
Her ge magon sweotole,
sige-rófe hæleð,
leoda ræswan,
on ðæs láðestan
hæðenes heaðo-rinces
heafod starian*,
Holofernus
unlyfigendes,
þe us monna mæst
morðra gefremede,
sárra sorga,
and swyðor gyt
ycan wolde,
ac him ne uðe God
lengran lífes,
þæt he mid læððum
us eglan moste.
Ic him ealdor oðþrong
þurh Godes fultum.
Nu ic gumena gehwæne
þyses burg-leoda
biddan wylle,
rand-wiggendra,
þæt ge recene eow
fysan to gefeohte;
syððan frymða God,
ærfæst Cyning,
eastan sende
leohtne leoman,
berað linde forð,
bord for breostum,
and byrn-homas,
scíre helmas,
in sceaðena gemong,
fyllan folc-togan
fagum sweordum,
fæge frumgaras:
fynd syndon eowere
gedémed to deaðe,
and ge dóm agon,
tir æt tohtan,
swa eow getácnod hafað
mihtig Dryhten
þurh mine hand.
Þa wearð snelra werod
snude gegcarewod,
cénra to campe;
stopon cyne-rófe,
secgas and gesiðas,
bæron þufas,
foron to gefeohte
forð on geribte
hæleð under helmum,
of þære haligran byrig,
on þæt dægred sylf:
dynedan scildas,
hlude hlummon.
Þæs se hlanca gefeah
wulf in walde,
and se wanna brefn,
wæl-gifre fugel,
westan[b] begen,
þæt him ða þeod-guman

* MS. stariatt.
[b] westene?

L 2

þohton tilian
fylle on fægum;
ac him fleah on laste
carn ætes georn,
urig feðera;
salowig pada
sang hilde leoð,
hyrned-nebba.
Stopon heaðo-rincas,
beornas to beadowe,
bordum beðeahte,
hwealfum lindum,
þa ðe hwíle ǽr
elðeodigra
edwit þoledon,
hæðenra hosp.
Him þæt hearde wearð,
æt ðam æsc-plegan,
eallum forgolden,
Assyrium,
syððan Ebreas,
under guð-fanum,
gegán hæfdon
to ðam fyrd-wicum.
Hie ða fromlice
leton forð fleogan
flána scúras,
hilde nædran,
of horn-bogan,
strælas stede-hearde,
styrmdon hlude,
grame guð-frecan,
garas sendon
in heardra gemang,

hæleð wæron yrre,
land-buende,
laðum cynne,
stopon styrn-móde,
sterced-ferhðe,
wrehton unsofte
eald geniðlan,
medo-werige,
mundum brugdon
sccalcas of sceaðum
scír maled swyrd,
ecgum gecoste,
slogon eornoste
Assiria
oret-mæcgas,
nið bycgende,
nánne ne sparedon
þæs here-folces,
heanne ne rfce,
cwicera manna,
þe hie ofercuman mihton.

XII.

Swa ða mago-þegnas,
on ða morgen-tíd,
ehton elðeoda
ealle þrage,
oðþæt ongeaton
ða ðe grámo wæron,
ðæs here-folces
heafod-weardas,
þæt him swyrd-geswing
swiðlic eowdon
werus Ebrisce;

JUDITH. 149

hie wordum þæt
þam yldestan
ealdor-þegnum
cyðan eodon,
wrehton cumbol-wigan,
and him forhtlice
fǽr spel bodedon,
medo-werigum,
morgen collan,
atolne ecg-plegan.
Þa ic ædre gefrægn
slege-fæge hæleð
slæpe tobredon,
and wið þæs bealofullan
búr-getoldes
weras ferhðe
hwearfum þringan,
Holofernus;
hogedon aninga
hyra hlaforde
hyldo bodian,
ǽrðon ðe him se egesa
on-ufan sæte
mægen Ebrea.
Mynton ealle
þæt se beorna brego,
and seo beorhte mægð,
in ðam wlitegan træfe
wæron ætsomne,
Iudith seo æðele,
and se galmóda,
egesfull and afor:
næs ðeah eorla nán,

þe ðone wiggend
aweccan dorste,
oððe gecunnian
hu ðone cumbol-wigan
wið ða halgan mægð
hæfde geworden,
Metodes meowlan.
Mægen nealæhte,
folc Ebrea,
fuhton þearle,
heardum heoru-wæpnum,
hæfte guldon
hyra fyrn geflitu,
fagum swyrdum
ealle afðoncan*.
Assyria wearð,
on ðam dæge-weorce,
dóm gæwiðrod,
bælc forbiged.
Beornas stodon
ymbe hyra þeodnes træf,
þearle gebylde,
sweorcend-ferhðe;
hi ða somod ealle
ongunnon cohhetan,
cirman hlude,
and gristbitian,
góde orfeorme,
mid toðon torn þoligende.
Þa wæs hyra tires æt ende,
eades and ellen-dæda;
hogedon ða eorlas
aweccan hire wíne-dryhten;

* afðoncas?

him wiht ne speow.
þa wearð sið and late
sum to ðam arod,
þara beado-rinca,
þæt he in þæt búr-geteld
niðheard neðde,
swa hyne nyd fordráf:
funde ða on bedde
blácno licgan
his gold-gifan,
gæsles gesne,
líTes belidenne.
He þa lungre gefeoll,
freorig to foldan[a],
ongan his feax téran,
hreoh on móde,
and his hrægl somod,
and þæt word acwæð
to ðam wiggendum,
þe ðær unróte
úte wæron:
Her ys geswutelod
ure sylfra forwyrd,
toweard getácnod,
þæt þære tíde
ys mid niðum
neah geðrungen,
ðe we sculon losian somod,
æt sæcce forweorðan;
her líð sweorde geheawen,
beheafdod healdend ure.
Hi ða hreowig-móde
wurpon hyra wæpen ofdúne,

gewitan him werig-ferbðe
on fleam sceacan;
him mon feaht on last,
mægen-eacen folc,
oð se mæsta dæl
ðæs heriges læg
hilde gesæged,
on ðam sige-wonge,
sweordum geheawen,
wulfum to willan,
and eac wæl-gifrum
fuglum to frofre;
flugon ða ðe lyfdon
láðra lind;
him on laste fór
sweot Ebrea,
sigore geweorðod,
dóme gedyrsod:
him feng Dryhten God
fægre on fultum,
Frea Ælmihtig.
Hi ða fromlice,
fagum swyrdum,
hæloð hige-rófe,
her-pað worhton,
ðurh láðra gemong,
linde beowon,
scild-burh scæron,
sceotend wæran,
guðe gegremede,
guman Ebreisce,
þegnas on ða tíd
þearle gelyste

[a] MS. fealdan.

JUDITH.

gar-gewinnes.
þær on greot gefeoll
se hyhsta dæl
heafod-gerímes,
Assyria
ealdor-duguðe,
láðan cynnes,
lythwón becom
cwicera to cyððe;
cirdon cyne-rófe,
wiggend on wiðertrod,
wæl-scel on innan,
reocende hræw.
Rúm wæs to nimanne
lond-buendum
on ðam láðestan
hyra eald-feondum
unlyfigendum
heolfrig here-reaf,
hyrsta scyne bord,
and brád swyrd,
brúne helmas,
dyro madmas.
Hæfdon dómlice,
on ðam folc stede,
fynd oferwunnen,
oðel-weardas,
eald-hettende
swyrdum aswefede ;
hie on swaðe reston,
þa ðe him to life
láðost wæron
cwicera cynna.

Ða seo cneoris eall,
mægða mæroest,
ánes monðes fyrst,
wlanc wunden-loce,
wagon and læddon
to ðære beorhtan byrig,
Bethuliam,
helmas and hup-seax,
here-byrnan*,
guð-sceorp gumena,
golde gefrætewod,
mérra madma
þonne mon ænig
asecgan mæge
searo-þoncelra ;
eal þæt ða ðeod-guman
þrymme geeodon,
céne under cumblum,
and comp-wige,
þurh Iudithe
gleawe láre,
mægð módigre.
Hi to méde hyre,
of ðam siðfate,
sylfre brohton
eorlas æsc-rófe,
Holofernes
sweord and swatigne helm,
swylce eac síde byrnan
gerenode readum golde,
and eal þæt se rinca baldor
swiðmód sinces ahte,
oððe sundor-yrfes,

* MS. hare byrnan.

PARAPHRASE OF JOB.

beaga and beorhtra maðma;
hi þæt þære beorhtan idese
ageafon, gearo-þoncolre.
Ealles ðæs Iudith sægde
wuldor-weroda Dryhtne,
þe hyre weorðmynde geaf,
mǽrðe on moldan ríce,
swylce eac méde on heofo-
 num,
sigor-leanin swegles wuldre,
þæs þe heo ahte söðne ge-
 leafan

to ðam Ælmihtigan;
huru æt ðam ende ne tweode
þæs leanes þe heo lange
 gyrnde.
Þæs sy ðam leofan Dryhtne
wuldor to wídan aldre,
þe gesceop wind and lyfte,
roderas and rúme grundas,
swylce eac reþe streamas,
and swegles dreamas,
þurh his sylfes miltse.

FROM
A PARAPHRASE OF JOB, XXIX. XXX.
ALLITERATIVE WITH FINAL RIME.

Me lifes onlah,
se þis leoht onwrah,
and þæt torhte getcoh
tillice onwrah.
Glæd wæs ic gliwum,
glenged hiwum,
blissa bleoum
blostma hiwum.
Secgas mec segon,
symbel ne alegon,
feorh-giefe gefegon,
frætwed-wægum,
wic ofer wongum

hæfde ic heanne hád,
ne wæs me in healle gád
þæt þær rof word rád;
oft þær rinc gebád,
þæt he in sele sæge
sinc-gewæge.
Þegnum geþyhte,
þenden wæs ic mægen
horsce mec heredon,
hilde generedon,
fægre feredon,
feondon biweredon:
swa mec hyht-giefu beold.

---

wæs on lagu-stream lád,
þær me leoþu ne biglád,

Scealcas wæron scearpe,
Scyl wæs hearpe;

THE GRAVE.

hlude blynede,
bleoþor dynede,
swegl-rád swinsade,
swiðe ne minsade,
burg-sele beofode,
beorht lifade,
ellen eacnade,
ead beacnade,
freaum frodade,
fromum godade,
mód mægnade,
mine fægnade,
treow telgade,
tir welgade,

blæd blissade

Gold gearwade,
gim hwearfade,
sinc searwade,
sib nearwade.
From ic wæs in frætwum,
freolic in geatwum;
wæs min dream dryhtlic,
drohtað hyhtlic;
foldan ic freoðade,
folcum ic leoþode,
lif wæs min longe,
∗ ∗ ∗

THE GRAVE.

A FRAGMENT.

Dᴇ wes bold gebyld
er þu iboren were,
ðe wes molde imynt
er ðu of moder come;
ac hit nes no idiht,
ne þeo deopnes imeten;
nes gyt iloced,
hu long hit þo were.
Nu me þe bringæð
þer ðu beon scealt,
nu me sceal þe meten,
and ða mold seoðða;
ne bið no þin hus
healice itinbred,
hit bið unheh and lah,

þonne þu list þer-inne;
ðe hele-wages beoð lage,
sid-wages unbege,
þe rof bið ibyld
þire broste ful neh;
swa ðu scealt on mold
wunien ful cald,
dimme and deorce:
þet den fulæt on hond.
Dureleas is þæt hus,
and dearc hit is wiðinnen,
ðær þu bist feste bidytt,
and Dæð hefð þa cæge:
ladlic is þæt eorð-hus,
and grim inne to wunien,

ffer þu scealt wunien,   and þe æfter libten ;
and wurmes þe todeleð.   for sone þu bist ladlic,
Dus ðu bist ilegd,   and lad to iseonne ;
and ladæst þine fronden ;   for sone bið þin hæfet [a]
nefst ðu nenne freond,   faxes bireued,
þe þe wylle faren to,   al bið ðes faxes
ðæt efre wule lokien   feirnes forsceden,
hu þe þæt hus þe likie,   næle hit nan mit fingres feing
ðæt æfre undon   stracien *   *
ðe wule ða dure,   *   *   *   *

FROM LAȝAMON'S BRUT.

THE HISTORY OF KING LEIR AND HIS DAUGHTERS.

| MS. Calig., A. IX. | MS. Otho, C. XIII. |

BLADUD hafde enne sune,   BLADUD hadde one sone,
Leir wes ihaten,   Leir was ibote,
efter his fader daie,   afterhis faderhe heldþis lond,
he heold þis drihliche lond, in bis owene hond,
somed an his liue,   ilaste bis lif-daȝes,
sixti winter.   sixti winter.
He makede ane riche burh,   He makede on riche borh,
þurh rædfulle his crafte,   þorh wise menne reade,
and he heo lette nemnen   and hine lette nemni
efter him seoluan,   after him seolue,
Kaer Leir hehte þe burh ;   Kair Leir hehte þe borh ;
leof heo wes þan kinge,   leof he was þan king,
þa we an ure leod-quide   þe we on ure speche
Leir-chestre clepiað.   Leþ-chestre cleopieþ.
ȝeare a þan bolde dawen   In þan eolde daiȝe
heo wes swiðe aðel burh,   hit was a borh riche,

[a] The last six lines are in a different and almost illegible hand.

FROM LAȜAMON'S BRUT.

and seoððen þer seh toward and suþþe þar soh to
swiðe muchel seorwe,   swiþe moche sorwe,
þat heo wes al forfaren,
þurh þere leodene uæl.
Sixti winter hefde Leir   Sixti winter hadde Leir
þis lond al towelden.   þis lond towelden.
Þe king hefde þreo dohtren   Þe king hadde þreo dohtres
bi his drihliche quen ;   bi his oȝe cwene ;
nefde he nenne sune,   ac he nadde nanne sone,
þerfore he warð sari,   þarfore he was sori,
his manscipe to halden,   his kinedom to heolde,
buten þa þreo dohtren.   bote his þreo dohtres.
Þa ældeste dohter haihte   Þe ældeste hehte Gor-
  Gornoille,   noylle,
þa oðer Regau,   þo oþer Regau,
þa þridde Cordoille,   þe þridde Gordoylle,
heo wes þa ȝungeste suster, ȝoo was þe ȝeongeste,
a wliten alre uairest ;   of þeues alre hendest ;
heo wes hire fader al swa leof ȝeo was hire fader al so leof
swa his aȝene lif.   so his owene lif.
Þa ældede þe king,   Þo holdede þo king,
and wakede on aðelan,   and failede his mihte,
an he hine biþohte   and he hine biþohte
wet he don mahte   wat he don mihte
of his kineriche   of his kiniriche
æfter his deie.   after his daiȝe.
He seide to him suluen,   He saide to him seolue,
þat þat vuel wes :   þat þe vuel was :
Ic wlle mine riche todon,   Ich wolle mine riche
and allen minen dohtren,   ȝiue mine dohtres,
and ȝeuen hem mine kine-
  þeode,
and twemen mine bearnen :
ac ærst ic wille fondien,   ac erest ich wolle fondi,

whulchere beo mi beste freond,	woch me mest louie,
and heo scal habbe þat beste del	and ȝeo sal habbe þat beste deal
of mine drihlichen lon.	of mine kine-londe.
Þus þe king þohte,	Þus þe king þoh,
and þer-æfter he worhte;	and þar-after awroh;
he clepede Gornoille,	he cleopede Gornoille,
his guðfulle dohter,	his dohter þat was deore,
vt of hire bure,	ut of hire bure,
to hire fader deore;	to hire fader deore;
and þeus spac þe alde king,	and þus spac þe holde king
þer he on æðelen sæt:	to Gornoille his dohter:
Sei me, Gornoille,	Sei me, Gornoille,
soðere worden:	soþere wordes:
swiðe dure þeo eart me,	swiþe deore þou art me,
hu leof æm ich þe,	ou lef ham hich þe,
ha mochel worȝ leste þu me	hu mochel worþ holdist þou me
to walden kineriche?	to welde kineriche?
Gornoille was swiðe wær,	Gornoille was wel war,
swa beoð wifmen wel ibwær,	se beoþ wimmen wel iwar,
and seide anc lesinge	and seide one lesing
heore fædere þon king:	to hire fader þe king:
Leofe fæder dure,	Leoue fader deore,
swa bide ic Godes are,	so bide ich Godes ore,
swa helpe me Apollin,	
for min ilæfc is al on him,	
þat leucre þeo ært me æne	leuere þou hart me one
þane þis world al clane;	þan al þis worle clene;
and ȝet ic þe wlle speken wit,	and ȝet ich þe wolle speke wid,
þeou ært leouere þene mi lif,	þou hart me leouere þan mi lif,
and þis ich sucge þe to seoðe,	and þis ich segge þe to soþe,

FROM LAȜAMON'S BRUT.

ᴜ mith me wel ileue.	þu miht me wel ilefue.
Leir þe king	Leir þe kiug
üefde his dohter loisinge,	ilefde his dohter lesinge,
and þas ænsware ȝef,	and þus answerede
þat waes þe olde king :	þe king to his dohter :
Ich þe Gornoille seuge,	
leoue dohter dure,	
god scal beon þi meda	god sal beo þi mede
for þira gretinge.	for þine wel dede.
Ic eam for mire ældde	Ich ham for min heolde
swiþe vnbalded,	mochel onbolded,
and þou me leuoste swiþe,	and þou me louest swiþe,
mare þan is on liue ;	more þan alle þat his aliue ;
ich wille mi dirhliche lond	ich wole mi dripliche lond
a proe al todalen :	a preo al todeale :
þin is þat beste deal,	þin sal beo þat beste deal,
þu ært mi dohter deore,	þou hart me swiþe deore,
and scalt babben to lauerd	and þou salt habbe to louerd
min alre beste þein	min alre beste man
þeo ich mai uinden	þat ich mawe ifinde
in mine kinne-londe.	in mine kine-londe.
Æfter spac þe olde king	Eft spac þe holde king
wit his dohter :	wid his oþer dohter :
Leoue dohter Regau,	Leoue dohter Regau,
wact seist tu me to ræide ?	wat ..ist þou me to reade ?
Seie þu bifore mire duȝden	Sei bifore mine men
heo dure ich am þean herten.	ou deore ich þe ham.
Þa answœrde mid rœtfulle worden :	Þo answerede ȝeo mid worde, and noht mid hoorte :
Al þat is on liue	Al þat his on liue
nis nig swa dure	nis me alf so deore
swa me is þin an luue,	so m. his þin one li.e,
ne forðe min abȝene lif.	
Ah heo ne seide na þing seð,	Ac ȝeo .. ... de nopt soþ,

no more þenne hiire suster.   na more þ........
Alle hire lesinge   al hire les....
hire under ilefede.   .... ilefde.
Þa answarede þe king,   Þo answ.... king,
hiis doȝter him icwemde: his dohter him icwe...
Þea þridde del of mine londe   Þe þridden deal of mine ...
ich bitake þe an honde;   ich bitake þe an hond
þu scalt nime louerd   and þ.. ....nime louerd
þer þe is alre leowoest.   þar þe his s... leuest.
Þa ȝet nolde þe leod-king   Þe ȝet nolde þe king
his sothscipe bilæuen;   his folic blene;
he hehte cumen him biforen   he hehte come him bifore
his dohter Cordoille;   his dohter Gordoille;
neo was alre ȝungest,   ȝeo was alre ȝeongest,
of soðe ȝær witelest,   of worde alre sopest,
and þe king heo louede more   and þe king hire louede
þanne batueie þe oðre.   more þan þe tweie oþer.
Cordoille iherde þa lasinge   Gordoille iherde þe lesing
þe hire sustren seiden þon   þat hire sostres seide þan
  kinge;   kinge;
nom hire leaffulne huie   nam hire lapfolne oþ
þat heo liȝen nolden,   þat ȝe leȝe nolde,
hire fader heo wolde suge   hire fader ȝeo wolde segge
  seoð.   soþ,
were him lef were him lað.   were him loof were him loþ.
Þeo queð þe alde king,   Þo cwaþ þe holde king,
vnræð him fulede: onread him folwede:
Theren ich wille   Ich wolle ihiren of þe,
of þe Cordoille,   Gordoille mi dohter,
sua þe helpe Appollin,   so þe helpe Appolin,
hu deore þe beo lif min.   ou deore þe his lif min.
Þa answarede Cordoille,   Þo answerede Gordoille,
lude and nowiht stille,   loude and noht stille,
mid gomene and mid lehtre,   mid game and mid lihtre,

FROM LAƷAMON'S BRUT.

to hire fader leue:	to hire fader leoue:
þeo art me leof al so mi fæder,	þou hart me ase min fader,
and ich þe al so þi dohter.	and ich ase þin dohter,
Ich habbe to þe sohfaste loue,	
for we buoð swiþe isibbe,	
and swa ich ibide are,	and so ich abide ore,
ich wille þe suge mare:	ich wolle segge þe more:
al swa muchel þu bist woruh	al so mochel þou hart worþ
swa þu welden ært,	ase þon hart weldende,
and al swa muchel swa þu hauest,	and wile ... þou hoþt afest,
men þe wllet luuien;	men þe wolleþ louie;
for sone heo bið ilayed,	for sone hi beoþ loþe,
þe mon þe lutel ah.	þe men þe lutel oȝeþ.
Þus seide þe mæiden Cor- doille,	Þus seide þat maide Gor- doille,
and seoððen set swiþe stille.	and siþþe sat stille.
Þa iwarðe þe king wærð,	Þo iwarþ þe king wroþ,
for he nes þeo noht iquemed,	for he nas noþt icw....
and wende on is þonke,	he wende on his þon..
þaht hit weren for unðeawe,	..t hit were for onþeue,
þat he hire woore swa un- wourð,	þat he ..... so onworþ,
þat heo hine nold iwurði,	þ.. ȝeo hin...... louie,
swa hire twa austron,	• • •
þe ba somed læsinge speken.	
Þo king Leir iwerðe swa blac,	His euhe torne and was wroþ,
swilch hit a blac cloð weiren iwærð his hude and his heowe,	bicom alse a blac cloþ: • • •
for he was suþe ihærmed,	
mid þere wræððe he wæs isweued,	mid þare wreþþe he was igre- mid,

FROM LAȝAMON'S BRUT.

þat he feol i swowen;	þat hi fulle hi swoȝe;
late þeo he up fusde;	late þo vp fusde;
þat mæiden wæs afeared,	þat maide was afered,
þa hit alles up brac,	þo hit alles up brac,
hit wes vuel þat he spac:	hit was vuel þat he spac:
Hærne Cordoille,	Herene Gordoille,
ich þe telle wille mine wille;	ich wolle segge þe mine wille;
of mine dohtren þu were me durest,	of mine dohtres þou were me leouest,
nu þu eært me arle læðes:	nou þou hart me alre lopest:
ne scalt þu næuer halden dale of mine launde;	ne salt þou neuere holde deal of mine londe;
ah mine dohtren ic wille delen mine riche,	ac mine two dohtre solle habbe mine riche,
and þu scalt worðen warchen,	and þou salt wonie wrecche,
and wonien in wansiðe,	and wonie ine wowe,
for nauere ich ne wende	for nouere ich ne wende
þat þu me woldes þus scanden,	þat þou me woldest þus sende,
þarfore þu scalt beon dæd ic wene:	þarfore þou salt deiȝe ich wene:
fliȝ ut of min eæh-sene,	floo vt of mine eh-scene,
þine sustren sculon habben mi kinelond,	þine sostres sulle habbe mi lond,
and þis me is iqueme.	and þis me his icweme.
Þo duc of Cornwaile scal habbe Gornoille,	Þe duk of Cornwale sal habbe Gornoille,
and þe Scottene king Regau þat scone;	and þe Scottene king Regau þe scene;
and ic hem ȝeue al þa winne þe ich æm waldinge ouer.	and ich ȝam giue alle þewinne þat ich ham ouer waldenne.
And al þe alde king dude swa he hafuede idemed.	And þe holde king dude ase he hadde idemid.
Of wes þen mæidene wa,	Ofte was þane maide wo,

FROM LAȝAMON'S BRUT.

and nœure wors þenne þa,
wa hire wes on mode,
for hire fæder wærpe;
heo uende into hire boure,
þar heo ofte sætte sare;
for heo nolde liȝen
hire fader leoue.
Þat maide wes swiðen
swomefest,
for hire fader heo scunede,
and dude þene beste red;
in hire bure heo abed,
and polede þene mod-kare,
and mornede swipe;
and þus ane stonde
hit stod æ ðon ilka.
In France wes a king
riche and swiðe kene,
Aganippes wes ihaten,
hæleðen he wes ældere;
he wes a ȝenge king,
ah quone nauede he nane.
He sende hiis sande
into þisse lande,
to Leir þan kinge,
and leofliche hine gret;
he bæd hine don is iwille,
ȝeuen him Cordoille,
and he heo wolde habben
hæȝe to are quene,
and æfter hire don mreat,
þat hire were alre leofust.
Feor haueden liðende men
ispeken of þan mæidene

and neuere worse þane þo,
wo hire was on mode,
for hire fader wreppe;
ȝeo eode in to bure,
and ofte sipte sore;
for ȝeo nolde leȝe
hire fader leue.
Þat maide was swiþe samuast,
and hire fader sonede,
and dude þane beste read;
and in hire bure abod,
and polede þane mod-care,
and mornede swipe;
and þus one stunde
hit stod a þam ilke.
In France was a king
rich and swipe kene,
Aganippus was ihote,
folke he was eldere;
he was a ȝong king,
ac cwene nafde he none.
He sende his sonde
in to þisse londe,
to Leir pane king,
and faire him grette;
bad hine don his wille,
ȝefe him Gordoille,
and he hire wolde habbe
heȝe to cwene,
and don alre crest,
þat hire were alre fairest.
For hafde sope men
ispeke of þam maiden

M

feiȝernesse and freoscipe	bifore þan Frence king,
atforen þan Frensce kinge,	of hire þe .....
of hire mucla fæira wlita,	of hire mochele fairsipe,
of hire muchela monschipe,	of hire mochele mansipo,
bu heo wes polemod,	ou ȝoo was polemod,
of fæire hire þæwen,	of faire hire þeucs,
þat nes on Leir kinges lond	þat nas in Leir kinges lond,
nan wifman al swa hende.	womman half so hende.
And þe king Aganippus	And king Aganippus
igretto Leir kin þus.	igrotte Leir þe king þus.
Leir kin hine biþohte,	Leir king hine biþoht,
wat he don mohte;	wat he don mihte;
he letton writen a writ,	he lette writen a writ,
and wol hit lette dihton,	wel mid þan beste,
and sende hit bi his sonde	an sende bi his sonde
in Frauncene londe:	into Francc londe:
þus spec þes kinges writ,	þus spac þeos kinges writ,
hit wos widon icuð:	hit was wide cuþ:
Þe king of Bruttaine,	Þe king of Britaine
þe Leir is haten,	þat Leir his ....
greteð Aganippus,	gretep Aganippus,
þene aldere of Fraunce:	..... king of France:
Worðschepe haue þu	Worsipe haue þou
þire wel-doda,	for þine wilninge,
and þire foire sonde,	and þine faire sonde,
þat greto þu me woldest:	þat groto þou me woldest:
ac ic do þe wel to witene,	ac ich do þe wol to wito,
hær bi mine writ rich,	hor ript bi mine writo,
þat mi drihlice lond	þat mi drihtlice lond
a twa ich habbe idæled,	a two ich habbe idealed,
iȝouen hit mine twam doh-tren,	iȝouet mine two doþtren,
þe me beoþ swiðe deore.	þat beoþ me swiþe deore.
Dohter ich habbe þa pridda,	Dohter ich habbe þe pridda,

ac ne rœcche ich wær heo libbe;	ac ne rech ic ware ȝe libbe;
for heo me forhuste,	for ȝeo me forhoȝede,
and heo hold me for hæne,	and held me for wrecche,
and for mire halde,	
heo me unaleledæ	
heo make me swa swiþe wrað,	and wrappede me swiþe,
þe worse hire scal iwurðen;	þe worse hire sal worþe;
of alle mine londe,	þat of alle mine londe,
ne of alle mine leode,	ne of alle mine leode,
þe ich auere biȝeat,	þat ich euere biȝet,
oðer biȝete mæie,	oþer biȝete mawe,
ich þe sucge soð riht,	ich þe segge soþ riht,
ne scal heo habbe nawiht:	ne sal ȝeo habbe nowiþt:
ac ȝef þu heo wult habben,	ac ȝif þou hire wold habbe,
for mæide heo is heude,	maide ȝeo his hende,
ich heo wulle þe biwiten,	ich þe wole hire biwete,
and senden ha þein ane scipe,	and sende hire in one sipe,
mid seoluen hire claðen,	mid seolue hire cloþing,
of me nuð heo na more;	of me ȝeo nafeþ na more;
ȝif þu heo wult underfon,	ȝif þou hire wolt vnderfon,
al þis ilka ich wulle don;	al þis ich wolle don;
iseid ich habbe þene grund,	iseid ic habbe þane grund,
and þu seolf wurð al hisund.	and þou þi seolf far hol and sund.
Þis writ com to Fraunce	Þis writ com to France
to þan freo kinge;	to þ....eo kinge;
he hit lette raden,	he hit lette rede,
leof him weren þa runen.	leof him were þe roune.
Þa wende þe king	Þo wende þe welde king
þat hit were for vuele,	þat hit were for gyle,
þat Leir king hire fæder	þat Leir king hire fader
heo him wold' atleden	nolde hire him lene,
and he mochula þa wodeloker	and he moche þe wodlokere

M 2

wilnede þeos mæidenes,   wilnede ..t mayde,
and seide to is bornen,   and seide to his fol..
þat wes þe bisie king: .ing Aganippus:
Ich cam riche mon inoh,   Ich ha. ... he .an inoþ,
þat na mare ich ne recche;   of ...... ich ne recche;
ne scal neuere Leir king   ne sal ...... Leir þe king
þat mæideu me attlede,   þat maiden me allede,
ac ich heo wulle habben   ac ich hire wolle habbe
to hænjenne are quene.   to eje cwene.
Habbeu heore fader al is lond, Habbe hire fader al his lond,
al hiis seoluer and is gold,   and his seoluer and his gold,
ne bidde ich nanne maðmes,   ne bid ich no.ping of his,
me seolf ich habben inoje,   inoh ich habbe mi scolue,
bute þat mæiden Cordoille;   bote þat maide Gordoille;
þenne habbe ich mine wille.   þan ich habbe mine wille.
Mid writ and mid worde   Mid writ and mit worde
he sende eft to þisse londe,   he send eft to þisse londe,
and bad Leir king him   and bad Leir king him sende
   sende
his dohter þe wæs hende,   his dohter þat was hende,
and he wolde wel don,   and he hire wolde vnderfon,
mid muchole worðescipe heo   and moche mansipe hire don.
   underfon.
Þa nom þa olde king   Þo nam þe holde king
æðele his meiden,   Gordoille þat maide,
mid seoluen hire claðes,   mid seolue hire cloþing,
and lette neo forðe liðen   and lette hire forþ wende
ofer þa stremes;   ouer see stremes;
hire fader hire wes sturne.   hire fader was sterne.
Aganippus þe Frennsce king   Aganippus þe Frence king
vnderfeng þis meiden child,   þis maide faire vnderfeng,
al hiis folc hit wes iqueme,   and al his folk hit was icweme,
and makeden heo to quene,   þat jeo were cwene,
and þus heo þer bilefde,   and þus jeo þare bileofde,

leof beo wes þon leoden.	leof ȝeo was þan folke.
And Leir king hire fæder	And Leir king hire fader
luuede i ðisse londe,	liuede in þisse londe,
and hadde iȝeuen is twain dohtren	and hadde his two d......
al his drihliche leand;	al his kinedome;
He ȝef Gornoille	He ȝaf Gornoille
Scotlondes kinge,	To Scottene king,
he hrhte Maglaunus,	he hehte Maglandus,
his mærhte weren store;	his mihtes weren store,
Cornwailles duke	And to Cornwales duke
Regau is dohter.	Regau his dohter.
Þa ilomp hit seoððe,	Þa bifulle ... .eþþe,
sone þar-æfter,	sone þar-hafter,
þat þe Scottene king and þe duk	þat þe Scottene king and þe duk
speken togaðere,	speken togadere,
mid heore stil rune,	mid hire stille rouning,
nomm hem to reda,	nemen heom to reade,
þat heo wolden al þis lond	þat hii wolde al þis lond
habben on heora hond,	habbe to hire owene hond,
and feden Leir þane king	and feode Leir pane king
þe while þe he loouede,	wile þat he leofede,
dæies and nihtes,	daiȝes and niþtes,
mid feowerti hired-cnihtes;	mid fourti cniptes.
and heo him wolden finden	And we him wolleþ finde
hauekes and hundes,	hauekes and hundes,
þat he mihte riden	þat he mai ride
ȝeond alle þanne þeoden,	ouer al þe þeode,
and libben on lisse,	and libbe ine blisse,
þo while þe he leouede.	þe wile þat he libbeþ.
Þus hoo þa ispeken,	Þus i þo speken,
and eft hit tobreken,	and eft hit tobreken,
and Leir king hit iherde,	and Leir king was wel ipaid,

and eft him wes þe worsse :   and eft onlikede :
and Leir king liðde   and Leir king wende
to Scottenæ leoda,   to Scotlene kinge,
mid Maglaune his ðume,   to Maglande his oþom,
and mid þere eldre dohtre.   and to his heldeste dohter.
Me vnderfeng þene king   Me vnderfeng þane [king]
mid mochele feirnusse,
and wel me him dihte
mid feowerti hire cnihdtes,   mid his fourti cniptes,
mid horsen and mid hundes,   and hire hors and hire atyr,
mid al þat him biheovede.   and al þat ham bihouede.
Þa hilomp hit scoððen,   Þo bifullol seþþe,
scone þer-after,   sone þar-after,
þe Gornoille biþohte   þat Gornoille biþohte
whet heo don mihte :   wat ȝeo don mihte :
heore puhte swiþo cille   hire þohte swiþe eil
of mðelene hire fædere,   of hire fader cnihtes,
and heo hit bigan to mainen   and ȝeo began to mene
to Maglaune hire louerde,   to Maglande hire louerd,
and seide him i bedde,   and seide hit in bedde,
þer heo leiin iueore :   þar þat leien :
Seie me, mi lauerd,   Sei me mi louerd
monne þu ert me leouest ;   manne me leofust
me þuncheð þat mi fæder   me þoncheþ þat mi fader
nis nowhit felle ;   nis noþt fele ;
no he wurhscipe ne can,   no worsipe he ne can,
his wit he hauet bileued ;   his wit he haueþ bileued ;
me þuncheð þe alde mon
wole dotie nou nan.
He halt here fauwerti cnihtes, He halt here fourti cniptes,
daies and nihtes,   daiȝes and niptes,
he haueht her þas þeines,   he halt here his sweynes
and alle heore swaines,
hundes and hauekes ;

FROM LAȝAMON'S BRUT.

þeruore we habbet harmes,	parfore we habbeþ harmes,
andd nowher heo ne spedet,	
and auere heo spencð,	
and al þat goud þat we hem doð,	al þat god þe we heom doþ,
heo hit bluðeliche vnderfoð,	hii hit blopeliche vnderfoþ,
and cunnen us vndonc,	and ne come vs bote vnþong,
for ure wel-dede.	for hure wel-deade.
Heo doð muchel bisemære,	Hii doþ hus mochel bismare,
ure men hi tobetet:	hure men hi tobeteþ:
mi fader hauct to monie	mi fader haueþ to manie
of idele manne;	of idele men;
ale þa feorðe dale	al þat feorþe deal
lete we for fuse;	lete we forþ fuse;
inoh he hauct on pirti,	
to þirugen to borde;	
vs selve we habbet cokes	hus seolf we habbeþ cocus
ta quecchen to cuchene,	to cwecche to kichene,
vs sulue we habbet bermen	hus seolf we habbeþ bermen
and birles inowe.	and borles inowe.
Lete we sum þis mochele folc	Lete we som þis mochele folk
fare wher ha wullcð;	fare woder i wolleþ;
swa ich æuere ibiden are,	so ich euere ibide oro,
iðolien nulle ich hit mare.	ich hit nele polie more.
Þis iherde Maglaunus	Þis iherde Maglandus
þat is quene spilede þus;	þat þe cwene spak þus;
and he hire andswarede	and hire answerede
mid aðelere spiche:	mid his gode speche:
Leiuedi þu haues mochel wouh,	Leafdi þou hauest woþ,
nauest þu richedom inoh?	nauest þou richedom inoþ?
Ah hald þine fader on lisse,	Ac hold þin fader in blisse,
ne luueðe he nowiht longe;	ne liueþ he noþt lange;
for gef ferrene kinges	for gef honcuþe kinges

FROM LAȜAMON'S BRUT.

hi herde þa tidinde,	hii hercþ soche þinges,
þe we swa takede him on,	þat we so take him on,
heo us wolden tælen.	hii hus wolleþ shende.
Ah late we hino wolden	Ac lete we him habbe
his folc on his willen;	his folk at his wille;
and þis min aȝe ræd is,	ane þis his min owene read,
for sone her-æfter he beð dead,	for sone her-after he worþ dead,
and ac we habben in ure hond,	and eke we habbeþ in hure hond,
al half is kine-lond.	haulen del his kine-lond.
Þa seide Gornoille:	Þo scide Gornoille:
Lauerd beo þeu stille,	Louerd beo þou stille,
let me al iwurþen,	let me al iwor...
and ich ham wulle atwailden.	and ich him wolle awilde.
Heo sende mid hire ginne	Ȝeo sende al mid ginne
to þare cnihtene inne;	to þare cnipten hinne;
heo hahte hem faren hire wæi,	and hehte ȝam faren hire wai:
for heo nolden hem no more	Na more we nolleþ ȝou feode.
seden,	
moni of þen peinen,	
monie of þen swennen,	
þe þider weren icumene	
mid Leir panne kinge.	
Þis iherde Leir king,	Þis iherde Leir þe king,
þarfore he wes swuþe wrah;	and wrappede him swiþe,
þai ȝedede þe king	
mid ȝemeliche worden,	
and þus seide þe kinge,	and seide þeos wordes,
sorhful on mode:	sorȝfulle on mode:
Wa worðe þan monne	Wo worþe þane man
þe lond haueðe mid menske,	þat lond haueþ to wille,
and bitachet hit is childe	and takeþ hit his child

FROM LAȝAMON'S BRUT.

þe while þe he mai hit walden;
for ofte hit ilimpð,
þat eſt hit him ofpincheð.
Nu ich wulle hunne faren
forð rihte to Cornwalen ;
jernen ich wulle rædes,
to Regau mire dohter,
þa hauede Hemeri þe duc,
and mi drihliche lond.
Forð ᵃ þe king wende
into þan suð ende,
to Regau is dochter,
for rædes him trukeden.
Þa he to Cornwale com,
he wes feire þer vnderfon,
swa al þet haluc jer
mid al bis hirede he wes þer.

Þa saido Regau,
to hire duc Hemeri :
Lauerd, herne þu me,
to fulle sope ic sueggehit þe :
We habbet idon unwisdom,
þat we mine fader habbet
 vnderfon,
mid pirtti ᵇ cnihten ;
hit nis me noht iqueme.
Do we awai þane twenti ;
a tene beoð inohje :
for al heo dringket and etcð,
and na god beo ne bijeteð.
Þa seide Hemeri þe duc,
þe his aldo fader biswake :

ᵃ MS. Forhd.

þe wile þe hit mai holde ;
for hofte hit bifallep,
þat eft hit him spincheþ.
Nou ich wolle hinne fare
ript into Cornwale ;
jern ich wolle reades,
of Regau mine dohter,
þat ouep Amari þe duk
and half min kineriche.
Forþ þe king wende
into pan sup ende,
to Regau his dohter,
for reades him trokede.
Þo he to Cornwale com,
he was fairc vnderfon,
so þat al þat alue jer
midalle bis cnihtes he wonede
  þer.

Þa seide Regau
to Amari hire louerd :
Herene, louerd, to me,
to folle sope ich segge þe :
We habbeþ idon onwisdom,
þat we mine fader habbeþ
 vnderfon,
mid þus manie cniptes ;
hit nis me noht iceweme.
Do we iwei alle
bote ten beoþ inowe :
for alle hii dringep and hetep,
and no god bii ne bijetep.
Þo seide Ameri þe duk,
þat his halde fader .....oc :

ᵇ MS. wirtti.

FROM LAȜAMON'S BRUT.

Swa ich eouere beo on liue,	So ich euere beo ……
ne scal he habben boote fiue;	ne sal he habbe bote en..tes fiue;
for þer he hauet hird inoh,	for þaron he habbeþ inoh,
for he nauyt no doþ;	for he noþing no doþ;
and ȝof he nille* henne faren,	and ȝif he nolle* hinne fare,
fuse we hine sone.	fuse we hine … þe.
Al heo ispedden	All hi..ede ind..
aso heo ispeken hafden;	ase he speke adde;
binomen him is doȝeðe,	binomen him his cniþtes
and al his drihliche folc;	and al hire swcines
nolden heo him bileafuen	nolden hi him bilefue
cnihtes beoton fiue.	cniþtes bote viue.
Þis isch þe Leir king,	Þis iseh Leir þo king,
wa wes him on liue,	wa was him a liue,
his mod him gon mengen,	his mod him gan mongi,
he morȝnede swiðe,	he mornede swiþe,
and þas worde seide	and þeos word seide
mid seorhfulle laichen:	mid sorfol speche:
Wela weolla wella!	Wele wele welo wele!
hu þu biswikest monine mon:	on þou beswikest moni man;
þenne he þo treoweðe alre best on,	wan hii þo troueþ alro best,
þenne biswikes tu heom.	þan þou heom biswikest.
Nis hit nowit ȝare,	Nis noht ȝare,
noht fulle twa ȝere,	noht fulle two ȝere,
þat ich was a riche king	þat ich was a riche king
and held mine cnihtes:	and welde mine cniþtes:
nu ich habben ibiden,	nou ich habbe ibede þane dai
þat ich bare sitte,	þat ich bar sitte
wunnen biræued;	of gode bireued;
wa is me on liue!	wo his me aliue!
Ich wes at Gornoille,	Ich was mid Gornolle,

* MSS. wille and wolle.

FROM LAƷAMON'S BRUT.

mire godfulle dohter;	mine leofue dohter;
wuden[a] on hire leoden	ich wonede on hire londe
mid pritti cnihtes:	mid prittie cnihtes:
þe ȝet ich mihte libben,	þe ȝet ich mihte libbe
ah þenne i gonne liðen,	a sommere wise;
	ac ich wende bet habbe idon,
ich wende swiðe wel to don,	and gan þanne wende,
ac wurse ich habbe vnderfon.	ac worse ich habbe onderfon.
Aȝen ich wulle to Scotte,	Aȝein ich wole to Scotlond,
to scone mire docter,	and sechen mine dohter,
ȝernen hire miloea,	and bidde hire milse,
þat heo me nele wurdea;	
bidden heo me vnderfon	bid hire me onderfon
mid mine fif cnihten;	mid mine fif cnihtes;
þer ich wulle wunie,	þare ich wolle wonie,
and þolie þeos wænen	and þolie ... wowe
ane lutele stunde,	ane lutle stu...
for ne libbe ich nowiht longe.	... ne libbe ich noþt longe.
Leir þe king wende forð[b]	... king verde forþ
to is dohter wunede norð.	to his doh ... þat wonede norþ.
Fulle þre nihtes	Folle þreo niþtes
heo hærabarewude hine and is cnihtes:	ȝeo herborȝede him and his cniþtes:
heo swor a þane ferþe dæi,	ȝeo iswor a þan feorþ dai,
bi al heuenliche main,	bi al heuenliche maine
þat ne sculde he habben mare,	þat ne solde he habbe more
bute enne knicte þere;	bote one cniþt þare
and ȝef he þet nolde,	and ȝef he þat nolde,
ferde wuder he wolde.	fare woder so wolde.
Wel oft wes Leir wa,	Wel ofte was Leir wo,
and neuere wurs þanne þa.	ac neuere worse þane þo.
Þa seide þe alde king,	Þo seide Leir þe king,
sruu he was on herten:	wo him was on heorte:

[a] wunede?   [b] MS. forh.

Wallan dæð, wela dæð,	Wo la deaþ, wo la deaþ,
þat þu me nelt fordemen!	þat þou me nelt fordeme!
Seoð seide Cordoille,	Soþ seide Gordoille,
for cuð hit is me nouþe,	for cuþ hit his me nouþe,
mi ȝengestto dohter,	mi ȝeongeste dohter,
heo was me wel dure,	þat was mo wile deore,
seoððen heo mo wes leadest,	scoþþe ȝeo was me loþest,
for heo me seiden alre sohust,	for ȝeo me seide soþest,
þat ho bið vnworð and lah,	þat he his onworþ and loþ,
þe mon þe litul ah;	þe man þat lutel oȝeþ;
and ich nas na wurdra,	and ich nas no worþere,
þenne ich nes weldinde.	þan ich was god habben.
Ouersoh seiden þat ȝunge wifmon,	Soþ seide þe ȝong wimmon,
hire folweð mochel wisdom.	hire folweþ moche wisdom.
Þa wile þo ich hæuede mi kinelond,	Þe wile ich hadde min kinelond,
luueden me mine leoden,	louede me mi leode,
for mine londe and for mine feo,	for mi lond and mi feo,
mine eorles fulle to mine [cneo:	eorles fulle to mi cneo:
nu ich æm a wrecche mon,	nou ich ham a wrecche man,
no leouet me no mon forþan;	ne loueþ me no man forþan;
Ah mi dohter me seide soch,	Ac mi dohter me seide soþ,
for nou ich hire ileue inoh,	for ich hire ileue inoþ,
and batwa hire susteren	boþe two hire sostres
lasinge mo seiden,	lesing me seide,
þat ich ham wes swa leof,	þat ich ham was so leof
leuere þenne hire aȝe lif;	ase hire oȝene lif;
and Cordoille mi dohter dohȝeþe me seide,	and mi ȝonge dohter Gordoille mo seide,
þat heo me leouede swa feire swa mon his fader scolde:	þat ȝeo me loue wolde so man his fader solde:
Wet wold ich bidde mare	Wat wolde ich bidde more

of mire dohter dure?	of mine dohter deore?
Nu ich wullen faren feorð,	Nou ich wolle faren forþ,
and ouer sæ fusen,	and ouer see fusi,
ihiren of Cordoille	hihire of Gordoille
wat beon hire wille;	wat beo hire wille;
hire scohðe word ich nam	hire soþ word ich nam to
to grame,	grame,
þarfore ich habbe nu mu-	þarfore ich habbe nou mo-
chele scame;	chel same;
for nu ich mot bisecchen	for nou ich mot biseche
þat þing þat ich ær forhowede;	þat ich her foroȝede.
Nule heo me do na wurse	Nele ȝeo me no worse
þanne hire loud forwurnen.	þane hire loud werne.
Leir ferde to þere sæ	Leir ferde to þare see
mid ane alpic swein,	mid on alpi sweine.
into ane schipe he bicom,	into one sipe he bicom,
ne ienwo hine no mon:	ne icnew hine no man:
ouer sea i comen,	ouer see hii comen,
hauene sono anomen.	and hauene hi nomen.
Forð wende þe king Leir,	Forþ wende þe king Leir,
nauede he bute enne swoin;	nadde he bote one sweine;
hi axeden þa queue,	hii axede after þe cwene,
þat heo comen hire a neweste.	þat hii a nowcst come.
Tahten heom leode,	
wer wes þes londes quene.	
Leir king wende on anne feld,	Leir king wende on an feld,
and reste hine on folden;	and reste his weri bones;
and is swien he forð sende,	and his sweyn he forþ sende,
þe wes iradmon hende,	þat was hiredman hende,
to þere quene Corduille,	to þare cweno Gordoille,
and seide hire wel stille:	and seide hire wel stille;
Hail wurð þu, feire quene;	Hayl worþou, cwene;
ich eam þines fader sweine,	þi fader þe grette,
and þi uader is hider ikomen,	and he his hider to þe icome,

FROM LAȜAMON'S BRUT.

for al is lond is him binomen:	far al his lond his him binome:
beoð ba þine austren touward him forsworene.	beoþ boþe þine sostres toward him forsworene.
He cumeð for neode into þisse leode;	He his icome for neode into þine þeode;
and help him nu for þu miht, he his þi fader alse hit is riht.	help him nou an þou miht, he his þi fader and hit his riht.
Þo quene Cordoille scæt longe swuþe stille;	Þe cwene Gordoille long sat stille;

heo iward reod on hire
  benche, [scenche,
swilche hit were of wine-
and þe swain sæt at hire fæit,
sone þer-after him wes þe bet.

Þa alles uppe abræc, hit wes god þat heo spæc:	Þo hit halles vplvrac, hit was god þat ȝeo spac:

Appollin mi lauer, ich þankie
  þe,
þat mi fæder is icumme tome:

tidinge ich ihire leoue, þat mi fader on liue is;	tiding ich ihire lefue, þat mi fader his aliue;
of me he habben scal goudne reæd	of me he sal habbe godne read
bute ich boo þe raðer ded.	bote ich þe raþer be dead.

Seie me nuþe leof[a] swein,
and harne mine lare:

Ich þe wulle bitache a male rich,	Ich þe wolle bitake one male riche,
peniȝes þer buoð ansunda, to iwisse an hundrad punda;	þar beoþ þarine isunde, to iwisse an hundred pound.

ich bitæche þe anne hængest
godna and strongna,

[a] MS. leo.

to lædon þis garisumo	Led þou þis garisom
to leuene mine fadere;	to lefue mine fader;
and seio him þat ich hine gret	and sei þat ich hine grette
godere gretinge,	godes gretinge,
and hat ino fare swiþe	and hoten fare swiþe
to hare feire burʒe,	to somme heʒe borwe,
and rumen him herberia,	and nimen him on in,
i summe riche burio,	riches of alle,
and bugge him alro errust	and bigge him alro erest
þat him wes alro loouust,	þat him his alre louest,
metes and drinches	metes and dringes
and hende claðes,	and riche clopes,
hundes and hauekes	hundes and hauekes
and durewurðe horses:	and hors mid þe beste:
halde in is heoso	holde in his house
feuwerti hired-cnihtes	fourti cnihtes,
heʒe and riche,	
bihongen mid ræue;	
makie him god baid,	makie hine god bed,
and ofte hine baðie,	and oft hine baþie,
and him blod lete	and him blod lete
lutlen and ofte.	lutel and ofte.
Wenne þu wult more suluer,	Wan þou wolt mor seoluer,
sæche hit at me suluen;	feche hit mi seolue;
and ich him wulle senden	and ich wolle sende
inoh of þisse ende;	inoh of þisse hende;
swa neuer he ne cuðe	so þat neucre he ne cuþe
of his alde cuððe	of his hol cuppe.
cnihte ne sweine,	
ne nauer nanne þeine.	
Þenne feowerti dawes beoð agan,	Are fourti daijes beo agon,
þenne cuðe he anan	þanne cuþe he hit anon
to leue mine lauerd	to leofue mine louerd

þat Leir is an is londe,	þat Leir his in londe,
icume ouer sæ-streme	icomen ouer see-strem
to isen is eastresse:	to speken wid his dohtor:
and ich hit wulle swa nimen,	and ich hit wole so nime,
alse ich hine nusten,	ase ich noht nuste.
liðen him toȝænes	
mid mine lauerde,	
sainen mines lauerdes,	
and is fæirliche cume.	
Nute hit neuere nane gume,	Nute hit ..n gome,
buten he beo neowene icume:	boto .... ne icome,
and þus hit writen sende	and þus ...... sende
to mine lauerd kinge;	to mine lau....
and þu þas æhte onfo,	... þou þis seoluer ...
and loca þat þu wel do;	and lok þat þou wel do;
and ȝef þu heo þus dalest,	
to godere þire hirle.	
And þe swein on feng þas ahte,	Þes swein an hiȝinge
and to his louer ferde,	wende to his louerd,
to Leir þon kinge,	to Leir þane king,
and seide þas tidinge,	and seide him þeos tiding,
þer he læi on felde,	þar he lai on felde,
and reste hine on folde.	and reste him for wowe.
Sone werð þe alde king	
wunliche iæðeled,	
and þas wuord scide	Þo he horde þeos tiding,
mid soðere stefuene:	þo seide Leir þe king:
After vuele cumeð god;	After vuel comeþ god;
wel is him þe hit habbe mot.	wel his him þe hit bide mot.
Heo ferden to hare æȝene	Hii verde to one borwe,
aso þe quene hæhte; [burh,	alse þe cwene hehte;
and al heo iduden	and al hii duden
efter hire lare.	after hire lore.
Þa forð wuren agan	Þo forþ weren ago

FROM LAJAMON'S BRUT.

feuwerti daȝene,	fourtie daiȝes,
þon nom Leir þe king	þon nam Leir þe king
is leouste cnihtes,	his leofest cnihtes,
and gret Agnnippum,	and grette Aganippum,
þat was his leue aðum;	his leuest oþom;
and seide him bi his sond,	and sende bi his sonde,
þet icume he wes to is londe,	þat icome he was to his londe,
to speken wit his dohter,	to speken wiþ his dohter,
þe wes him swuðe dure.	þat him was swiþo deore.
Aganippus wes bliþe	Aganippus was bliþe
þet Leir wes cumen liðen;	þat Leir was icomen liþe;
ferdo him toȝenes	ferde him toȝeines
mid alle his peines	mid alle his cniptes
and þa quene Cordoille:	and þe cwene Gordoille:
þa bauede Leir is wille.	þo hadde Leir his wille.
Heo comen togadere,	Hii comen togadere,
and ofte heo custen;	and wel ofte custe;
heo uenden to burȝe,	hii verde to borwe,
blisse wes an hirede;	þar blisses were riue;
þer wes bemene song	
þere þeden pipen among;	
al weren þe hallen	alle were þe halles
bihongen mid pallen*,	bihonge mid palles,
alle þai mete-burdes	alle þe mete-bordes
ibrusted mid golde;	ibrustled mid golde;
[ringes of golde]	ringes of golde
ælc mon hafte on honde;	ech man hadde an honde;
mid fiþelen, and mid harpen	mid fiþele and mid harpes
hæleðes þer sungen;	* * *
lette þe king gan a wal,	..þe .... gon on wal,
and lude clepien ouer al,	and loude ... al,
and seide þat Leir kin	þat Leir king
icume wes to londen.	... . to þisse londe.
Nu hateð Aganippus,	

* MS. pellm.

FROM LAJAMON'S BRUT.

þe is þe heȝest ouer us,
þat ȝe Leir king
alle wurðe liðe,
and scal beon couwor lauerd
inno þissere looden,
al swa sele ȝere
swa he wonien wulle here;
and Aganippus ure king
scal* beon is vnderling.
Wha swa wulle libba,
aldo þas sibba;
and ȝef o man hit wille bre-
 ken,
on uoste it bið iwreken;
and wito alle he is mon,
þat be here haldot on.
Þa answaroda þa duȝeþa:
Don we hit wullot,
lude and stille,
al þes kinges wille.
Þurðout al þat ulke ȝer
beo duden al þus her,
mid muchelere sibba,
mid mochelere[b] saahte.
Þa þeos ȝor wes agon,
þa wold Leir king faro ham,
to þisse londe liðen,
and ȝernde þeos kinges leue.
Þo king Aganippus
answeredo him þus:
Ne scalt þu neuere þider
 faren
buto mochelere ferde:
ah ich þe wulle lanen,

* * *

* * *

* * *

ase wonic bo
and Aganippus hour king
wole beo his vnderling.
Wo so wole libbe,
holde þus sibbe;
and ȝif eni man hit wole
 broke,
the king him wole wel awreke.

Þo answerede þat folk:
Don we hit wolleþ,
lude and stille,
al þe kinges wille.
Þorþvt al þat ilke ȝer
hii dude al þus þer.

Þo þat ȝier was agon,
þo wolde Leir king faren hom.

Þo king Aganippus
answerede Leir þus:
Ne salt þou neuere þider fare

bute mochel ferde:
ac ich þe wolle lene,

* MS. swal.
[b] MS. mochela ɯrc.

of mine leode-folc,				of mine gode cniptes,
fif hundred schipes				fif hundred sipes
ifulled mid cnihten,			ifulled mid þan beste,
and al þat heom bihoueð			and al þat heom bihoueþ
to habben on fore:				to habbe on vore:
and þine dohter Cordoille,		and þine dohter Gordoille,
þa is þisse londes quene,		þat his þis londes cwene,
heo scall mid mochelere ferde	jeo sal fare mid þee
faren mid þe,					mid mochere ferde,
an liþen to þem londen			and wendeþ to þam lond
þer þu were leode-king:			þare þou king were:
and jef þu miht œine finden		and gif þou miht eni finde
þe þe wulle ajen stonde,		þat þe wole widstonde,
binimen þe þine rihte			benime þine rihte
and þine kineriche,				and þine riche,
and þu ahliche uebt,			cwikliche anon riht
and fel beo to grunde,			leie heom to grunde,
and irum al þat lond,			and iwin al þat lond,
and sete hit Cordoille an		and sete hit Gordoille an
    hond,							hond,
þat heo hit al habbe			þat jco hit alle habbe
efter þiine daie.				after þine daije.
Þas wordes seide Aganippus		Þeos word seide Aganippus
and Leir king dude þus;			and Leir þe ...... dude þus;
and al he iworhte				and al he ....pte
swa his freond him tahte.		ase his frend him tahte.
To þisse londen he com liðen	To þisse lond he com
mid leoue his dohter;			mid his leofue dohter;
he higreðede mid þane beste		he gripede mid þan beste
þe him buwen wolden,			þat bouwe him wolde,
and alle he ham fulde			and alle he gripede
þe him wit feohten;				þat him widstode;
and he al þis kine-lond			and al þis kine-lond
biwon to his ajere hande,		biwan to his owe hond,
and jef hit Cordoille,			and jef hit Gordoille,

þe wes Francene quene;	Frencene cwene;
and hit ane stunde	
stod a þissene ilke.	
Leir king one leoden	And Leir lifuede
þreo ȝer leouede;	þreo ȝer þar-after;
þæ com his ende-dæi,	þo com his lifues hende,
þat þe king dæd læi.	þat no man ne mai atwende.
Inne Leirchestre	Hine Leycestre
his dohter hine leide,	his dohter hine leide,
inne Ianies temple,	in Ianines his temple,
al swa þe bac tellet,	ase þe bock telleþ,
and Cordoille heold þis lond,	and Gordoille heold þis lond,
mid hæȝere strenðe,	mid godere strengþe,
fulle fif ȝere,	fulle fif ȝer,
quene heo wes here,	cwene ȝeo was here,
þa while Francene king	þe wile Frencene king
fœisiðe makede:	veisiþ makede:
and Cordoille com þat wourd	and Gordoille com þat word
þat heo was iworðen widewe.	þat ȝeo was widewe iworþe.
Þa come þa tidende	Come þe tidinge
to Scotlondes kinge	to Scotlondes kinge
þat Aganippus was dead,	þat Aganippus was dead,
Leir king idæied,	Gordoilles louerd,
he sende þurh Brittaine	he sende þorh Britaine
into Cornwaille,	into Cornwale,
and hehte þane duc stronge,	and hehte þane duk stronge
heriȝen in suð londe,	werri in suþ londe,
and he wolde bi norðen	and he wolde bi norþe
iahnien þa londa;	an þat lond awinne;
for hit was swuþe mouchel scome,	for hit was swiþe mochel same, [grame,
and ec swiþe muchel grame,	and eke hit was mochel
þat scholde a quene	þat a cwene solde
beon king in þisse londe,	be king in þisse londe,
and heora sunen beon buten,	and hire sones beo boute,

FROM LAȜAMON'S BRUT.

þa weren hire betren,	þat beoþ hire betere :
of þan aldre sustren,	
þa þa mōelen sulden habben:	
Nule we hit na more ipolien;	Nolle we na more hit ipo...
al þat lond we wulleð habben...	wolleþ habbe þat lond.
Heo bigunnen werre,	Hii bigonne werri,
þanne com on west :	to mochele rouþe ;
and þere quene sust[9] sunen	and þe twei sostrene sones
sumneden ferde :	somnede verde, [þus,
heo nomen weren ihaten þus,	hire names weren icleoped
Morgan and Cunedagius.	Morgan and Cunadagius.
Ofte heo ledden ferde,	Oft hi ladde ferde,
ofte heo fuhten,	ofte hii fuhte,
ofte heo weren buuenne,	ofte hii were bofe,
and ofte binoðen ;	and ofte hii weren bineoþe ;
þat com at þan laste	þo com at þan laste
þat heo wes alre leofust ;	þat ȝam was leuest ;
þe Bruttes heo sloȝen,	þat Bruttes hii sloȝen,
Cordoille heo nomen ;	and Gordoille hii nemen ;
heo duden heo in quarterne,	
in ane quale-huse :	
heo werðede heore moddri	hii wreþþede hire moddri,
mare þene heo sulden,	more þane hii solde,
þat þeo wimman was swa wroð,	þat þe womman was so wroþ,
þat hire sculuen heo was loð;	þat hire seolue ȝeo was loþ ;
heo nom enne longne cnif,	ȝeo nam anne longe cnif,
and binom hire seoluen þat lif.	binam hire owene lif.
Þat wes an uuel ræd	
þat hire suluen makede dead.	
Þeo wes al þis kine-lond	Þo was al þis kine-lond
an Morgan and Cunedagies heond.	in Morgan and Cunages his [a] bond.

[a] r. Cunadegies.

FROM THE ORMULUM.

The Author to his Brother.

Nu, broþerr Wallterr, broþerr min
  affterr þe flæshess kinde;
and broþerr min i Crisstenndom
  þurrh fulluhht and þurrh trowwþe;
and broþerr min i Godess hus,
  ȝett o þe pridde wise,
þurrh þatt witt hafenn takenn ba
  an reȝhell-boc to follȝhenn,
vnnderr kanunnkess had and lif,
  swa summ Sannt Awwstin sette:
icc hafe don swa summ þu badd,
  and forþeddte þin wille,
icc hafe wennd inntill Ennglissh
  goddspelless hallȝhe lare,
affter þatt little witt tatt me
  min Drihhtin hafeþþ lenedd.
Þu þohhtesst tatt icc mihhte wel
  till mikell frame turrnenn,
ȝiff Ennglissh follk, forr lufe off Crist,
  itt wollde ȝerne lernenn,
and follȝhenn itt and fillenn itt
  wiþþ þohht wiþþ word wiþþ dede;
and forrþi ȝerrndesst tu þatt icc
  þiss werrc þe shollde wirrkenn;
and icc itt hafe forþeddte,
  acc all þurrh Cristess hellpe;
and unne birrþ baþe þannkenn Crist
  þatt itt iss brohht till ende.

FROM THE ORMULUM.

Icc hafe sammnedd o þiss boc
    þa goddspelless nch alle,
þatt sinndenn o þe messeboc;
    inn all þe ȝer att messe.
And aȝȝ affterr þe goddspell stant
    þatt tatt te goddspell menepþ,
þatt mann birrþ spellenn to þe follc
    off þeȝȝre sawle nede,
and ȝet tær tekenn mare inoh
    þu shallt tæronne fiudenn,
off þatt tatt Cristess hallȝhe þed
    birrþ trowwenn wel and follȝhenn.

Ic hafe sett her o þiss boc,
    amang goddspelless wordess,
all þurrh me sellfenn, manig word
    þe rime swa to fillenn;
acc þu shallt findenn þatt min word,
    eȝȝwhær þær itt iss ekedd,
'maȝȝ hellpenn þa þatt redenn itt
    to sen and tunnderrstanndenn.
all þess te bettre hu þeȝȝm birrþ
    þe goddspell unnderrstanndenn;
and forrþi trowwe icc þatt te birrþ
    wel þolenn mine wordess,
eȝȝwhær þær þu shallt finndenn hemm
    amang goddspelless wordess;
forr whase mot to læwedd follc
    larspell off goddspell tellenn,
he mot wel ekenn maniȝ word
    amang goddspelless wordess.
And icc ne mihhte nohht min ferrs
    aȝȝ wiþþ goddspelless wordess

FROM THE ORMULUM.

wel fillenn all, and all forrþi
  shollde icc well ofte nede
amang goddspelless wordess don
  min word, min ferrs to fillenn.
And to bitæche icc off þiss boc
  hoh wikenn alle itt semeþþ,
all to þurrhsekenn ille an ferrs,
  and to þurrhlokenn ofte,
þatt upponn all þiss boc ne be
  nan word ȝæn Cristess lare,
nan word tatt swiþe wel ne be
  to trowwenn and to follȝhenn.

Witt shulenn tredenn unnderrfot
  and all þwerrt ut forrwerrpenn
þe dom off all þatt laþe flocc
  þatt iss þurrh niþ forrblendedd,
þatt tæleþþ þatt to losenn iss,
  þurrh niþfull modiȝnesse.
Þeȝȝ shulenn lætenn hrþeliȝ
  off unnkerr swinnc, lef broþerr;
and all þeȝȝ shulenn takenn itt
  onn unnitt and onn idell;
acc nohht þurrh skill, acc all þurrh niþ,
  and all þurrh þeȝȝre sinne.
And unnc birrþ biddenn Godd tatt he
  forrȝife hemm here sinne;
and unnc birrþ baþe losenn Godd
  off þatt itt wass bigunnenn,
and þannkenn Godd tatt itt iss brohht
  till ende, þurrh hiss hellpe;
forr itt maȝȝ hellpenn alle þa
  þatt bliþelike itt herenn,

and lufenn itt, and follȝhenn itt
  wiþþ þohht wiþþ word wiþþ dede.
And whase wilenn shall þiss boc
  efft operr siþe writenn,
himm bidde icc þatt het write rihht,
  swa summ þiss boc himm tæcheþþ,
all þwerrt ut affterr þatt itt iss
  uppo þiss firrste bisne,
wiþþ all swillc rime alls her iss sett,
  wiþþ all se fele wordess;
and tatt he loke wel þatt he
  an bokstaff write twiȝȝess
eȝȝwhær þær itt uppo þiss boc
  iss writen o þatt wise;
loke he well þatt het write swa,
  forr he no maȝȝ nohht elless
on Eunglissh writenn rihht tæ word,
  þatt witt he wel to soþe.
And ȝiff mann wile witenn whi
  icc hafe don þiss dede,
whi icc till Ennglissh hafe wennd
  goddspelless hallȝhe lare;
icc hafe itt don forrþi þatt all
  crisstene follkess berrhless
iss lang uppo þatt an, þatt teȝȝ
  goddspelless hallȝhe lare
wiþþ fulle mahhte follȝhe rihht,
  þurrh þohht þurrh word þurrh dede.

———

Icc þatt þiss Ennglissh hafe sett
  Ennglisshemenn to lare,

ic wass, þær þær i crisstnedd wass,
   Orrmin bi name nemmnedd:
and icc Orrmin full innwarrdliȝ,
   wiþþ muþ and ec wiþþ herrte,
her bidde þa Crisstene menn
   þatt herenn oþorr redenn
þis boc, hemm bidde icc her þatt teȝȝ
   forr me þiss bede biddenn—
þatt broþerr þatt þiss Ennglissh writt
   allræresst wrat and wrohhte,
þatt broþerr, forr his swinnc to læn,
   soþ blisse mote findenn.
                       Amen.

Þiss boc iss nemmnedd Orrmulum,
   forrþi þatt Orrm itt wrohhte:
and itt iss wrohht off quaþþrigan,
   off goddspell-bokes fowwre. ......

THE SONG OF SIMEON.

Lᴀᴛ nu, Drihhtin, læt nu þin þeoww
   vt off þiss weorelld wendenn,
wiþþ gripþ, swa summ þu me bihet,
   læt me nu newenn swelltenn;
forr her i seo full witerrliȝ
   þin Hælcund Crist onn corþe,
þatt þurrh þin aro ȝarrkedd iss
   biforenn alle þeode;
till hæþenn þeode lihht and leom
   off eche rihhtwisnesse,
and till þiss Iudewisshe follc
   wurrþshipe and eche wullderr.

FROM THE ORMULUM.

THE MARRIAGE OF CANA.

Uppo þe pridde daȝȝ bilammp,
  swa summ þe goddspell kiþeþþ,
þatt i þe land o Galile
  wass an bridale ȝarrkedd;
and itt wass ȝarrkedd inn an tun
  þatt wass Cana gehatenn:
and Cristess moderr Marȝe wass
  att tatt bridaless sæte;
and Crist was clepedd till þatt hus
  wiþþ hise lerninng-cnihhtess.
And teȝȝre win was drunnkenn swa
  þælt tærr nass þa na mare;
and Cristess moderr comm till Crist,
  and seȝȝde himm þus wiþþ worde:
Þiss win iss drunnkenn to þe grund,
  and niss her nu na mare.
And ure Laferrd Iesu Crist
  þuss seȝȝde till hiss moderr:
What fallaþþ þiss till me wiþþ þe,
  wifmann, þiss þatt tu mæleest?
Abid, abid, wifmann abid,
  ne comm nohht ȝet min time.
And Sannte Marȝe ȝede anan,
  and seȝȝde to þe birrless:
Doþ þatt tatt he shall biddenn ȝuw,
  ne be ȝe nohht tærgæness.

Þeȝȝ haffdenn sexe fetless þær,
  att tatt bridaless sæte,
þatt wærenn, summ þe goddspell seȝȝþ,
  sexe stanene fetless,

FROM THE ORMULUM.

swillke summ þatt Iudisskenn follc
   was wunedd, i þatt time,
to wasshenn offe þeȝȝre lic,
   to clennsenn hemm þatt wise;
and twafalld operr presalld mett
   þa fetless alle tokenn;
and Crist badd tatt teȝȝ shollden gan
   and fillenn þeȝȝre fetless
wiþþ waterr, and teȝȝ ȝedenn till
   and didenn þatt ho seȝȝde,
and filledenn upp till þe brerd
   wiþþ waterr þeȝȝre fetless.
And Crist ta seȝȝde þuss till hemm:
   Gaþ till wiþþ ȝure cuppess,
and ladeþþ upp, and bereþþ itt
   till þallderrmann onn bæfedd.
And teȝȝ þa didenn þatt he badd,
   and bæreun þa to drinnkenn
þatt hæfedd-mann þatt heȝhesst wass
   att tatt bridale settledd:
and he toc sone and draunc þatt win
   þatt wass off waterr wurrþenn,
and nisste he nohht whæroffe itt wass;
   acc wel þe birrless wisstenn,
þatt haffdenn rihht ta ladenn upp
   þe waterr off þa fetless.
And he badd clepenn þa till himm,
   son summ he drunnkenn haffde,
þatt mann þatt tær bridgume wass
   att tatt bridaless sæte;
and son se þatt bridgume comm
   þatt allderrmann himm seȝȝde:
Ille mann firrst brinngeþþ forþ god win,
   and siþþen he biginneþþ

FROM THE ORMULUM.

to brinngenn forþ summ werrsc win,
   son summ þe follc iss drunnkenn;
and tu þo gode win till nu
   æȝȝ hafesst hidd and haldenn.

Þiss taken wrohhte Jesu Crist
   þe firrste off hise tacness,
i Galile ribbt i þatt tun
   þatt wass Cana ȝehatenn;
and tuss he toc to shæwenn þær
   hiss goddcunndnessess mahhte,
and hiss lerrninng-cnibhtess þær
   tōkenn onn himm to lefenn,
þurrh þatt teȝȝ sæȝhenn þære inn himm
   Allmahhtiȝ Godess mahhte.

Her endeþþ nu þiss goddspell þuss,
   and uss birr þitt þurrhsekenn,
to lokenn whatt itt læreþþ uss
   off urc sawlo nede: ... etc.

DECLENSIONS OF NOUNS-SUBSTANTIVE ACCORDING TO RASK.

(See Anglo-Saxon Grammar, p. 28.)

SIMPLE ORDER, or Declension I.

		1. Neut.	2. Masc.	3. Fem.
Singular.	Nom.	-e	-a	-e
	Gen.	-an	-an	-an
	Dat. & Abl.	-an	-an	-an
	Acc.	-e	-an	-an

Plural.	Nom. & Acc.	-an
	Gen.	-ena
	Dat. & Abl.	-um

COMPLEX ORDER.

		Declension II.			Declension III.		
		1. Neut.	2. Masc.	3. Fem.	1. Neut.	2. Masc.	3. Fem.
Sing.	Nom.	„	„ (-e)	„	„ (-e)	-u	-u
	Gen.	-es	-es	-e	-es	-a	-e
	Dat. & Abl.	-e	-e	-e	-e	-a	-e
	Acc.	„	„ (-e)	-e	„ (-e)	-u	-e
Plur.	Nom. & Acc.	„	-as	-a	-u	-a	-a
	Gen.	-a	-a	-a	-a (-ena)	-a (-ena)	-ena
	Dat. & Abl.	-um	-um	-um	-um	-um	-um

Note. All nouns in -a are of the First Declension Masculine Gender (I. 2.). All in -scype (-scipe), -hád and -dóm, are of the Second Declension Masculine (II. 2.). Those in -ung and those in -nes (-nis, -nys) are of the Second Declension Feminine (II. 3.).

GLOSSARY.

ABBREVIATIONS.

E. Angl. = East Anglian, Goth. = Gothic, Nor. = Northumbrian, Ohg. = Old High German, Olg. = Old Low German, O.N. = Old Norse or Icelandic, O.S. = Old-Saxon.

N.B. Words with the prefix Ge (or I) are placed in the order of their roots. Words to which an obelisk is prefixed are Semi-Saxon, from Laȝamon and the Ormulum.

†A, *a, one.*
A, áá, *ever, always.*
†A, *in.*
Abácan, pret. abóc, *to bake.*
Abbod, II. 2. *abbot.*
Abbudisse, *abbess.*
†Abed (abád), *abode.*
Abeodan, pret. abead, 2 abude, pl. abudon, *to announce.*
Abídan, pret. abád, pl. abidon, *to abide, await.*
Abiddan, pret. abæd, *to pray for.*
Abítan, pret. abát, *to bite, devour.*
Ablinnan, *to cease.* See Blinnan.
Abrecan, pret. abræc, pp. abrocen, *to break, destroy.*
Abredan, pret. abræd, pl. abrudon, *to draw.* See Abregdan.

Abregdan, pret. abrægde, subj. abrugde (abrude), *to take away, snatch, draw (a sword).*
Abreoðan, *to perish:* abreoðe his angin, *may his proceeding come to naught.*
Abryrdan, pp. abryrd, *to touch, affect, move.*
Abudissc. See Abudissc.
Abugan, pret. abeah, pl. abugon, *to bow, yield.* Gr. 347.
Abútan, *about.*
Abyrgan, *to taste.*
Ac, II. 3. *oak.*
Ac, *but, for,* nam, enim.
†Ac (eac), *eke.*
Acennan, pp. acenned, *to produce, bring forth, beget.*
Acennednys, *birth, generation.*

GLOSSARY.

Accorſan, pret. acearſ, *to cut, cut off.*

Acsian,) *to ask, inquire,*
Axian, } *be informed,*
Geaxian,) *hear say, inquire after.* Gov. Gen. of the thing.

Acunnian, *to tempt, prove.*

Acwecan, pret. acwehte, *to shake, brandish.*

Acwelan, 3 acwylð, pret. acwæl, *to die, perish.*

Acwellan, pret. acwealde, *to kill, destroy.*

Acwencan, *to quench, extinguish, destroy.*

Acweðan. See Cweðan.

Ad, II. 2. *pile.*

Addre. See Æddre.

Adeaw, Nor. for ætyw.

Adémau, pret. adémede (adémde), *to judge, try, adjudge.*

Adilgian, *to destroy, obliterate, eradicate.*

Adl, II. 1, 3. *disease.*

Adlig, *diseased, sick, ill.*

Adón, *to destroy.* See Dón.

Adrædan, pret. adred, *to dread, fear.* It occurs sometimes both with an accus. and a dat. of the agent.

Adræſan, *to drive out, expel, banish.*

Adreogan, pret. adreag, pl. adrugon, *to bear, suffer, lead (life).*

Adrincan, pret. adranc, pl. adruncon, *to be drowned;* adruncen, *drowned.* Ger. Ertrinken.

Adruwian, pp. adruwod, *to dry up.*

Adumbian, *to be dumb, silent.*

Adúne, *down.*

Adúnweard, *downward.*

Adwæscan, *to quench, extinguish, assuage.*

Æ, II. 3. *law.* Gr. 85.

†Æ, *at, in.*

Æcer, II. 2. *field, acre,* ager.

Æddre, I. 3. *vein.* Ger. Ader.

Ædre, *forthwith, suddenly.*

Æfen, II. 2. *even, evening, the service for sunset, vespers.* Ger. Abend. Dan. Aften.

Æfenlæcan, pret. -læhte, *to imitate.*

Æfen-song, II. 2. *even-song, vespers.*

Æfen-tíd, II. 3. *even-tide.* Ger. Abendzeit. Dan. Aftentid.

Æfen-tíma, *eventide.*

Æſest, *religious.*

Æſestnes, *religion.*

Æſnung, *evening.*

Æfre, *ever, always.*

Æft, i. q. eft.

Æfter, *next, following, second.*

Æfter, *after, according to,* secundum: æfter rihte, *according to right, rightly,* (Dan. Æfter,) — *along,* secundum, per. æfter bencum, *along the benches or tables,* or *from bench to bench.*

GLOSSARY.

Æfter-fyligan, *to follow, succeed.*
Æftergenga, *successor.*
Æg, III. 1. *egg,* pl. ægru. Gr. 90. *Colloq. Monast.* ægra, like cildra for cildru.
Ægbwær, *everywhere.*
Ægbwæper, *either, both.*
Ægbwanon, *from every side.*
Æghwylc, *every one.*
Ægðer, *either, both,* used with ge—ge, like the Lat. tum—cum.
Æht, II. 3. *possession, substance.* From ágan.
Æh-þyrl, III. 1. *eye-hole, window.*
Æker. See Æcer.
Æl, *awl.*
Æl, II. 2. *eel.*
Æl, i. q. cal.
Ælc, *each, every, any.*
†Æld (yldo), *age.*
†Ældede (caldode), *grew old;* from caldian.
†Ældere (ealdor), *prince, chief.*
Ældrynæ. E. Angl. for ealdra.
Æle. See Elc.
Ælepute, *eelpout, jolthead, capito.*
Ælfemuða, *the Elbe.*
Ælfremed, *foreign.*
Ælf-scínu, *elfin-bright.* Gr. 122.
Ælic, *lawful.*
Ælmes-man, III.2. *almsman.*
Elmham, *Elmham, in Norfolk;* formerly a bishop's see, which was thence transferred to Thetford, and from the latter place to Norwich.
Ælmihtig, *almighty.*
Ælmysse, I. 3. *alms.*
Ælpeodig, *foreign, strange, abroad,* peregre.
Æmenne, *desolate.*
Æmód, *downcast, disheartened.*
Gæmtian, *to empty.*
Æmtig, *empty, void, idle.*
Æne, *at once,* semel.
†Æne (ána), *alone, only.*
Ænig, *any.*
Ænlic, *unique, incomparable.*
Ænlice, *decently.*
Ænlipig, *single, individual.*
Ænne, acc. masc. of án. Gr. 170.
Æppelbær, *apple-bearing, fruit-bearing,* pomifer.
†Ær (ár), *messenger.*
Ær, II. 1. *brass.*
Ær, *ere, erst, before, former, early.*
Ærbenuma. E. Angl. for yrfenuma.
Ærdon, *hurried;* apparently from a verb cognate with ardlic.
Ærend, II. 3. } *errand,*
Ærende, III. 1. } *message, command.*
Ærend-raca, *messenger.*
Ærest, *first, erst;* from ǽr. Gr. 51.
Ærfæst, *pious.*
Ærfæstnes, *piety.*

GLOSSARY.

Ærfe, erfe, III. 1. *succession,*
  hæreditas.
Ærian, erian, *to plough;*
  æriendo for ærigenne.
Ering, *dawn.*
Ærist, æryst, II. 2. *rising,*
  resurrection.
Ær-merigen, } II. 2: *early*
Ærne-mergen, } *mora,*
  dawn.
Æman, i. q. *yrnon.*
Geærnan, *to get by running.*
Ærra, *former.*
†Æruu, *timid, downcast, sad.*
Ærþam, } *ere that,* ante-
Ærþon, } quam.
Æs, II. 1. *dead carcass, carrion.* Ger. Aas.
Æs, *bait,* esca.
Æsc, II. 2. *light swift vessel,*
  dromo.
Æsc, II. 2. *ash, ashen-spear.*
Æsc-here, II. 2. *naval band.*
Æsc-holt, II. 1. *ash-wood,*
  shaft of a spear.
Æsc-plega, *ash-*(i.e. spear-),
  play, battle.
Æsc-róf, *spear-famed.*
Æstanbrok, *probably the*
  stream now called East-
  brook, from being on the
  east side of the town of
  Hunstanton, and which
  now runs into the moat of
  Hunstanton Hall.—R.T.
Æt, II. 2. *food.*
Æt, *at, by, near, from, of,*
  apud, coram.
Ætberstan, pret. -burst, *to*
  escape.

Ætbredan, pret. -bræd, pp.
  -bróden, *to withdraw, take*
  away.
Æteowian. See Ateowian.
Ætfeolan, pret. -fealh, *to attend to, dedicate, apply.*
Ætfícón, *to flee from, escape.*
  See Flcón.
Ætforan, } *before,* corum.
Ætforo, }
Ætfore-sceawian, *to provide.*
Ælgædere, *at the same time.*
Æthrínan. See Hrínan.
Æthwegu, *something, somewhat.*
Ætlutian, *to lie hidden, lurk.*
Ætsomne, *together.*
Ætspornan, 3-spyrnð, pret.
  -spearn, pl. -spurnon, *to*
  spurn, kick. Gr. 212.
Ætstandan, *to stay, remain.*
  See Standan.
Ætterne, } *envenomed, venomous, poisonous.*
Ættrig, }
Ælttryn, }
Ætwesan, *to be present, exist.*
Ætwindan, pret. -wand, pl.
  -wundon, *to fly away, escape.*
Ætwitan, *to twit, reproach.*
Ætywan. See Ateowian.
Æw, II. 3. *wife.*
Æwellm, II. 2. } *spring,*
Æwylm, } *fountain.*
Æx, II. 9. *axe.*
Æpelbóren, *noble-born.*
Æpelbórennys, *nobility of birth.*
Æpelo, *noble.*

GLOSSARY.

†Iæðeled (geæðeled), *nobly treated, honoured?*
†Æðelen (æþelu): on æðelen, *among his nobility.*
†Æþelen, *country? dignity?* p. 181, line 3.
Æþeling, II. 2. (from æþele, *noble,*) *prince.*
Æþellice, *nobly.*
Æþelo, æþclu, III. 3. *nobility.*
Gæwðryltan, *to weary.*
Æðung, aðung, *breath.*
Afandian, *to prove, try.*
Afáran, *to go.* See Fáran.
Afdrede. See Apdrede.
Afeallan. See Feallan.
†Afeared. See Afered.
Afedan, i. q. fedan.
Afeng. See Afón.
Afeormian, *to cleanse, purge.*
Afered, *afraid, affrighted.*
†Afest (hæfst), *hast.*
Afligan, *to drive away, put to flight.*
Aflyman, *to put to flight, to rout.*
Afón, *to receive.* See Fón, and Gr. 234.
Afór. See Afáran.
Afor, *hateful, loathsome.*
Afyllan, *to fill.*
Alyrht, *affrighted.*
Alyrhtian, *to affright.*
Afyrran, *to remove, cut off, take away.*
Afysan, *to hurry, hasten, rush.*
Afðonc? ⎫
Afðonca, ⎭ *grievance?*
Agan, pret. ahte, *to possess, own, have.* Gr. 218.

Agán, *gone.*
Agelan, for agælan, *to hinder.*
Agen, *own, private.*
Agen, *against, towards.*
Agen, *again, back.*
Agen-gcbweorfan, *to return.*
Agen-lǽdan, *to lead back.* See Lǽdan.
Agennys, *property, peculiarity.*
Ageotan, 3 agyt, prct. ageat (aget), pl. aguton, *to shed, pour, exhaust, drain.*
†Agg (eac), *eke, also.*
Agifan, *to give, deliver.* See Gifan.
Geágnian, *to appropriate.*
Agyldan. See Gildan.
Agyltan, *to sin.*
Ah. See Agan.
†Ah (ac), *but.*
Aháfen. See Ahebban.
Ahebban, 3 aheðð, pret. ahóf, pp. ahafen, *to heave, lift, raise.*
Ahleapan, pret. ahleop, *to leap, rush on.*
†Ahlice (heahlice), *nobly?*
†Iahnien (geahnian), *to appropriate.*
Ahón, 3 ahchð, pret. aheng, *to hang;* act. Gr. 234.
Ahongen, ahangen. See Abón.
Ahræcan, pret. ahræhte, *to reach.*
Ahreddan, *to save, rescue, redeem.*
Ahsian, axian. ⎫ See
Geahsian, geaxian. ⎭ Acsian.

GLOSSARY.

Abt, *aught.*
Ahte. See Agan.
Ab ́dan, *to hide.*
Ab ́rian, *to hire.*
Aidlian, *to render vain.*
Aker, E. Angl. for æcer.
Alœdan, *to lead away, lead up.*
†Alde (healde), *hold!*
Aldor. See Ealdor.
Aldor, II. 3. *life.* See Ealdor.
Alecgan, *to lay, suppress, destroy.* See Lecgan.
Alede. See Alecgan.
Alefed, *lamed, crippled.*
Alegon, for alugon (p. 152, 1. 25), from alecgan, *to belie, be wanting in?*
Gealgian, *to defend.*
†Albisund, *all sound, or well.*
Alihtan, *to alight.*
†Allrærcest (ealra ǽrcet), *first of all.*
†Alls, *as.*
Allungæ, E. Angl. for eallunga.
Almihtiga, for ælmihtigan.
Alóten, *bowed,* pronus, opp. to upriht; from alutan, *to bow,* etc.
†Alpie (ánlipig), *single.*
Alpis, *the Alps.*
†Alse (al swa), *all as, as.*
Alwalda, *All-swaying, Almighty.*
Alyfan, *to allow.*
Alysan, *to redeem, free.*
Alysednes, *redemption.* See Alysan.

Alysend, II. 2. *Redeemer.* Gr. 118.
Amánsumian, *to excommunicate.*
Amber, II. 2. *a certain vessel or measure.*
Ambyrne, *favourable (wind).*
Ameldian, *to inform, announce.* Ger. melden.
Ametan, pret. amette, pp. amet and ameten, *to mete, measure.*
Ampulle, I. 3. *bottle,* ampulla.
Amyrran, *to hinder, waste, destroy, consume, disable.*
An, *one, a, only, alone;* for án, *only,* tantum, duntaxat.
Geán. See Geunnan.
Ana, adv., *alone, only.*
†Anan, *anon.*
Anbídan,) pret. -bád, pl.
Geanbídan, } -bidon, *to abide, await, expect.*
Anbídian,) i. q. anbídan.
Geanbídian, }
Anbyht-scealc, II. 2. *servant, attendant.* Goth. Andbahts, Ger. Amt, Dan. Embed, *an office, employment,* and Ger. Schalk.
An-cénned, *only-begotten,* unigenitus.
Ancer-líf, II. 1. *anchoretic life.*
Ancer-setl, III. 1. *hermitage.*
Ancra, *anchorite.*
And, *and.*
Anda, *envy, jealousy, rancour, hate.*

GLOSSARY. 197

Andættan, } to confess.
Andettan, } Gr. 208.
Geandettan, }
Andbfdan. See Anbfdan.
Andefn, *worth*.
Andetnys, *confession*.
Andfenga, *receiver*.
Andgyt, II. 1. *sense, signification, understanding*.
Andlang, *along, through*, per. On andlang, *at length*.
Andlfenis. See Anlfcnys.
Andréd. See Anréd.
Andrysnc, *terrible, formidable*.
Iandswæred, E. Angl. for geandswarod.
Andswarian, *to answer*.
Andswaru, III. 3. *answer*.
Andwealcan, pret. -weolc, *to roll*.
Audweard, } present.
Andwerd, }
Andweardnys, } presence.
Andwerdnys, }
Andweorc, II. 1. *matter, substance*.
Andwlíta, *face, countenance*. Ger. Antlitz.
Andwyrdan, *to answer*.
Andwyrde, III. 1. *answer*.
Ane, for ána.
†Ane, *a, an, one*.
Anfeald, *one-fold, simple*.
Anfealdlice, *simply, singly*.
Anfón, *to receive, comprehend*. See Fón.
Anra gehwylc, *every*.
Angel-cynn, III. 1. *English nation*.
Angel, IL 2. *hook*.

Angin, angyn, III. 1. *enterprise, act, beginning*.
Angle, *the country between Flensburg and the Schley; whence the Angles came to Britain*.
Angol, pl. Augle, II. 2. *Englishman, England?*
Anfman. *to take*. See Nfman.
Aninga, *alone, only*, prorsus.
Geanlǽcan, pret. -lǽhte, *to unite*.
Geanlfcian, *to liken*.
Anlfcnys, *likeness*.
Anlipi (anlipig). See Ænlipig.
Anmódlic, *unanimous*.
Anmódlice, *unanimously, simply*.
Annys, únnis, *oneness, unity*.
†Anomen (namon), *took*.
Anon, for ánum.
Anréd, *constant, firm, resolute;* ánrǽde, *constantly*, etc.
Anrǽdnys, *constancy, firmness*.
Anstandende, *standing alone, solitary*.
Ansund, *sound, whole*.
Ansyn, II. 3. *face, countenance, external, appearance, mediation*. Dan. Onsyn.
Ant, for and.
Antimber, II. 1. *matter, substance*.
Anweald, II. 2. *power*.
Anweardnys, See Andweardnys.

Geanwyrde beón, *to be professed.*
Anðracian, *to dread, feel horror.*
Apdrede, *the Obotritæ, a Slavish nation to the north of the Old-Saxons, inhabiting the western and the greater part of Mecklenburg.*
Apostol, II. 2. *apostle.*
Apostolic, *apostolic.*
Ar, II. 2. *messenger.*
Ar, II. 3. *honour, respect, benefit, wealth, mercy, pity;* áre wítan, *to have pity.*
Arǽcan, pret. arǽhte, *to relate.*
Arǽran, *to rear up, erect, establish.*
Arǽsan, *to rush.*
Arcebisceop, II. 2. *archbishop.*
Arce-stól,) II. 2. *archiepi-*
Archi-stól,) *scopal see.*
Ardlice, *forthwith, soon.*
†Are (ár), *mercy.*
†Are (ánre), *for, or to a.*
Areccan. See Reccan.
Arena, gen. pl. of ár, *mercy,* etc.
Arćtan, *to gladden, exhilarate.*
Arewe, I. 3? *arrow.*
Arfǽst, *holy, pious.*
Arfǽstlice, *piously, mercifully.*
Arfǽstnys, arfǽstnes, *piety, clemency, uprightness, honesty, reverence.*

Arian,) *to honour, com-*
Georian,) *passionate, spare.*
Aríman, *to count, tell over, repeat.*
Arísan, pret. arás, *to arise.* Gr. 192, 247.
†Arle, *for* alre (ealra), *of all.*
Arleas, *base, wicked, impious.*
Arn. See Yrnan.
Gearnung, *desert, merit.*
Arod, pp. of árian.
Ar-smið, II. 2. *brazier.*
Arwurðe, *venerable, reverend.*
Gearwurðian, *to honour, revere.*
Asawan. See Sawan.
Asceacan, pret. asceoc, *to shake, brandish.*
Ascreádian, *to prune, lop.*
Ascrepan, pret. ascrǽp, *to scrape off.*
Ascúnian, *to shun, avoid.*
Asecgan, *to express, tell.* See Secgan.
Asendan, *to send.* See Sendan.
Aseoðan, pret. aseað, pp. asóden, *to boil, scorch, fret, vex.* Gr. 251.
Asettan, *to set, place.*
Asingan. See Singan.
Aslídan, *to slide, slip, err.*
Asmeagan,) *to contemplate,*
Asmeán,) *investigate, imagine.*
Asóden. See Aseoðan.
Aspánan, pret. aspeón (aspón), pp. asponnen, *to entice.* Gr. 87.

GLOSSARY. 190

Aapendan, *to spend, distribute.*
Aspringan, pret. asprang, plur. asprungon, *to spring up.*
Assa, *ass.*
Asse, *she-ass.*
Astellan, pret. astealde, *to set up, establish, confirm.*
Astígan, 3 astibð, pret. astah (astag), pl. astigon, *to go, proceed, step, mount.* See Stígan.
Astíge, for astíge.
Astirian, *to stir, move.*
Astrecan, } pret. astrehte,
Astreccan, } *to stretch, stretch out, stretch forth, extend, prostrate:* astrehtum hand-bredum, *with outstretcht palms.*
Aswefian, *to put to sleep, slay,* sopire.
Aswícan, *to decrease, cease.* See Swícan.
At, for æt.
Atelice, *horribly.*
Ateón, *to draw from.* See Teón.
Atoorian, *to faint, fail.*
Ateowan, } *to appear, reveal, disclose,*
Atoowian, }
Atywian, } *show, manifest.*
Atimbrian. See Timbrian.
†Atleden (ætlǽdan), *to carry off, withdraw.*
Atol, *foul, horrid, hateful, dire.*
Atter, ator, III. 1. *poison.*
Atuge. See Ateón.
†Atwa, atwo, *in two.*

†Atwailden (wealdan), *to rule, manage.*
†Atwende, *to avert.*
†Atyr, *attire.*
Atywian. See Ateowian.
†Auere (ǽre), *ever.*
Aulixes, *Ulysses.*
Awa, *ever;* áwa to aldre, *for evermore.*
Awácan, pret. awóc, *to spring, be born.*
†Awal, *on the wall:* gan awal, *to go on the wall.*
Awarian, pp. awariged, *to curse.* E. Angl. for wyrian.
Aweccan, aweccean, pret. awehte, pp. aweht, *to awaken, raise up.*
Awecgan, *to move, excite, provoke.*
Awedan, pret. awedde, *to become mad, rage.*
Aweg, *away.*
Awegan, *to weigh.*
Aweg-gewiten, *passed away.* See Gewítan.
Aweht. } See Aweccan.
Awehte. }
Awendan, *to go, turn, avert, translate, change.* Gr. 209.
Aweorpan, 3 p. he awyrpð, pret. awearp, pl. awurpon, pp. aworpen, *to cast, throw, cast away.*
Awestan, *to waste, lay waste;* awest, *deserted, desolate.*
Awiht, *aught.*
†Awilde (awyldan), i. q. atwailden.
Awildian, *to grow wild.*

200 GLOSSARY.

Aworpen. See Aweorpan.
Awrīgan, pret. awrah, pl. awrigon, *to reveal, disclose.* Gr. 247.
Awrīgenes, *revelation, illumination.*
Awrītan, *to write, record.* See Wrítan.
Awurpan, *to cast away, cast down.* See Aweorpan.
Awyllan, pret. weoll, *to boil.*
Awyrdan, *to corrupt, injure.*
Awyrgian. See Wyrian.
Axan, *askes, cinders.*
†Axeden (axodon), *asked, inquired;* from axian.
Axian. See Acsian.
Geaxian, *to hear, learn.*
†Apele (æpelo), *nobility, power.*
Apencan, *to devise, find out.* See Dencan.
Apenian, *to stretch out, prostrate;* apenedon (apenedum) earmon (earmum), *with outstretcht arms.*
Aper, *either.*
†Apinches. See Ofpinches.
Aprowian, *to suffer.*
Að-swerung, *oath-swearing.*
Apum, II. 2. *son-in-law.*

B.

Bā, gen. begra, dat. bām, *both.* Gr. 171.
†Bac (bec), *books.*
Bæc, *back;* over-bæc, *backward;* on-bæc, *behind.*
Bæcbord, II. 1. *larboard.*
Bæcere, II. 2. *baker.*

Bæftan, i. q. bæftan.
Bagöware, *the Bavarians.*
Bælc, *pride.*
Bǽr, *bier, bed.*
Gebǽran, *to conduct oneself,* se gerere.
Bǽrman, *bearer, carrier.* See Man.
†Baid (bed), *bed.*
Baldlice, *boldly.*
Baldor (Bealdor), II. 2. *chief.*
Bām. See Bā.
Bán, II. 1. *bone:* pl. bana, p. 115, L 25.
Bāna, *bane, slayer, murderer.* O.N. bana, *to kill.*
Bār, II. 2. *boar.*
†Bare, *bare.*
†Batueie (bātwū), *both.*
Bātwū, *both.* Dan. begge to.
†Bape, *both.*
†Baðie (bapian), *to bathe.*
Be, *by, at, of, concerning, according to,* dc.
Beacon, III. 1. *beacon, sign.*
Beacnian, *to beckon, make a sign.*
Beád. See Beodan.
Beadon, for bædon.
Beado-rinc, II. 2. *warrior.*
Beadu, III. 1. *war, battle;* beadu-rǽs, *rush of battle, onset.* Hence the proper name Beadowulf *contr.* Beowulf.
Beæftan, *behind.*
Beah, beag, II. 2. *bracelet, armlet, ring, diadem.*
Beah. See Bugan.
Beah-gifa, *bracelet-giver;* epithet of a chief.

GLOSSARY. 201

Beah-hróden, *adorned with bracelets*. See Cod. Exon. p. 331, l. 20, and note.
Bealcettan, *to belch, give forth*.
Beald, *bold, audacious;* mid bealde, *boldly, audaciously*.
Bealoful, *baleful, execrable*.
Bealu, III. 1. *bale, injury, mischief*.
Beam, II. 2. *beam, tree, pillar*.
Bean, II. 3. *bean*.
Bearhtm, II. 2. *instant, twinkling*.
Bearm, II. 2? *bosom*. Dan. Barm.
Bearn, II. 1. *child*. Scot. Bairn, Dan. & O. S. Barn.
Beatan, pret. beot, *to beat*.
Bebeodan, *to command, commend, intrust, commit:* pa bebodenan, *those intrusted*. See Forbeodan.
Bebiade, E. Angl. for bebeode.
Bobód, III. 1. *commandment, order*.
Bebúgan, i. q. onbúgan.
Bebyrgian, bebyrigan, *to bury*.
Bebyt, 3 p. sing. pres. from bebeodan.
Becuman, *to come, happen, seize on, befall*. See Cuman.
Bed, II. 1. *bed*.
Gebéd, III. 1. *prayer*. Ger. Gebet. Hence our word *bead*.
Bedǽlan, *to deprive*.

Bedǽle, *partly, but little, paullum?*
‡Bede (gebéd), *prayer*. Ger. Gebet.
Béd-húe, } II. 1. *house of prayer, oratory*.
Gebéd-hus, }
Bediglian, *to hide, keep secret*.
Bed-rest, II. 3. *bed, couch*.
Bedrífan, *to drive*. See Drífan.
Bedydrian, *to deceive, enchant*.
Bedypan, *to bedip, dip*.
Beeode. See Begán.
Befangen. See Befón.
Befeallan, *to fall*.
Beferan, *to go over, travel over*. By the prefix be, the neuter verb is rendered active, as in German, fahren and befahren.
Befón, *to contain, comprehend, clothe*. See Fón and Onfón.
Beforan, *before*. Gr. 409.
Befrínan, pret. -frún, pl. -frunon, *to ask, inquire, interrogate*. Gr. 242.
Begán, begangan, pret. -eode, *to exercise, go over, cultivate, till, observe, apply to*.
Begea, for begra. See Bá.
Begen, *both*.
Begeondan, *beyond*.
Begeotan, 3-gýt, pret. -geat, pl. -guton, *to sprinkle, moisten*. Gr. 250.
Beging, for bigung, *bowing, bending*.

GLOSSARY.

Beginnan, pret. -gan, pl. -gunnon, *to begin.*
Begra, Beigra, } gen. pl. of bá.
Begrynian, *to ensnare.*
Begytan, pret. -geat, *to beget, obtain.*
Behát, II. 1. *promise.*
Behátan, pret. -het, *to promise.*
Beheafdian, *to behead.*
Behealdan, 3 -hylt, pret. -heold, *to behold, see, observe, mind.*
Behefe, *needful, useful.*
Behélan, *to cover, hide.*
Behófian, *to behove, require.* Gov. gen. of thing.
Behreowsian, *to berue, repent.*
Behreowsung, *repentance.*
Behwyrfan, *to apply, exercise.*
Behydan, *to hide, conceal.*
Behydilice, *heedfully, anxiously.*
Behð, *token, sign, proof?*
Beládung, *excuse, apology, justification.*
Belǽfan, *to leave,* from bolífan. Gr. 347.
Belǽwan, *to betray.*
Boleaf, for beláf. See Belífan.
Beleán, pret. -loh, subj. -loge, *to reprehend.*
Belewite, *meek, mild.*
Gebelgan, 3 gebylgð, pret. -bealb, pl. -bulgon, pp. -bolgen, *to enrage, make angry, be indignant.* Gr. 242.

Belfden, *deprived.* See Grimm, And. and El. p. 125.
Belífan, pret. -láf, pl. -lifon, *to remain.*
Belimpan, pret. -lamp, pl. -lumpon, *to happen, belong to, have reference to, conduce.*
Belle, I. 3. *bell.*
Belóge. See Beleán.
Belúcan, pret. beleúc, pl. -lucon, pp. lócen, *to lock, shut up. inclose.*
Beme, *the Bohemians.*
†Beme (byme), *trumpet.*
Bén, II. 3. *prayer.* Dan. Bön.
Benǽman, i. q. benfman.
Benc, II. 3. *bench, table.*
Benc-sittende, *sitting on benches, or at table.* Gr. 118.
Bend, II. 2, II. 3? *band, cord.*
Benfman, *to take away, deprive of.* See Nfman.
Boo, I. 3. *bee;* gen. pl. beona.
Beo, imperative of wesan. Gr. 233.
Beod, II. 2. *table.*
Beodan, pret. bead, 2 bude, *to command, enjoin.* Gr. 193.
Beofian. See Bifian.
Beón, *to be.* See Wesan. Gr. 238.
Boorg, II. 2. *mountain.*
Beorgan, Geboorgan, } 3 byrgð, pret. bearh, pl. burgon, pp. borgen, *to*

GLOSSARY. 203

save, secure, protect. Gr. 242.

Gebeorg, III. 1? *security, protection.*

Beorht, *bright;* bearht-blowende, *brightly blowing.*

Beorhtnys, beorhtnes, *brightness.*

Gebeorhlic, *safe, secure.*

Beorma, *barm, leaven.*

Beormas, *the people inhabiting the country called Biarmaland, on the shores of the White Sea, east of the Dwina.*

Beorn, II. 2. *chief, warrior.*

Gebeorscipe, *convivial meeting, feast.*

Beot, *threat, promise;* on beot, *with threatening.*

Beoten, for beoton. See Beatan.

Beotian, ⎫ *to promise,*
Gebeotian, ⎭ *vow, threaten.*

Beotlic, *threatening.*

†Beoton (buton), *save, except.*

Bepæcan, pret. bepæhte, *to deceive.* Gr. 253.

Beran, 3 p. he byrð, prot. bær, pp. boren, *to bear, carry.*

Bere, II. 2. *barley.*

Bera, *bear.*

Bereafian, *to bereave, rob.*

Beran, *of bear's skin.*

Berende, *bearing, fertile;* from beran.

Bereowsung, i. q. Behreowsung.

Bergyls, II. 2? *sepulchre.*

†Berman (bærman), *bearer.*

Bern, II. 1. i. e. bere-ern, (from bere, *barley,* and ern or ærn, *house, place,*) *barn.*

†Berrhle (byrle), *young man who serves wine at table,* also, *a young man in general;* from birlian, haurire.

Berstan, pret. bærst, pl. burston, *to burst, break, split.* Gr. 242.

Berstan, *to evade, escape from,* i. q. ætbærstan.

Besúrgian, *to condole with, compassionate.*

Besceawian, *to view, behold, contemplate.* Ger. Beschauen.

Bescufan, 3 -scyfð, pret. -aceaf, pl. scufon, pp. -scofen, *to shove, drive, impel.*

Beseah. See Bescón.

Besencean, act., *to sink.*

Besendan, i. q. sendan.

Bescón, v. r. *to look, look at, view.* See Seón.

Besettan, *to place, set.*

Besittan, pret. -sæt, *to beset, surround;* should grammatically be besettan.

Besmítan, pret. -smít, pl. -smiton, *to pollute, defile.*

Besorgian, *to sorrow for, grieve.*

Besprécan, *to bespeak, declare.* Sprecan.

Bestándan, *to stand on or by, occupy.* See Slándan.

Bestreowian, *to bestrew.*

204 GLOSSARY.

Bestrídan, pret. -strád, pl. -stridon, *to bestride.*
Beswícan, pret. -swíc, pl. -swicon, *to deceive, entrap, betray.*
Beswincan, *to labour.* See Swincan.
Beswingan, pret. -swang, pl. -swungon, pp. -swungen, *to whip.*
Besyrian, *to ensnare.*
Bet, *better.* Gr. p. 51.
Betǽcan, pret. -tǽhte, *to take, deliver, intrust, commit.*
†Betake (betǽcan), *to deliver, assign.*
Betan, } *to make good,*
Gebetan, } *amend, repair, compensate, become better.*
Betcón, *to bequeath.* See Teón.
Betore, *better.* Gr. p. 51.
Betweoh. See Betweox.
Betweonan, *between, among, interim.*
Betweox, }
Betwix, } *betwixt, among,*
Betwux, } *in the midst.*
Betwyx, }
Betwínan. } See betweo-
Betwynan. } nan.
Betýnan, *to close.* See Tún.
Boweddian, *to wed, betroth.*
Bowend, *turned,* from wendan. Gr. 207.
Beweorcan, *to encompass.*
Beweorpan, 3 -wyrpð, pret. -wearp, pl. -wurpon, pp. -worpen, *to cast, beat.*
Bowépan, *to bewail.* See Wépan.

Bewérian, bewǽrian, *to defend.*
Bewindan, *to wind about, wrap, entwine.* See Windan.
Bewſtan, pres. -wút, pret. -wiste, *to take care of, instruct, act as tutor to.* Gr. 218.
Bewrſðan. See Gewrſðan.
Bowyrpan. See Beweorpan.
Bepcaht. See Bepeccan.
Bepearſan, pres. ic -pcarf, pl. -þurſon, pret. -porſte, *to need.*
Bepeccan, pret. -pcahte, pp. -pcaht, *to be thatch, bedeck, cover, protect,*
Beðian, *to bathe, wash.*
Beporſte. See Bepearſan.
Biburigod. See Bebyrgian.
Bicgan, } pret. bohte, *to*
Gebicgan, } *buy, pay for.*
Bicgean, } Gr. 214.
Biclyppan, *to embrace.*
Gebicnian, *to beckon, show, indicate.*
Bicuman. See Becuman.
Bidǽlan, *to deprive.*
Bídan, } pret. bád, pl. bi-
Gebídan, } don, *to abide, await, enjoy.*
Biddan, } 3 bit, pret. bæd.
Gebiddan, } pp. boden, *to pray, bid, beg, beseech;* gov. gen. of thing. With refl. pron. *to pray to, worship.*
Bidytt, *shut up;* from dyttan, *to shut up.*
Bifian, *to tremble.* Ger. beben.

GLOSSARY.

†Bifullet, contr. for befeol hit.
Big, i. q. be.
Bigan. See Bicgan.
Bígan, } to
Gebſgan, gebſgean, } bend, bow, incline, convert. Gr- 347.
†Bigge (biegan), to buy.
Bigeng, } II. 2. tillage,
Biggeng, } culture, worship.
Biggencere, II. 2. cultivator, operator.
†Biȝeteð (begytað), they begat.
Bigleofa, sustenance.
Biglſdan, pret. -glád, to glide by.
Bigspel. See Bispel.
Bigstándan, to stand by, assist. See Stándan.
Bigð. See Bicgan.
†Biȝeat (begeat), got; from begytan.
Bihæfdian, E. Angl. for beheafdian.
†Biheovede (behofode), behoved, required.
†Bihett (behet), promised; from behatan.
Bihidilice. See Behydilice.
†Bihongen, clothed.
Bil, bill, beak.
†Bilæuen, } (belæfan,) to
†Bileafuen, } leave.
†Bilefdo, } (beleofode,)
†Bileofde, } lived, stayed; from leoſian (lybban).
†Bileued, left.

Bilewit, kind, mild, meek, simple.
Bilewitnys, meekness.
Bill, II. 1. bill, faulchion.
Bin, II. 3. } bin, manger.
Binne, I. 3 ? }
Bindan, } pret. band, pl.
Gebindan, } bundon, to bind, capture.
Binnan, binnon, within, under.
†Binomen (benumen), taken away; from benſman.
†Binoðen, below, under.
Bión, i. q. beón.
Bireuod, for bereſſſod. See Bereſſfian.
†Birle, byrle, II. 2. attendant at table, pincerna. See Berrhle.
†Birrþ (gebyrað), it becometh, is fitting, incumbent on; from gebyrian.
Bisíregian, to lament, deplore.
Bisceop, } II. 2. bishop.
Biscop, }
Biscopháſ, episcopal office.
Biscop-setl, III. 1. episcopal throne.
Biscop-stól, II. 2. episcopal see.
Biscop-þenung, episcopal duty or service.
†Bisecchen (besécan), to beseech, seek after.
†Bisemære (bysmor), insult, mockery.
Biseo, i. q. beseo.

Bisettan, *to beset, cover over.*
  Gr. 208.
Bisgian, *to busy, occupy.*
†Bisic (bysig), *busy, active.*
Bismorful, *shameful, blasphemous.*
Bismorian, *to mock, insult, ill-treat.*
†Bisne (byson), *example, pattern.*
Bisnian, *to give example.*
Gebisnung, *example.*
Bispel, bigspel, II. 1. *proverb, parable, fable.* Ger. Beispiel.
Bistalcian, *to stalk, proceed, march.*
†Biswake (beswíc), *deceived;* from beswicán.
†Bitachet (betœcð), *assigns, gives.*
†Bitake (betæce), *commit, deliver.*
Biter, *bitter, stern.*
Biwǽrian. See Bowérian.
†Biwiton (bewítan), *to hold, reserve.*
Blác, *black, pale.* Ger. bleich.
Blác-hleor, *pale-faced, fair.*
Blæd, II. 2. *glory, prosperity, life, blast,* flatus.— *Tail (of a seal);* gend. uncert.
Blæd, II. 3. *fruit, branch.*
Blawan, 3 blæwð, pret. bleow, pp. blawende, *to blow.*
Blecingeg, *the province of Bleking in Sweden.*
Geblendan, pret. -bland, pl. -blundon, pp. geblonden, *to blend, tinge, stain.*
†Blene (blinnan), *to cease.*
Bleo, *colour.*
Bletsian, }
Gebletsian, } *to bless.*
Bletsung, *blessing.*
Blícan, pret. blác, pl. blicon, *to shine, glitter.*
Blind, *blind.*
Blinnan, pret. blán, pl. blunnon, *to cease.*
Blis, II. 3. *bliss, joy.*
Blissian, } *to rejoice,*
Geblissian, } *exult.*
Bliðe, *blithe, joyful, propitious, kind.*
Blipelíce, *blithely, gladly, cheerfully*
Bliðmód, *kind, well-disposed.*
Bliðnes, *blitheness, mirth, exultation.*
Blód, II. 1. *blood.*
Blódig, *bloody.*
Blostm, II. 2. *blossom.*
Blostnena, p. 110, lin. pen. ult. Blostma ?
Blowan, *to blow, blossom.*
†Blopeliche, } *bashfully,*
†Bluðeliche, } *clownishly?*
Ger. blöde. Ohg. blódi, or from bliðelíce, *gladly,* etc.?
Bóc, fem. irreg. *book.* Gr. 100.
Bócere, II. 2. *scribe, doctor, interpreter.*
†Bock (bóc), *book.*
Bóc-kin, II. 1. *kind or sort of book.*
Bóc-land, II. 1. *land held by*

GLOSSARY. 207

charter (bóc), *as opposed to folc-land.* See Allen on the Royal Prerogative, p. 143, sq.
Bóclic, *bookly, literary.*
Bóc-stæf, II. 2. *alphabetic character.* Ger. Buchstab. Dan. Bogstav.
†Bóc-staff, i. q. bóc-stæf.
Boda, *messenger.*
Gebód, III. 1. *command,* from beodan.
Bodian, } *to preach, an-*
Bodigean, } *nounce.*
Bodig, II. 2. *body.*
Bódung, *preaching.*
†Bofe, *above.*
Bóg, II. 2. *bough.*
Bóga, *bow.*
Gebógen. See Bugan.
Bohte. See Bicgan.
Bold, II. 1. *house, dwelling.*
Gebolgen. See Gebolgan.
Bolla, *bowl, cup.* O. N. Bolli.
Bolster, II.2.? *bolster, pillow.*
Bont, E. Angl. for band. See Bindan.
Bord, II. 1. *board, shield, table.*
Bord-weall, II. 2. *board-(shield-) wall.*
Gebóren, } See Béran.
Ibóren, }
Borg, borh, II.2. *money, borrowed, loan,* fœnus.
Borian, *to bore; pour?*
†Borle. See Birle.
†Born (beorn), *nobleman, chief.*
Bosm, II. 2. *bosom.*

Bót, II. 3. *compensation, reparation, atonement.*
Botl, *house, dwelling.*
†Bour (búr), *bower, chamber.*
†Boute (buton), *without.*
†Brac (bræc), *brake.*
Brád, *broad.*
Brádnis, *broadness, expanse.*
Gebræc, III. 1. *breaking, crash.*
Brædan, *to roast.* Ger. braten.
Bræð, *breath, vapour, fragrance, odour.*
Bragen, III. 1 ? *brain.*
Brand, II. 2 ? *brand, firebrand.*
Brastlian, *to make a crackling noise as a fire,* crepitare.
Breac. See Brucan.
Brócan, pret. bræc, pp. gebrócen, *to break.*
Bredan, 3 brit, pret. bræd, pl. brudon, pp. bróden, *to braid, twist, plait, draw.*
Bregdan, pret. brægd, pl. brugdon, *to draw.*
Brego, III. 2. *lord, prince, chief.*
Bremo, *famed, celebrated.*
Bremel, II. 2. *bramble.*
Breost, II. 3. *breast;* often used in the plural.
Breotone, *Britain.*
Brerd, II. 2. *brim, edge, summit.*
Brice. See Bryce.
Bricg, II. 3. *bridge.*
Bridel, II. 2. *bridle.*
Bridd, II. 2. *young bird.*

Bridel-þwancg, II. 2. *bridle-thong, rein.*
†Bridgume (brýdguma), *bridegroom.*
Brim, II. 2. & III. 1. *ocean, sea.*
Brim-liþende,) *seaman.*
Brim-man,   )
Bringan,   ) pret. brohte,
Gebringan,) *to bring.* Gr. 214.
Brócen, gebrócen. See Brecan.
Gebrócod, *broken, maimed.*
Broga, *terror, dread.*
Gebrohte. See Bringan.
Brosnian, *to decay, perish.*
Brost, for breost.
Gebrowen, *brewed.*
Broð, II. 1. *broth.*
Broþor, III. 2. *brother, friar.* Gr. 96. Ger. Bruder, Dan. Broder.
Gebroðru, -a, III. 2. *brethren.* Gr. 96.
Brucan, 3 bryeð, pret. breac, pl. brucon, *to use, enjoy, eat,* with genit. Ger. brauchen, Dan. bruge.
Brún, *brown.*
Brún-ecg, *brown-edged;* epithet of a sword.
†Ibrusted, ibrustled, *bristled, set with;* from byrst, *bristle.* Ger. Borste.
†Bruttas, *Britons.*
Bryce, II. 2. *use, enjoyment.*
Brycð. See Brucan.
Brýd, II. 3. *bride.*
Bryden, *solid, firm?*
Brýdguma, *bridegroom.*

Brym. See Brim.
Brymel. See Bremel.
Bryne, II. 2. *burning, fire.*
Brytta, *dispenser, enjoyer, perpetrator, bestower.*
Bryttc, II. 2. *Briton.*
Buan, 3 byð, pret. bude, *to dwell in, cultivate.* Gr. 212.
Bufan, *above, from above,*
Bugan,   ) pret. beah, pl.
Gebugan,)   bugon, pp. gobógen, *to bow, bend, stoop, yield, submit, turn.*
†Bugge (bicgan), *to buy.*
Bugian, *to inhabit;* bugigend, *inhabitant.* Dan. bue.
Gebún, *cultivated, inhabited.* See Buan.
Bune, I. 9. *cup.*
Ibunden (gebunden). See Bindan.
†Buod (beoð), *shall be;* from beón.
Búr, II. 2. *bower, chamber.*
Burrð, E. Angl. for gebyrað. See Gebyrian.
†Burd (bord), *table.*
Burge, pret. subj. of beorgan.
Burgenda-land (Borgundar holm), *Bornholm.*
Burgendas (Burgundiones), *the Burgundians, who in Ælfred's time appear to have dwelt to the north of the Osti. We find them at another period on the east bank of the Oder.*
Búr-geteld, II. 1. *bower-tent, pavilion.*

GLOSSARY. 209

Burg-sele, II. 2. *castle hall.*
Burh, III. 3. *burgh, city.* Gr. 100, 108.
Burh-leod, II. 3. *townspeople.*
Burh-sittende, *city-dweller.* Gr. 118.
Burhwaru, *townspeople.* Gr. 104.
†Buri (burh), *bury, burgh, town.*
Burigan, *to bury.*
Burigen. See Byrgen.
Burst. See Byrst.
Buruh, i. q. burh.
Butan. See Buton.
†Bute, } (butan,) *without.*
†Buten, }
Butere, I. 3. *butter.*
Buter-gepweor, III. 1. *butter-ointment, butter;* from þweán, *to anoint.*
Buterice, II. 2. *leather bag or bottle,* uter.
Buton, } *but, save, except,*
†Bote, } *unless, without.*
†Bute, }
†Buwen (bugan), *to bow, submit.*
†Buuen, *above.*
Gebycgan. See Bicgan.
Bydel, II. 2. *beadle, cryer, preacher, herald.*
Byld, } *bold, firm.*
Gebyld, }
Byldan, *to excite, encourage.*
Gebyldan, *to imagine, design, plan, devise, draw;* pp. gebyld. Ger. bilden.
Ibyldan, for gebyldan.
Bylewit. See Bilewit.

Bylig, II. 2? *bellows.* Ger. Balg.
Byme, I. 3. *trumpet.*
Byn, *cultivated:* from buan.
Gebyrd, II. 3. and Gebyrdu, III. 3. *birth.*
Byrdest, *of highest rank or birth.*
Byre, II. 2. *son, child.*
Byrig, *Bury in Suffolk.*
Byrgen, II. 3. *sepulchre, grave.* Gr. 297.
Gebyrian, *to be fitting, becoming, to beseem, to be (one's) duty, happen.*
Byrigen, i. q. Byrgen.
Byrnan, pret. barn, pl. burnon, *to burn,* ardere.
Byrne, I. 3. *cuirass, corselet.* Dan. Brynje.
Byrn-hóm (-homa?), *cuirass, corselet.*
Byrn-wíga, } *mailed*
Byrn-wíggende, } *warrior.* Gr. 118.
Byrst, II. 3. *bristle.* Ger. Borste.
Gebyr-tíd, for gebyrd-tíd, II. 3. *nativity.*
Byrðen, II. 3. *burthen.*
Byrþen, p. 135, l. 20, should probably be búr-þen: where supposing Edward to be the son of Byrhtnoth's búr-þegn (*chamberlain*), and þa (l. 21) an error for þæt, the passage, þanc gesǽde þam búrþene, þæt he byre hæfde, becomes intelligible, viz. *he gave thanks to his*

P

210   GLOSSARY.

chamberlain that he had (such) a son.
Byagian. See Bisgian.
Bysig, *busy.*
Bysmer, *infamy, insult, blasphemy.*
Gebysmcrian. See Bismorian.
Dysmerlice, *disgracefully, contemptuously.*
Bysmorlic, *disgraceful.*
Bysn, } i. q. gebis-
Gebysnung, } nung.

C.

Cæg, II. 3. *key.*
Caf, *prompt, active.*
Caflice, *promptly.*
Cald, *cold.*
Cale, *Chelle (la Celle or Celles)* " in pago Parisiaco, quasi centum stadiis a Lutetia, villa quondam regia, ad *Matronam* fluvium, in quo loco *Bathildis* cœnobium sanctimonialium virginum construxit." — Smith, ad Bedæ H. E.
Camel, II. 2. *camel.*
Camp, } II. 1. *battle, conflict.* Ger. Gekämpfe.
Gecamp, }
Campdōm, *warfare.*
Can. See Cunnan.
Canon, *canon.*
Cantwara-burh, *Canterbury.* Gr. 106.
Capitol, *first (mass),* matutinalis.
Carendre, *Carinthia.*

Carfullice, *carefully.*
Carian, *to care, be solicitous.*
Caru (Cearu), III. 3. *care.*
Cascre, II. 2. *Cæsar, emperor.* Ger. Kaiser.
Castell, II. 1. *town, village.*
Cealu, III. 3. *chaff.*
Ceallian, *to call.*
Geccás. See Geccosan.
Ceast, II. 3? *strife, murmuring.*
Ceaster, II, 3. *city, town.* Gr. 81.
Ceaster-waru, III. } *citi-*
3. pl. ceaster- } *zens,*
wara (wera), } *towns-*
and -gewaran. } *men.*
Gr. 104.
Cellod, *keeled;* applied to a shield, from the form of its external surface, resembling the bottom of a vessel.
Celmert-mon, Nor. for hyrling, *hireling.*
Cempa, *champion, soldier.* Ger. Kämpfer, Dan. Kæmper.
Céne, *keen, bold, valiant.* Ger. kühn.
Cénnan, } pret. cénde, pp.
Gecennan, } cénned, *to bear, bring forth.*
Cent-land, II. 1. *Kent.*
Ccorfan, pret. cearf, pl. curfon, *to carve, cut.*
Ccorian, *murmur.*
Ceorl, II. 2. *churl, freeman, laic.* Ger. Kerl.
Ccorung, *murmuring, complaint.*

GLOSSARY. 211

Ceosan, } 3 p. he cyst,
Geccosan, } pret. ceas, 2
cure, pl. curon, pp. ge-
córen, *to choose, judge.*
Ceoscl, II. 2 ? *gravel, sand.*
Ger. Kiesel.
Cepan, *to take, keep, observe,
hold;* gov. gen. as, ācúmes
cepan, *to take to flight.*
Cerran. } See Cyrran.
Gecerran. }
Cese. See Cyse.
Child, modern for cild.
Cídan, pret. cidde, *to chide.*
Cígan, } *to call, address.*
Gecígan, }
Cild, II. 1. *child.* Gr. 08.
Ælfr. Coll. has cildra in
plur.
Cild-clāð, II. 2. *child-cloth,
swaddling-cloth.*
Cild-cradol, II. 2. *child-
cradle.*
Cildhád, *childhood.*
Cildlic, *childish.*
Cineg. See Cyning.
Gecind. See Gecynd.
Cinn, cynn. See Cyn.
Cipan, *to sell;* ciptun for
cipton.
Circe, I. 8. *church.*
Ciriclic, *churchlike, ecclesi-
astical.*
Cirman, *to make a noise, cry
out.*
Cirran. See Cyrran.
Cičan. See Cyčan.
Clæne, *clean, pure.*
Clænnis, *cleanness, purity.*
Clænsian, } *to cleanse,*
Geclensian, } *purify.*

Clænsung, *cleansing, purifi-
cation.*
†Clane, } (clæne,) *clean.*
†Clene, }
Clauster, III. 1. *cloister, in-
closure.*
Clāð, II. 2. *cloth, garment.*
Cleafa, clyfa, *room, cel-
lar.*
Cleopian, }
Cliopian, } *to call, cry.*
Clipian, }
Clypian, }
Clucgge, I. 8. *clock, bell.* Ger.
Glocke, Dan. Klokke.
Clúd, II. 2. *rock, cliff.*
Clúdig, *rocky.*
Clufan, 3 clyfð, pret. clenf,
pl. clufon, *to cleave.* Gr.
250.
Clypian, } i. q. cleopian.
Geclypian, }
Clyppan, *to embrace, make
much of.*
Clypung, *calling crying.*
Clysung, *inclosure.*
Cnapa, *knave, boy.* Ger.
Knabe.
Gecnawan, *to know.* See
Oncnawan.
Gecnédan, *to knead.*
Gecneordlæcan, pret. -læhte,
to study.
Gecneordlic, *diligent.*
Gecneordnys. See Ge-
cnyrdnys.
Cneoris, *generation, race,
tribe.*
Cneow, III. 1. *knee.*
†Cnif, *knife.*
Cniht, II. 2. *knight, youth,*

p 2

GLOSSARY.

military follower. Ger. Knect.
Cnihthâd, *youth.*
†Cnipt (cniht), *retainer,* etc.
†Icnwo (gecneow), *knew:* from gecnawan.
Cnyll, II. 2 ? *knell, tolling.* Ger. Knall.
Gecnyrdnys, gecneordnys, *study, care, diligence.*
Côc, II. 2. *cook.*
Cohhetan, *to cough?*
Collan, p. 149, l. 9?
Collen-ferhð, *lofty-minded?*
Comp-wig, II. 1? *strife of battle.*
Con, i. q. can. See Cunnan.
Coorlan, *cohorts.*
Gecôren, *chosen, elect, decided.* See Ceosan.
Corn, II. 1. *corn, seed, grain.*
Cosp, II. 2. *bond, chain.*
Coss, II. 2. *kiss.* Ger. Kuss.
Gecostan,
Costian,   } *to tempt,*
Costnian,   } *prove.*
Gecostnian,
Costnigend, II. 2. *tempter.* Gr. 118.
Costnung, } *temptation.*
Costung,   }
Coð, II. 3. *disease.*
Crabbe, I. 3. *crab.* Ger. & Dan. Krabbe.
Crœft, II. 2. *art, craft, artifice, power.*
Crœftig, *crafty, powerful.* Ger. kräftig.
†Craft (craft), *craft.*

Creaca-land, } *Greece.* Ger.
Creca-land, } Griechen-
Crecа-rícœ, } land.
Creda, *creed.*
Creopan, 3 crypð, pret. creap, pl. crupon, *to creep.*
Creopend, II. 2. *creeping (thing), reptile.* Gr. 118.
Cric, *crutch.*
Gecrincan, pret. -cranc, pl. -cruncon, *to cringe, fall, die.*
Cristen, *Christian.*
Cristendóm, *Christendom, Christianity.*
Croc, II. 2. *a pot.*
Croc-sceard, II. 1. *potsherd.*
Cucen, } *quick, living.*
Cucu, }
Culfre, I. 3. *culver, dove.*
Culter, *coulter.*
Cuma, *comer, guest;* cumena-hús, *inn, also, the part of a monastery appropriated to guests.*
Cuman, 3. cymð, pret. com, *to come.* Gr. 237.
Gecuman, *to come together.*
Cumbol, II. 1. *banner, standard.* See Grimm, And. and El. p. 92.
Cumbol-wíga, *chief commander.*
†Cume (cyme), *coming.*
Cumliðnys, *hospitality.*
Cunnan, ic can, pl. cunnon. pret. cuðe, *to know, be able.* Gr. 218.
Cunnian, *to try, tempt, attempt.*

GLOSSARY. 213

Gecunnian, *to prove, explore.*
Gecure. See Ceosan.
†Custen (cyston), *kissed;* from cyssan.
Cuð, *known, certain, evident.*
Cuða, *acquaintance.*
†Cuðe,*maketh known,telleth.*
†Cuððe (cyððu), *country, kith.*
Cwalu, III. 3. *death.*
Cwealm, II. 2. *pestilence.*
Cweartern, II. 1. *prison.*
†Cwecchen, *to cook?*
Gecweman, *to please.*
†Icwemde, *pleased, satisfied.* See Gecweman.
Gecweme, *acceptable, agreeable.*
Gecwemlice,*agreeably, pleasingly.*
Cwén, II. 3. *queen.*
Cwénland, *the country between the Gulf of Bothnia and the White Sea, including Finmark.*
Cwen-sǽ, *the White Sea.*
Cweðan, } 3 p. he cwyð,
Gecweðan, } pret. cwæd,
pl. cwædon, *to say, speak.* Gr. 232. cwyst þu? Lat. num? an? Gr. 160.
Cwic, *quick, alive.*
Cwicbeam, II. 2. *juniper, quickbeam.*
Cwidol, *evil-tongued, maledicus.*
Cwyde, II. 2. *saying, speech, word.*
Cwydræden, } II.3.*agree-*
Gecwydrædon, } *ment, compact.*

Gecwylman, *to kill, destroy.*
Gecyd. } See Cypan.
Cydde. }
Cyfes-boren, *base-born;* from cyfes, II. 3. *a concubine.* Ger. Kebs, *kept* (*woman*).
Cygan. } See Cígan.
Gecygan. }
Cyld, } *chill, cold.*
Cyle, II. 2. }
Cyl, II. 2. *leathern bottle or bag.* Lat. uter?
Cyme, II. 2. *coming.*
Cyn, II. 1. *kin, race, family.*
Gecynd, II. 1. *nature, generation.*
Gecynde-lim, III. 1. *womb.*
Cyne, *royal, noble, gentle.* Used as a prefix.
Cyne-helm, II. 2. *crown.*
Cyne-hlaford, II. 2. *royal master.*
Cynelic, *kingly, royal.*
Cyne-róf, *royal, noble, renowned.*
Cyng, i. q. cyning.
Cyng-bán (cin-bán), II. 1. *chin-bone, jaw-bone.*
Cyning, II. 2. *king.*
Cynren, III. 1. *kindred, family.*
Cypan, i. q. cípan.
Cype-cniht, II. 2. *youth for sale.*
Cypman, III. 2. *chapman, merchant.* Ger. Kaufmann, Dan. Kjöbmand.
Cýr, *time, occasion.*
Cyrce, I. 3. See Circe.

214   GLOSSARY.

Cyre, II. 2. *will, choice, election.* See Ceosan.
Cyrcea. } See Circe.
Cyricea. }
Cyrm, II. 2. *cry, scream.*
Cyraceaster, *Cirencester.*
Cyrran, } *to turn, return,*
Gecyrran, } *convert.* Gyr. ran up *is perhaps a nautical phrase for the simple* cyrran.
Cyrre, II. 2. *time.*
Gecyrrednys, *conversion, penitence.*
Cyse, II. 2. *cheese.* Ger. Käse.
Cys-gerunn, *cheese;* i. e. what is now called *a* cheese, from the same root as gerunnen, concretus, coagulatus. Hence our *runnet.*
Cyssan, *to kiss.* Ger. küssen.
Cystig, *bountiful.*
Cystelice, *bountifully.*
Cyto, I. 3. *cot.*
Cyð, II. 3. *knowledge, familiarity.*
Cyð, *know.* See Cyðan.
Cypan, } pret. cyðde
Gecyðan, } (cydde), *to make known, let know, announce, tell, devise.*
Cypere, II. 2. *martyr, witness.*
Cyðnes, } *witness, testi-*
Gecypnis, } *mony, testament, compact,* fœdus; gecyðnisse cypan, *to testify.*
Cyððu, III. 3. *country.*

D.

Dœcan (E. Angl.), *deacon.*
Dœd, II. 3. *deed, action.*
†Dœd, *dead.*
Dœdbétan, *to repent, make retribution.*
Dǽd-bót, II. 3. *deed-reparation, repentance, retribution.*
Dæg, II. 2. *day.* Dan. Dag, Ger. Tag. Gr. 69. dæges, *by day;* on dæg, *one day.*
Dæghwomlic, *daily.*
Dægrod, II. 1. *day red, dawn.*
Dægredlic, adj. *morning,* matutinus.
Dæg-weorc, II. 1. *day's work.*
Dæg-wist, II. 3. *daily repast.*
Dægperlic, *present.*
†Idœied, *died.*
Dál, II. 2. *deal, part.* Dan. Deel, Ger. Theil.
Dǽlan, } *to deal, divide,*
Gedǽlan, } *bestow, spend.*
Dælf. See Delf.
Dwð, for deð.
Gedafenian, gedafnian, *to be fitting,* decere, oportere, convernire; gov. dat.
Gedafenlice, *properly, decently.*
Dafnian, i. q. gedafenian.
Dagian, *to dawn.*
Dagung, *dawning.*
Dalamensan, *a Slavonic people formerly inhabiting Silesia.*
†Dalest, *dealest,* etc., from dǽlan.

GLOSSARY. 215

Dansis, *the Tanais, Don.*
Daru, III. 3. *destruction, injury;* whence Dorian.
Daroð, II. 2. *dart.*
Datia, *under this denomination were comprised the modern Red Russia, Transylvania, Walachia, and part of Moldavia.*
†Daw (dœg), *day.*
Dead, *dead.*
Deadlic, *mortal.*
Deaf, *deaf.*
Deah. See Dugan.
Dear. See Dearran.
Deare, i. q. deore.
Dearnunge, *secretly, privately.*
Dearran, ic dear (deor), we durron, pret. dorste (dyrste),*to dare.* Gr.218.
Deaw, IL 2. *dew.*
Deað, IL 2. *death.*
Deaðlic. See Deadlic.
Gedefen, *opportune, fitting, due.*
†Deiȝe, *to die.*
Deire, *the natives of Deira, the southern part of the kingdom of Northumbria, extending from the Humber to the Tees.* See Lappenberg's 'England under the Anglo-Saxon Kings,' v. i. p. 117, sq.
Delf, ⎫ II. 1. *delving, the*
Gedelf, ⎭ *act of digging.*
Delfan, 3 dylfð, pret. dealf, pl. dulfon, *to delve, dig.* Gr. 242.
Déma, *judge, governor;*

from déman. Hence the word *dempster.*
Déman, ⎫ *to deem, judge,*
Gedéman, ⎭ *decide, doom, resolve.*
Den, for denu.
Dene, *the Danes.*
Denemearce, *Denmark.*
Denu, III. 3. *den, cave, valley.*
Deofol, deofl, II. 2. *devil.*
Deofol-seocnes, *devil-sickness,* i. e. *possession by a devil.*
Deoflic, *devilish.*
Deofulcuud, *devilish, diabolical.*
Deod, *deep, profound.*
Deoplice, *deeply, profoundly.*
Deopnys, *deepness, mystery.*
Deor, IL 1. *beast, animal.* Ger. Thier, Dau. Dyr.
Deor. See Dearran.
Deorc, *dark.*
Deorcea, for deorce, *darkly.*
Deor-cyn, II. 1. *kind of beast.*
†Deore (deor), *dear.*
Gedeorf, III. 1. *tribulation, labour.*
Deorfan, ⎫ pret. dearf, pl.
Gedeorfan, ⎭ durfon, *to work, toil.*
Deorwyrðe, *precious.*
Der, E. Angl. for deor.
Derian, ⎫ *to hurt, injure.*
Derigan, ⎭
Diaconhád, *deaconhood.*
Dío, II. 2. *dyke, ditch.*
Digel, II. 3. *secret.*

GLOSSARY.

Digel (digol), ⎫ *dark, secret,*
Digle,   ⎬ *obscure.*
Digellice, *secretly, privily.*
Digelnys, *secret, secrecy, privacy.*
Diht, II. 3. *dispensation, contrivance, direction, command.*
Idiht, *prepared,* for gediht. See Gedihtan.
Gedihtan, *to dispose, order, prepare.*
†Dihten (dihtan), *to frame, order, indite.*
Dimme, *dimly.*
Dior, i. q. deor.
Doccyng, *Docking in Norfolk, near Hunstanton and Snettisham, called Dry Docking.*
Dogor, II. 2. poet. *day;* but strictly, *the day of 12 hours.* See Grimm, Andr. and Elene, p. 154; and Kemble's Gloss. to Beowulf.
Doȝcð (duguð), *men, followers, court.*
†Dohgeþ (duguð), *truth, good.*
Dohte. See Dugan.
Dohtor, dohter, III. 2. *daughter.* Gr. 66.
Dolh-wund, *sorely wounded.*
Dóm, II. 2. *doom, judgement, sway, power, victory, discretion.*
Dómlice, *powerfully, effectually, nobly, bountifully.*
Dón,   ⎫ 3 deð (doð), pret.
Gedón, ⎬ dyde, pp. gedon,

to do, make, put, pour. Ger. thun. Gr. 212.
Donua, *the Danube.*
Dorceceaster, *Dorchester.*
Dorste. See Dearran.
†Dotic, *to dote.*
Doð. See Dón.
Dreám, II. 2. *joy, delight, melody.*
Drecan,   ⎫ pret. drehte,
Gedrecan, ⎬ pp. dreht, *to vex, afflict, torment.*
Gedrefan, *to trouble, afflict, offend.*
Gedrefednys, *trouble, affliction.*
Gedreht, *vexed, afflicted, tormented;* from gedrecan.
Drenc, II. 2. *drink, potation.*
Drencan, *to drench.* Gr. 347.
Dreng, II. 2. *soldier, guard, satelles.* O. N. Dreingr.
Dreogan (drogan), 3 dryhð, pret. dreag, pl. drugon, *to do.* It. *to suffer.*
Gedreog, *drying, anointing.*
Dreorig, *dreary, sad;* dreoriglice, *sadly.* It. *gory.*
Dreoriglice, *drearily, mournfully.*
Dreorignys, *dreariness, sadness, sorrow.*
Gedrif, III. 1. *drift.*
Drífan, pret. draf, 2 drife, *to drive.*
Drignis, *dryness.*
†Drihlich (drihtlic), *lordly, noble.*
Drihten, II. 2. *lord.*

GLOSSARY. 217

Gedrinc, ⎫ III. 1. *drink,*
Gedrync, ⎭ *drinking.*
Drincan, pret. dranc, pl. druncon, *to drink.*
Drogan, for drugon. See Dreogan.
Drohtað, II. 3. i. q. drohtnung.
Drohtian, ⎫ *to live, pass*
Drohtnian, ⎭ *(time),* degere.
Drohtnung, *life, conduct.*
Druncen, *drunken, drunk.*
Dry, II. 2. *wizard, magician.*
Drycræft, II. 2. *witchcraft, magic.*
Drycræftig, *skilled in witchcraft.* Gr. 122.
Drygan, *to dry.*
Dryhten, i. q. drihten.
Dryhtenlic, *dominical, divine.*
Dryht-guma, *follower, satelles.*
Drypan, *to drip, drop.*
†Dude (dyde), *did;* from dón.
†Iduden (dydon), *did.*
Dugan, pres. deah, pl. dugon, pret. dohte, *to help, be good for.* Gr. 218.
Duguð, II. 3. *good, benefit, happiness, followers, nobility.*
†Duȝden (duguð), *nobles, court.*
Dumb, *dumb.*
Dún, II. 3. *down, mountain.*
Dúne, *down.*
†Dure (deor), *dear.*
Dureleas, *doorless.*

†Durewurðe (deorwyrðe), *costly, precious.*
Durre. See Dearran.
Duru, III. 3. *door.*
Dust, II. 1. *dust.*
Dwelian, *to err.*
Gedwild, III. 1. *error, heresy, sin.*
Gedwóla, i. q. gedwólman.
Dwollice, *erroneously.*
Gedwólman, III. 2. *heretic;* from gedwyld, *error,* etc.
Gedwólsom, *erroneous, heretical.*
Dwyld. ⎫
Gedwyld. ⎭ See Gedwild.
Gedwymorlice, *in a fantastic or illusory manner.*
Dyde. See Dón.
Dyderung, *illusion, enchantment, dissembling.*
Dym-hóf, II. 2. *hiding-place.*
Dynian, *to make a din.*
Dýr, *dear, precious.*
Dyrste. See Dearran.
Gedyrsod, *made daring:* from gedyrsian.
Dyrstelice, *daringly, rashly.*
Dyrstig, *daring, bold.*
Dyrstignys, *boldness, presumption.*
Gedyrstlǽcan, pret. -læhte, *to dare, presume, venture.*
Dyrwyrðe. See Deorwyrðe.
Dysig, II. 1. *folly.*
Dysig, ⎫
Dyslic, ⎭ *foolish, absurd.*

218   GLOSSARY.

E.

Ea, II. 3. *river.* Dan. As. Gr. 85.
Eac, *eke, also, moreover;* eac swylce, *also, likewise, in like manner.*
Eaca, *increase.*
Eácnian, } *to conceive,*
Geácnian, } *bring forth, to increase, quicken, make pregnant.*
Ead, *happiness, prosperity.*
Ead-brcŏig, *exulting in prosperity or success.*
Eadig, *blessed, happy, affluent,* felix.
Eadmed, *humility, reverence.*
Geeadmedan, *to worship, adore, prostrate, humble.*
Eadmodlic, } *humble, re-*
Eadmód, } *spectful;*
Eadmódlice, } eadmódlice, *humbly.*
Geeadmettan, i. q. Geeadmedan.
✢Ench-sen (eage-syn), *eyesight, presence.*
Ea-gang, II. 2. *course or bed of a river.*
Eage, I. 1. *eye.*
Eahtn, } *eight.*
Eahte, }
Eahteoð, *eighth.*
Eahtetoone, *eighteen.*
Eal. See Eall.
Eala, *Oh! alas!*
Eald, *old.*
Ealda-fæder, III. 2. *grandfather,* avus. Gr. 97.
Ealddóm, *age.*
Ealdfæder, III. 2. *patriarch.*
Eald-hettendo, *old oppressor.* Gr. 118.
Ealdian, *to grow old.*
Ealdnys, *age.*
Ealdor, II. 2. *elder, chief, prince, ancestor.*
Ealdor, II. 3. *life.*
Ealdor-duguð, II. 3. *chief nobility.*
Ealdorman, III. 2. *senator, chief,* dux.
Ealdorscype, *supremacy, first place, authority.*
Ealdor-þegn, II. 2. *chief officer.*
Eald-Seaxan, *the Old-Saxons, inhabiting the country from the Eyder to the Weser.*
Ealdung, *age.*
Eall, *all;* mid ealle, *totally.*
Ealles, *totally, in all.*
Eallunga, } *totally, quite,*
Eallunge, } prorsus, omnino.
Ealswa, *as, like as.*
Ealu, III. 3. *ale.*
Earc, II. 3. *ark, chest.*
Eard, II. 2. *country, habitation.*
Eardian, *to inhabit, dwell in, settle in.*
Eare, I. 1. *ear.*
Earfoŏlice, *difficultly, hardly.*
Earfoŏnys, *difficulty, trouble, hardship.*
Earh, *fugitive, cowardly.*
Earm, II. 2. *arm.*
Earm, *poor, miserable.* Ger. arm.

GLOSSARY. 219

Earming, II. 2. *poor miserable being.*
Earmlic, *miserable.*
Earmlice, *miserably.*
Earn, II. 2. *eagle.* Dan. Örn.
Geearnian, *to earn, gain, attain, merit.*
Geearnung, *merit, desert, benefit.*
Gecarwian, *to prepare.*
East, *east, eastwards.*
Ea-steð, | III. 1. *river's*
En-steð, | *bank.*
Eastan, *from the east.* Gr. 330.
East-dæl, II. 2. *the east.*
East-Engla, *East Angles.*
Easter, pl. Eastra, *Easter.*
Easter-dæg, II. 2. *Easter-day, Passover.*
Easterlic, adj., *Easter.*
Eastern, *eastern, oriental.*
Eastoweard, | *eastward.*
Eastweard, |
East Francan, *East Franks, dwelling north of the source of the Danube and east of the Rhine.*
Eastland, II. 1. *the country of the* Osti *or* Estas. See Osti.
East-ryhte, *due east.*
†Eastrea, (O. Fr. estres,) *being, condition, state, particularly internal; as, "connaître les ôtres d'un bâtiment," i.e. to know all the rooms, passages, stairs,* etc.
Eawfest, *pious, religious.*

Eaðe, | *easily, readily;*
Eaþelice, | eaðost, *most easily.*
Eaðmed, *humble;* mid eaðmedum, *humbly.*
Gecnðmedan, *to humble;* with acc. of pron. *to worship.* See Geeadmedan.
Ge-eaðmódan, *to vouchsafe.*
Geaðmódian, *to humble, be pleased.*
Ebbe, I. 3. *ebb.*
Ece, II. 2. *ache, pain.*
Ece, *eternal.*
Ecg, *edge.*
Ecg-plega, *edge-play, conflict.*
†Eche (ece), *eternal.*
Ecnys (ecnes), *eternity.*
Ge-edcennan, *to bear or bring forth again.*
Edleán, II. 1. *reward.*
Edniwan, *anew.*
Ge-edniwian, *to renew.*
Edwist, *substance.*
Edwit, *reproach, contumely.*
Efen, *even, just;* efen fœlo, *just as many.* Ger. eben so viel.
Efen-eald, *coeval, of like age.*
Efen-éce, *coeternal.*
Efenlǽcan, | pret. -læhte,
Geefenlǽcan, | *to imitate.*
Geefenlǽcung, *imitation.*
Efenlic, *even, equal;* efenlice, *in like manner, also.*
Efern, *evening.* Nor. for æfen.
Efne, *lo! behold! even.* Fr. même, *exactly, just.* Ger. eben.

220   GLOSSARY.

Efor, efer, II. 2. *wild boar.*
  Ger. Eber.
Efsian, *to shave.*
Efstan, *to hasten.*
Eft, *again, after, afterwards.*
Ege, II. 2. *awe, fear, dread.*
Egesa, *fear, dread.*
Egesful, *awful, terrific.*
Egeslic, *dreadful, horrible.*
Eggemære, *Egmore in Norfolk, near Holkham.*
Eghuona, Nor. for æghwanon, *from all sides.*
†Eggwhœr (æghwœr), *everywhere.*
Eglan, *to afflict, annoy.*
†E¡e, *own.*
†Eh-seen, *eyesight.*
Ehta, i. q. enhta.
Ehtan, *to follow, persecute;*
  gov. gen. or acc.
Ehtnys, ⎫ *persecution.*
Ehtung, ⎭
Eihwelc, E. Angl. for æghwylc.
†Fille, *evil, ill.*
†Ekenn (ecan), *to eke, add, increase, enlarge;* ekedd, *added.*
Eleung, *delay, expectation.*
Ele, II. 2. *oil.*
Elig, *Ely.*
Ellen, II. 1. *valour, fortitude.*
Ellen-dæd, II. 3. *valiant deed.*
Ellen-róf, *famed for courage, bold.*
Ellen-spréc, II. 3. *bold speech.*
Ellenwêlnes, *fervent zeal.*
Ellen-þriste, *boldly daring.*

Elles, *else, otherwise.*
Ellor, *elsewhere.*
Elmesse, Ælmesse, I. 3. *alms.*
Eln, II. 3. *ell.*
Elnian, *to strengthen, comfort.*
Elpeod, II.3. *foreign nation, foreigner.*
Elpeodig, *foreign, foreigner.*
Elpeodignes, ⎫ *(living) in a*
Elpeoding, ⎭ *foreign land;*
  in (on) elpeodignesse, *abroad,* peregre.
Embe, *about.* Gr. ἀμφί,
  Ger. um, Dan. om; i. q. ymb.
Eembehtian, *to serve, minister.*
Embsniðan, *to circumcise;*
  from snîðan, *to cut.*
Emn, *even, level, plain;* on
  emn, *even with, by the side of.*
Emnlange, *along.*
Ende, II. 2. *end, extremity.*
†Ende, p. 175, line 20, for
  bende, *as in the other text?*
Geendebyrdan, ⎫ *to order,*
Endebyrdian, ⎭ *ordain, place, arrange.*
Eudebyrdlice, *in order.*
Endebyrdnys, *arrangement, order, detail;* þurh endebyrdnys, *in turn.*
Endemes, *at length, at last.*
Endenext, ⎫ *latter, last.*
Endenyhst, ⎭
Geendian, *to end, finish.*
Endlyfta, *eleventh.*
Geendung, *end.*

GLOSSARY. 221

Engel, II. 2. *angel.*
Engla-land, II. 1. *land of the Angles, England.*
Engle, *Angles.*
Englisc, *English, Anglo-Saxon.*
Ent, II. 2. *giant.*
Geodon, for codon.
Eodorcan, *to ruminate.*
Eode. See Gán.
Eoforwic-ceaster, II. 3. *York.*
Eoh, II. 2. *horse.* Old Sax. Ehu.
†Eon (on), *on, in.*
Geond, *through, over,* per.
Eondscýnan. See Goondsefnan.
Eorl, II. 2. *earl,* poet. for *man.*
Eornoste, *earnestly, vigorously.*
Eornostlice, *earnestly, so, now, therefore;* igitur, itaque.
Eorð-bugigend, *inhabitant of earth.* See Bugian.
Eorðe, I. 3. corðu, III. 3. *earth, land.*
Eorðfæst, *fast in the earth.*
Eorð-hús, II. 1. *earth-house, grave.*
Eorðlic, *earthly.*
Eorð-ríce, III. 1. *world.*
Eorð-tilia, *earth-tiller, husbandman.* See Tilian.
Eorð-tilð, II. 3. *earth-tilling, agriculture.*
Eorð-tyrewe, I. 1? *earth-tar, bitumen.* Ger. Theer, Dan. Tjære, *tar.*

Eowan,} *to show, manifest.*
Eowian,
Eow, *you, to you.* Gr. 137.
Eower, *your.* Gr. 137.
Eowland, Oeland, *lying off the east coast of Sweden.*
Erbe, for yrfe.
Erce, *arch.* But who is corðan modor (*mother of earth*), to whom this title is given ? See Grimm, D. M. p. 232.
Ercebisccop, II. 2. *archbishop.*
Ercohád, *archiepiscopal dignity.*
Erendraca. See Ærend-raca.
Erfeland, II. 1. *hereditary land.* Ger. Erbland, Dan. Arveland.
Erian, *to plough.*
Ermð, i. q. yrmð.
Ern, II. 1. *house, place, room.*
†Errust (ærost), *first.*
Esne, II. 2. *man, young man, servant.*
Esol, II. 2. *ass.* Ger. Esel.
Estas. See Osti.
Estful, *devout, kind, benignant.*
Est more, *the Frische Haff, or lake, into which flows one of the branches of the Vistula.*
Et, E. Angl. for æt.
Etan,} 3 yt, pret. æt, *to*
Ettan,} *eat.* Gr. 228.
†Euhe (hiw), *hue.*
Ewunga, *openly, publicly.*
Eð, comp. of eað, *easy ;* þy eð, *the more easily.*

222   GLOSSARY.

Epelice, *easily.*
Epel, II. 1, 2. *country, home.*
Eðel-weard, II. 2. *keeper or ruler of a country.*

F.

Faeg, II. 1. *plaice?* platesia.
Fácn, III. 1. *fraud, guile,* dolus.
Gefadian, *to dispose, order, manage.*
Fadung, *disposition, dispensation.*
Fæc, II. 1. *space, interval, department.* Ger. Fach.
Fæder, III. 2. *father.* Gr. 97.
Gefædera, *godfather, gossip.*
Fæderlice, *paternally.*
Fæge, *fated,* moribundus.
Fægenian. See Fægnian.
Fæger, *fair, good;* fægere, *fairly, beautifully.*
Fægernys, *fairness, beauty.*
Fægnian, *to fawn, rejoice.*
Fæhð, II. 3. *feud, hate, hostility.* Ger. Feide.
†Fæir (fæger), *fair.*
†Fæirlich (færlic), *sudden, unexpected.*
†Fæisið (færge-sið?), *departure, death.*
†Fæit (fét), *feet.*
Fæmne, I. 3. *damsel, maiden.*
Fæmnhâd, *maidenhood, virginity.* Gr. 302.
Fær, *journey.*
Fær, (in composition), *sudden, dreadful, dire.*
Færeld, II. 2? *way, going, journey,* gressus.

Færinga, *suddenly.*
Færlic, *sudden, dangerous;* færlice, *suddenly.* Ger. gefährlich, Dan. farlig.
Fær, III. 2. *craft, peril.*
Fær-sceaþa, *crafty, dangerous robber.*
Færð. See Faran.
Fæstan, *to fast.* Gr. 208.
Fæste, *fast.*
Fæsten, III. 1. *fast,* jejunium.
Fæsten, III. 1. *fastness, fortress, citadel.*
Fæsthâfel, *tenacious.*
Fæstlic, *strong, firm, irresistible;* fæstlice, *firmly, resolutely.*
Fæstnian,   } *to fasten, con-*
Gefæstnian, } *firm.*
Fæstnys, *fastness, firmness, bulwark, firmament.*
Fæstnung, *confirmation.*
Fæt, III. 1. *vessel, fat.* Ger. Fass, Dan. Fad. Gr. 88.
Fætels, II. 2. *bag, sack, purse.*
Fætt, adj. *fat.*
Fæþem, II. 2. *fathom, cubit, embrace, bosom, protection.*
Fah, *variegated, glittering.*
†Fainen (fægnian), *to rejoice.*
†Fairsipe, *fairness.*
†Fallepp, *falleth.*
Falster, *one of the Danish isles in the Baltic.*
Fándian, *to try, prove.*
Fándung, *temptation, trial, probation, inquiry.*
Gefangen, *taken (prisoner).* See Fón. Ger. gefangen

GLOSSARY. 223

Fann, II. 3? *fan.*
Far, II. 3. *fare, course, journey, way.*
Faran, ⎫ 3 fŏrð, pret. fŭr,
Gefaran, ⎭ pp. faren, *to go, journey.*
Farne, *Farne Island.*
Fat, II. 2. *fat.*
Fat-fylre (fæt-fyllere), II. 2. *vessel-filler, butler?* abatis, i. e., according to Du Cange, *an officer whose duty it was to distribute provender.*
Fax, for feax.
Gefen, *joy.*
Gefeaht. See Feohtan.
Feallan, ⎫ 3 fylð, pret.
Gefeallan, ⎭ fcoll, *to fall, fail.* Gr. 234.
Feala. See Fela.
Fealu, fealo, *fallow, dun, yellow, golden.*
Fealo-hilt, *epithet of a sword.*
Fear, II. 2. *bullock.*
Feaw, ⎫
Feawa, ⎭ *few.*
Feax, II. 1. *hair, lock;* cæsaries.
Febriende, *in a fever.*
Feccan, ⎫
Gefeccgan, gefeccan, ⎬ pret. -fchte, *to fetch, carry off.*
Fedan, 3 fett, *to feed,* also *to bring forth.* Dan. föde. Gr. 207.
Fefor, II. 2. *fever.*
†Feing, for fang, *clasp, grasp.*
†Feirnes, for fægernya.

Fel, II. 1. *skin, hide.*
†Fel (fyl), *fell;* from fyllan.
Fela, *much, many.* Ger. viel.
Feld, II. 2. *field.* Gr. 70.
†Fele (fela), *many, much.*
Fell. See Fel.
†Felle, *sane, of sound intellect.*
Fellen, *leathern,* also *a felt, skin.*
Fen, II. 1. *fen.*
Feng, ⎫ *took.* See Fón.
Gefeng, ⎭
†Feo (feoh), *money, wealth.*
†Feode (fēdan), *to feed.*
Feoh, III. 1. *cattle, money.* Gr. 91. Ger. Vieh.
Gefeoht, III. 1. *fight, battle.*
Feohtan, ⎫ *to fight.* 3 fyht,
Gefeohtan, ⎭ pret. feaht, pl. fuhton, pp. fohten. 2) *to gain (by fighting).* See also Gesleán.
Feol, *file;* feol-heard, *file-hard, hard as a file;* an epithet given to a spear.
Geleol. See Feallan.
Feolde, for folde.
Feolian, *to file.*
Feolo, i. q. fela.
Gefeón, pret. -fcah, pl. -fegon, part. -feonde, *to rejoice.*
Feond, II. 2. *enemy.* Ger. Feind, Dan. Fjende.
Feond-sceaða, *hostile ruffian.*
Feor, *far.*
†Feor, *for,* nam.
Feorh, III. 1. *life.* Gr. 91.
Feorh-giefu, III. 3. *vital gift, wine?*

GLOSSARY.

Feorh-húś, II. 1. *life-house, body.*
Feormian, *to purge, cleanse.*
Feorran, *afar, from afar.* Gr. 339.
Feower, *four.*
Feorða, *fourth.*
Feowerscyte, *quadrangular;* from scyt or sceat, *angle.*
Feowertyne, *fourteen.*
Feowertig, *forty.*
Gefer, III. 1? *company, society.*
Gefera, *companion.*
Geferrǣden, II. 3. *society, fellowship.*
Geferscype, *company, society, fraternity.*
Feran, pret. -ferde, *to go, proceed, fare.* Gr. 347. Cuman feran means simply *to come.*
Ferd, for fyrd, *army.*
Ferhðe, p. 149, l. 16, probably an error for forð, or a word may be wanting, as cearige, after ferhðe.
Ferhð-gleaw, *prudent-minded, sagacious.*
Ferian, } *to bear, carry, go.*
Ferigan, }
Geferod. See Ferian.
†Ferren (feorran), *from afar, foreign.*
Fers, II. 1. *verse.*
Fersafeld, *Fersfield in Norfolk.*
Ferse, *fresh, not salt.*
Geferscipe, *company, society.*

Ferwernan, E. Angl. for forwyrnan.
Feste, for fæste, *fast.*
Festman, } See Gefæst-
Gefestnian, } nian.
Fetigan, *to fetch.*
Fett. See Fedan.
Fettian, *to contend.*
†Fættel (fætels), *vessel.*
Gefexod, *having a head of hair,* comatus; from feax, capillus.
Fepa, *band, body.*
Feðe-last, *on foot;* from feðe, *step,* and last, *track, footstep.*
Feper, III. 1. *feather, wing.*
Feðung, *footing, walking, steps.*
Fic-treow, III. 1. *fig-tree.* Gr. 88.
Fíf, *five.*
Fifta, *fifth.*
Fifteoða, *fifteenth.*
Fiftig, *fifty.*
Fiftyne, *fifteen.*
Fild, *plain, champaign.*
Filian. See Fyligan.
†Filleun, *to fill, fulfil.*
Gefillan, *to fill.*
Fin, II. 2. *Fin.*
Findan, 2 ſaſt, 3 fint, pret. fand, pl. fundon, *to find.* Gr. 195, 241.
Finger, II. 2. *finger.*
Finol, *fennel.*
Fir, II. 2. *man,* vir.
Firmest. See Fyrmest.
First. See Fyrst.
Fisc, II. 2. *fish.* Gr. 77.

GLOSSARY. 225

Fiscað, ⎫ II. 2. *the occupa-*
Fiscoð, ⎭ *tion of fishing.*
Fisc-cyn, II. 1. *fish-species.*
Fiscere, II. 2. *fisher.*
Fixas, pl. of fisc. Gr. 77.
Fixian, *to fish.*
Fipele, I. 3. *fiddle.*
Flæsc, II. 1. *flesh.* Ger.
  Fleisch.
Geflæschûmian, *to clothe with flesh, render incarnate.*
Flæsclic, *fleshly.*
Flæsc-mete, II. 2. *flesh-meat.*
Fliǵ, I. 3 ? ⎫ *dart, arrow.*
Flán, II. 2. ⎭
Flasc, pl.flaxas,II.2.Gr.77.⎫
Flaxe, I. 3. *flask, leathern* ⎬
  bottle, flasco. Gr. p. 21.⎭
Fleah. See Fleogan.
Fleâm, II. 2. *flight.*
Fléde, *flood, at flood-tide.*
Fleogan, fleón, pret. fleah, pl. flugon, imperat. fleoh, *to flee, fly.* Gr. 195, 235, 250.
Fleogende, *flying.*
Fleoh-net, II. 1. *fly-net.*
Fleón. See Fleogan.
Flesc. See Flæsc.
Flett, II. 1 ? *house, hall, couch,* stratum. O. N. flet.
Flet-sittende, *sitting on couches,* in convivio accumbentes.
Fligan. See Afligan.
†Flíʒ (fleoh), *fly !*
Flión, i. q. fleón.
Geflit, III. 1. *contest, dispute.*

Flítan, pret. flát, pl. fliton, *to dispute, contend, fight.*
Floc, *flock, band, body.*
Floc, II. 1. *sole ?* platissa.
Flód, II. 1. & II. 2. *flood.* Ger. Fluth, Dan. Flod.
Flór, II. 3. *floor, pavement, story.*
Flót, *float,* on flót foran, *to go afloat ?*
Flota, *fleet, sailor.*
Flótan, *to float, flow.*
Flót-here, II. 2. *army of seamen.*
Flót-man, III. 2. *sailor.*
Flowan, *to flow.*
Flúd, i. q. flód.
Flugon. See Afligan.
Flyht, *flight.*
Geflyman, *to put to flight, rout.*
Flýs, II. 1. *fleece, fur.*
Foda, fodda, *food, support.*
Foder, fodder, II. 1. *fodder, food.* Ger. Futter.
Fohte, p. 134, line 53, for feohte ; þa wæs feohte neh, *then was the conflict nigh.*
Fola, *foal.*
Folc, II. 1. *folk, people.* Ger. Volk.
Folcisc, *vulgar;* folcisce menn, *common people.*
Folclic, *popular.*
Folc-stede, II. 2. *place of nations, field of battle.*
Folc-toga, *leader of people.*
Folde, I. 3. *earth.*
Folgere, II. 2. *follower.*
Folgian, i. q. fyligan.

Q

226   GLOSSARY.

Folm, II. 3. in sing.? In
pl. nom. and acc. it has
folman; poet. *hand*.

Fón,   } 3 fehð, pret. feng,
Gefón,   }   *to receive, take,
begin; to pam rfce fón,
succeed to the kingdom,
undertake the government*.
Togædere fón, *to assemble*.

†Fondien (fúndian), *to prove,
try*.

Fór, II. 3. *way, journey,
voyage*.

Fór. See Faran.

For, *for, by reason of,
through*.

For, *before*, præ, coram.

For *for, notwithstanding*. It.
too, very. Dan. for. For
rape, *too quickly;* for wel
oft, *very often;* for án,
only.

Foran, *before;* foran to, *previously*.

Forbærnan, *to burn, to be
burned*. Ger. verbrennen.

Forbeodan, pret. -bead, pl.
-budon, pp. -boden, *to
forbid*.

Forbígan,   } 3 -bigð (-bið),
Forbígean, }   pret. -beah,
to bow, bend, humble, decline, avoid. Gr. 347.

†Forblenndedd (forblindod),
blinded.

Forbredan, 3-bryt, *to precipitate, overthrow, prostrate*, confringero.

Forbugan, *to eschew, avoid,
withdraw from*. See Bugan.

Forbygan. See Forbígan.

Forbyrnan, v. n. pret. -barn,
pl. -burnon, *to burn*, ardere.

Forbyð. See Forbígan.

Forceorfan, pret. -cearf, pl.
curfon, pp. -corfen, *to cut,
cut off*, præcidere.

Ford, II. 2. *ford*. Gr. 70.

†Fordemen (fordéman), *to
condemn*.

Fordón, *to ruin, destroy*.
See Dón.

Fordrífan, *to drive, bear
away*. See Drífan.

Fordruwian, *to dry up, wither*.

Fore, *for, over, before*, per,
as fore mære, permagnus;
fore beón, præesse.

Forealdian, *to grow old*.

Fore-cweden, *aforesaid*.

Foregenga, *foregoer, attendant*?

Fore-gleaw, *foreseeing*, providus.

Fore-lutan, *to stoop or bow
before* (one).

Fore-mǽre, *very great*.

Forenspræcen, *beforementioned*.

Foresǽd, *foresaid*. See
Secgan.

Foresceawian, *to foresee,
preordain*.

Foreseón, *to foresee, provide*.
See Geseón.

Foresceond, *Providence*. Gr.
118.

Foresetnes, *purpose*.

Forespræc, II. 3. *prediction*.

Forespróccen, *before mentioned.*
Forestæpan,) pret. -stóp,
Forestæppan,) *to step before, precede.*
Forewerd, *forward, early.*
†Forfúren, *ruined, destroyed.*
Forfela, *very many.*
Forfleón, *to flee from, escape.* See Fleón.
Forgeldan,) 3 -gylt, pret.
Forgyldan,) -geald, pl. -guldon, pp. -golden, *to pay, requite, compensate.*
Forgífan, *to forgive, give, grant.* See Gífan.
Forgifenis. See Forgyfenes.
Forgrípan, pret. -gráp, pl. -gripon, *to seize.*
Forgyfenes, *forgiveness.*
Forgymeleasian, *to neglect.*
Forgytol, *forgetful.*
Forhæfednys, *abstinence.*
For-heard, *intensely hard.*
Forheawan, pret. -heow, *to cut down, slay, mangle.*
Forhergian, *to harry, plunder.*
Forhergung, *ravage, devastation.*
Forhógian, *to despise.*
Forhóhnes, forhógednes, *contempt.*
†Forhowede (forhógode), *despised.*
Forhradian, *to get before, prevent.*
Forhtfull, *fearful.*
Forhtian, *to fear.*
Forhtlice, *fearfully.*
Forhtung, *fear.*

†Forhuste (forhyste ?), *derided?* from hysian, *to hiss, deride?*
Forhwæga, *however,* saltom.
Forhwerfian, *to turn, change.*
Forlǽtan, pret. -let, *to leave, let, let go, forsake, leave off;* in forlǽtan, *to let in.*
Forleoran, *to leave.*
Forleosan, 3 -lyst, pret. -leas, 2 -lure, pl. -luron, pp. -lóren, *to lose.* Gr. 251.
Forlidenes, *shipwreck.*
Forlideu, *shipwrecked,* from liðan, *to sail, navigate.*
Forlígere, III. 1. *fornication.*
Forlóren, *lost.* See Forleosan.
Forlyst. See Forleosan.
Forma (se) (seo, þæt) forme, *first.*
Forrotodnys, *rottenness, corruption.*
†Forrwerrpen (forweorpan), *to cast away, reject.*
†Forrþi, *because.* Dan. fordi.
Forsácan, pret. -soc, *to forsake, refuse, deny.*
Forsceádan, pret. -aceod, pp. -scuaden, *to scatter.*
Forsceden, for forsccaden. See Forsceadan.
Forsceoppan, *to miscreate, transform.*
Forscrincan, pret. -scranc, pl. -scruncon, *to shrink, wither.*
Forsearian, *to sear, dry, wither.*

Forseón, *to despise.* See
Seón.
Forseón, v. refl., *to err, sin.*
Ger. sich versehen.
Forsetnes, *resolution, purpose, continuation.*
Forsleán, 3-slyð, pret.-sloh,
  pp. -slegen (-slagen), *to
  slay, beat, strike off.*
Forspendan, *to spend, consume.*
Forspillan, *to destroy.* Ger.
verspillen.
Forsuwian, *to be silent, refrain from uttering, pass
  in silence.*
Forswelgan, 3-swylð, pret.
  -swealh, pl. -swulgon, *to
  swallow up, devour.*
Forswóren, *forsworn, perjured;* from forswerran.
Forwándian, *to revere, respect;* part. forwándigende, *respectful.*
Forwegen, *prostrate?* forðwegen?
Forwel, *very.*
Forweorðan (forwyrðan),
  to perish, be ruined. See
  Weorðan.
Forwerod, *worn out, old.*
†Forwerrpenn, *to cast away,
  reject.*
†Forwurnen (forwyrnan),
  *to refuse, forbid, prohibit
  from.*
Forwyrcan, pret. -wyrhte,
  to punish, injure, lose.
Forwyrd, II. 3. *destruction,
  ruin.*
Forwyrnan, *to refuse, deny,*

prevent: governs dat. of
person and gen. of thing.
Forð, *forth, along.*
Forþam, forþan, *because,
  therefore;* forþam þe, *because that.*
Forð-arǽsan, *to rush forth.*
Forðarn. See Forðyrnan.
Forð-ateón, } pret. -teah, pl.
Forð-teón, } -tugon, *to
  bring forth, produce.*
Forðberan, *to bear forth.*
  See Beran.
Forð-bringan, pret. -brohte,
  to bring forth.
Forðdrífan, *to drive on.*
†Forðe (furþon), *indeed,
  even,* quidem.
†Forpeddle (forþod), *furthered, forwarded;* from
forþian.
Forð-faran, pret. -fór, *to go
  forth, depart, die;* forðfáren, *dead.*
Forðferan, *to depart, go
  forth, die.* It. *to bear
  forth;* forðfered, *borne
  forth, dead.*
Forðfór, II. 3. *departure,
  death.*
Forðgán, } *to proceed, go
Forðgángan,* } *forth.* See
Gán.
Forðgenge, *successful.*
Forðgeorn, *anxious to go
  forth, intrepid.*
Forð-gewítan, *to go or pass
  forth.*
Forþi, *therefore, on that account, for, because.* Dan.
fordi.

GLOSSARY. 229

Geforþian, *to further, execute.*
Forð-lǽstan, *to continue, fulfil, perform, execute.*
Forðon, *because, therefore.* In Nor. Gloss, for witodlice.
Forð-sið, II. 2. *departure, death.*
Forð-siðian, *to travel onward.*
Forð-stæppan, pret. -stóp, *to step forth, proceed, emanate.*
Forð-teón, *to carry on,* protrahere, *produce.* See Teón.
Forþy. See Forþi.
Forþyldian, } *to bear patiently, endure.*
Forðyldgan, }
Forþylmed, *enveloped, surrounded.* See Cod. Exon. p. 217, l. 23.
Forð-yrnan, *to run on, continue.*
Fót, III. 2. *foot.* Gr. 96.
Fót-cops, II. 2. *fetter.*
Fót-mæl, II. 1. *foot-measure.*
Fót-sceamel, II. 2? *footstool.* Dan. Fodskammel.
Fót-swæð, III. 1. *foot-trace.*
Fracod, fraced, *shameful, vile, indecent.*
Fræcednys, *peril.*
Fræng. See Fregnan.
Frætwian, } *to fret,*
Gefrætewian, } *adorn.*
Frætewung, *decoration, ornament.*
Frætu, III. 1. *ornament,* in plur. *arms.* Gr. 95.
Fram, *from, by.*

Fram-adrífan, *to expel.*
†Frame (freme), *profit, benefit.*
Fram-gewítan, *to depart from.* See Gewítan.
Framian, *to promote,* profit, prodesse. See Fremian.
Franca, *javelin.*
Frea, *lord, chief.* Goth. Frauja, Ger. fem. Frau.
Freatewung. See Frætewung.
Frecnys, *danger.*
Gefredan, *to feel, perceive.*
Frefrian, } *to console,*
Gefrefrian, } *comfort.*
Frefriend, II. 2. *comforter.* Gr. 118.
Fregnan, } pret. frægn
Gefregnan, } (fræng), pl. -frugnon, pp. -frunen, *to ask, inquire.* It. *to hear, learn, understand.* In like manner, axian signifies both *to ask* and *to be informed (of anything).* So also the Goth. fraihnan, O. Sax. gifregnan, and Dan. spörge, O.N. spyrja, investigare, quærere, 2) rescire.
Fremde, fremed, *strange, foreign, alien.* Ger. fremd, Dan. fremmed.
Fremful, *efficacious, useful.*
Fremian, } *to effect, perfect, perpetrate, promote, improve, benefit.*
Gefremian, }
Fremigan, }
Gefremman, }

Fremsumnes, *kindness, beneficence.*
Freo, *free, liberal, noble.*
Freodu (read freoðu,) III. 3. *peace, friendship.*
Freoh. See Freo.
Freolice, *freely.*
Freols, II. 2. *festival.*
Freols-tíd, II. 3. *feast-time.*
Freond, II. 2. *friend*, part. of freón, *to love.*
Freorig, *frigid, chilly, shuddering.*
Freoncipe, *ingenuousness, gentleness.*
Freosan, pret. frór, pp. fróren, *to freeze.*
Freoðian, i. q. Gefriðian.
Frigdæg, II. 2. *Friday.*
Frimdi, frimdig, *suppliant.*
Frimð. See Frymð.
Frið, II. 2. *peace.* Ger. Friede. Friðes, adv., *in peace.*
Gefriðian, *to protect.* Ger. befriedigen.
Fród, *stricken in years, aged*, confectus, *wise, prudent.*
Frodade, p. 153, l. 0. qu. for freoðode?
Frofor, frofer, II. 3. *comfort;* se Frofor-Gast, *the Comforting Spirit.*
From, *bold, strenuous, pious.* Ger. from, *pious.*
From. See Fram.
Fromlice, *boldly, strenuously.*
Fronden, for freondum.
Frum, a prefix signifying *first.*

Fruma, *beginning.*
Frum-cénned, *first-born;* from cénnan.
Frum-gár, II. 2. *chieftain.* See Grimm, And. and El. p. 124, and D. G. ii. p. 631.
Frumsceaft, II. 2? *beginning of things, creation.*
Frymð, II. 3. *beginning, origin.*
Frymþelic, *primitive.*
Frynd, i. q. and pl. of freond. Gr. 100.
Frysan, *the Frisians*, apparently those on the west coast and isles of the Cimbric Chersonesus.
Frysland, *Friesland.*
Fugel-cyn, II. 1. *bird-species.*
Fugelere, II. 2. *fowler.*
Fugl, fugel, fugol, II. 2. *fowl, bird.* Ger. Vogel, Dan. Fugl.
Fúl, *foul.*
†Fulæt, for fúlað.
†Fulde (fylde), *felled, slew;* from fyllan.
†Fulede (fylode), *followed;* from fylian.
Fulfremed, *perfect.* N.B. fulfremedre, at p. 38, line 21, seems an error of the MS. for fulfremedra.
Fulfremednys, *perfection.*
Fulfremman, *to execute, accomplish, perfect.*
Fúlian, *to foul, rot, putrefy.*
Full, *full, complete.*
†Fulle (feollon), *fell;* from feallan.

GLOSSARY. 231

Fullian, } *make full, to*
Gefullian, } *baptize.*
Fullice, *fully, entirely.*
Fulluht, II. 2. *baptism.* Gr. 308.
Fulluhtere, II. 2 *baptizer, baptist.*
Fultum, II. 2. *help, support, force.*
Fultumian, } *to favour,*
Gefultumian, } *support;*
to gefultumian, *to help to.*
Fulwiht, i. q. fulluht.
Furh, II. 3. *furrow.*
Furð, *forth;* furþra, *further, prior;* fyrmest, *first.* Gr. 51.
Furþon, *indeed, only, even, moreover,* vel, quidem. Fr. même.
Furðor, *further;* comp. of forð.
Fús, *prompt, impetuous, hastening.*
†Fusde (fysde), *started;* from fysan.
†Fuse, *will drive away;* from fysan.
Fuse, *promptly, rapidly.*
†Fusen, } (fysan,) *to hasten,*
†Fusi, } *hurry.*
Fýl, *file.* See Feol.
FýL See Fyll.
Fýlæn. E. Angl. for Fúlian.
Fýlgan, *to fill, glut, get drunk.*
Fýligan, fylian, } *to follow.*
Fýligean, }
Fyll, II. 3. *falling, slaughter;* from fyllan, *to fell.* It. *fill, glut,* from fyllan, *to fill.*

Fyllan, } *to fill, feed, fulfil,*
Gefyllan, } *occupy.*
Fyllan, *to fell, slay.*
Gefylledais, *fullness, fulfilment, completion.*
Gefylsta, *helper, supporter, succour.*
Fylstan, *to help, support.*
Fynd, pl. of feond. Gr. 100.
Fýr, II. 1. *fire.*
Fyr. See Feor.
Fyrd, II. 3. *army, march, military expedition.*
Fyrd-rinc, II. 2. *warrior.*
Fyrd-wic, II. 1? *tent;* in pl. *camp.*
Fyrhto, } III.3. *fear, horror,*
Fyrhtu, } *dread.* Gr. 103.
Fyrlen, *far, distant.*
Fyrmest, *foremost, first, chiefly.*
Fyrn, } *of old, long since.*
Gefyrn, }
Fyrrest, *furthest,* from Feor.
Fýr-spearca, *fire-spark.*
Fyrst, *first, chief.* Ger. Fürst.
Fyrst, II. 2. *space, period.* Ger. Frist.
Fyrðrian, *to further, promote.*
Fyrwit, } *curiosity.* Ger.
Fyrwitnys, } Vorwitz.
Fysan, *to drive, send forth (arrows), send away.*
Fysan, recipr. *to hasten, rush.*

G.

Gád, for gegáda, *comrade?* or *lack, want.* Goth. gaidw? See Grimm, And. and El. p. 160.

232   GLOSSARY.

Gǽd, II. 3. *goad.*
Gaderian, } *to gather, col-*
Gegaderian, } *lect.*
Gegaderung, *gathering congregation, society.*
Gád-isen, II. 1. *goad-iron.*
Gæmenigende, *ganning, playing.*
Gærs, II. 1. *grass.* Gr. 33, 68.
Gærstapa, *grasshopper, locust.*
Gæst, for gast.
Gæt. See Geat.
Gæy-sæt, afterwards *Geist,* now *Guist,* in *Norfolk, near Fakenham.*
Gafeloc, gaueloc, II. 2. *javelin.* O. N. Gaflok.
Gafol, II. 1. *tribute, tax.*
Gálferhð, *libidinous.*
Gálmód, *furious, libidinous.* Dan. gal.
Gamenian, *to game, play.*
Gán,   } 3 gæð(gað),pret.
Gángan, } eode, *to go, walk.* Gr. 212.
†Gan, *began, undertook?*
Gegún,   } *to take,capture,*
Gegángan, } *gain, get.*
Gandis, *Gyndes, a river of Assyria.*
Gang, II. 2. *gait, course, walk, house of office.*
Gángan. See Gán.
Gár, II. 2. *weapon, spear, javelin.* This, like some other masculines of the same declension, in poetry, sometimes loses the pl. termination -as.

Gár-berend, *arms-bearing.*
Gár-gewinn, III. 1. *war of darts or arrows.*
†Garisume (gærsume), *treasure, riches.*
Gar-rǽs, II. 2. *rush of arms, hostile incursion.*
Garsecg, II. 2. *ocean.*
Gast, II. 2. *ghost, spirit.* Ger. Geist.
Gastlic, *ghostly, spiritual.*
Gát. See Geat.
Gaueloc. See Gafeloc.
Ge, ye. Gr. 137.
Ge, ge ....ge, *both .... and, whether .... or.*
Gea, *yea, yes.*
Gealdor, galdor, III. 1. *magic,enchantment, witchery.* From galan, *to sing.*
Gealga, *gallows.* N.B. In the Index to Cædmon, Galgo is an oversight for Galga.
Gear, II. 1. *year.*
Geara, *formerly, of yore.* It. *well, accurately.*
Gearcian, *to prepare.*
Geard, II. 2. *yard, inclosure, region.* Goth. Gards, Dan. Gaard.
†Geare, *of yore, formerly.*
Gearo-poncol, *ready-witted.*
Gearu, gearo, *ready.*
Gearwe, gearuwe, gearwe, *readily, well.*
Gegearwian, *to prepare, exhibit.*
Geat, III. 1. *gate.*
Geatu, III. 1. *equipments.* Gr. 95.

GLOSSARY. 233

Geatu, III. 1. *equipments.* Gr. 95.
Geat-weard, IL2.*gate-ward, porter.*
†Gede, pl. gedenn (code), *went;* from gán.
Gegángan, *to go.* It. *to take, capture.*
Gegerelad, Nor. for gegyrod, *clad.*
Gegnum, *directly, forthwith.*
Gegremian, *to provoke, irritate;* gegremod, *enraged.*
Gehæp, *apt, fitting.*
Geman, gyman, *to take care of,* curare. Dan. gjemme.
†Gemelich, *careful, anxious.*
Gen, gena, *yet, still;* pagena, *as yet.*
Geogoð, II. 3. *youth.*
Geomor, *sad.*
Geomor-mód, *sad in mind.*
Geomrian, *to sigh, groan.*
Geomrung, *groaning, lamentation.*
Geond, *through, over,* per.
Geond-geotan, pret. -geat, pp. -góten, *to suffuse.*
Geond-scínan, *to shine over.* See Scínan.
Geong, giong, } *young.*
Geonglic,
Geongra, *disciple, pupil.*
Georne, *earnestly, carefully, zealously, fervently, well.*
Geornful, *fervent, zealous.*
Geornfulnes, *diligence, zeal, promptness, fervour.*
Geornfullice, } *diligently,*
Geornlice, } *fervently, zealously.* See Georne.

Ger. See Gear.
Gesne, *lacking,* expers. Obg. keisan, *sterilis.* See Grafi, iv. 267, and Grimm, And. and El. p. 124.
Get, *yet, still.*
Geunc, E. Angl. for geong.
Gif. See Gyf.
Gifan, pret. geaf, pl. gifon, *to give.*
Gifernes, *rapacity.*
Gifeðe, *given.*
Gifre, *rapacious.*
Gifu. See Gyfu.
Gild, II. 1? *tax, tribute, pay.*
Gildan, pret. geald, pl. guldon, *to pay, requite.*
Gilden, *golden.*
Giman. See Gyman.
Grim-stún, II. 2. *gem.*
Gin, *wide, ample.*
Ging. See Geong.
Gingre, *female attendant.*
†Ginn, *gin, engine, art, contrivance.*
Gio, geo, *of yore, formerly.*
Giong. See Geong.
Girwan, *to prepare;* girwan up, *to serve up.*
Gisel, II. 2. *hostage.* Ger. Geifsel, Dan. Gidsel.
Gislian, *to give hostages.*
Gistlipe, for gæstlipe, *hospitable.*
Giu. See Gio.
Gegladian. *to gladden.*
Glæd, *glad, joyful.*
Glædlice, *gladly, cheerfully.*
Glæd-mód, *glad-minded.*
Glæs, III. 1. *glass.*
Glæsen, *of glass,* vitreus.

234　GLOSSARY.

Glappe, I. 3 ? *bur,* lappa.
Gleaw, *clever, skillful, sagacious.*
Gleaw-hydig, *prudent, sagacious.*
Gleawlic, *skilful, cunning, astute.*
Gleawnes, *prudence, sagacity, skill.*
Gleawscipe, *acuteness, skill, understanding.*
Glengan,　 ⎱ *to adorn, decorate.*
Geglengan, ⎰
Gleowian, *to joke, sing.*
Gliw, II. 2. *glee, mirth.*
Gluto, *glutton,* p. 35, apparently an error for swelgere.
Gnornian, *to lament, murmur, complain.*
Gnornung, *grief, sorrow, lament, complaint.*
God, II. 2. *God.*
Gód, II. 1, 8. *good, chattel,* bonum.
Gód, *good.*
Godcund, *divine.*
Godcundlice, *divinely.*
Godcundnys, *divinity, Godhead.*
Gódful, *full of good, excellent.*
Gegódian, *to enrich.* Ger. begütern.
Gódnes, *goodness.*
Godspel, II. 1. *Gospel;* from gód, *good,* and spell, *history,* nuncium, *εὐαγγέλιον.*
Gofol, i. q. gafol.
Gol, for gold.

Gold, II. 1. *gold.*
Gold-gífa, *gold-giver, patron, lord.*
Gold-hord, II. 2. *gold-hoard, treasure.*
Gold-smið, II. 2. *goldsmith.*
Gold-wine, II. 2. *gold-* (i. e. *munificent) friend, patron.*
†Gomen (gamon), *game, joke.*
†Gonne, *began, undertook ?*
Gotland, II. 1. Jótland, *Jutland,* i. e. the land of the Hreð-Goths. See Formáli to Snorre's Edda, p. 14, etc.; though Wulfstan apparently alludes to the isle of Gothland.
Gottan, *Goths.*
†Goud, *good.*
Græg, *gray.*
Grám, *angry, fierce, cruel;* to grame niman, *to take in dudgeon.*
Gráme, *fiercely.*
†Grame, *grief.*
Grapian, *to touch with the hand, handle.*
Grecisc, *Greek.*
Gredig, *greedy, ravenous.*
Gremian,　 ⎱ *to provoke, irritate.*
Gegremian, ⎰
†Igromid (gegremed), *provoked, exasperated;* from gegremian.
Grén, *green;* þæt gréne, *the green* (side or part).
Greot, *dust.*
Grétan,　 ⎱ *to greet.* Gr.
Gegrétan, ⎰　207.
Gréting, *greeting.*

GLOSSARY.   235

Grim, *grim, horrible, dire.*
Grimsstûn, *Grimston in Norfolk, near Lynn.*
Grimitan. See Grymetian.
Grín, III. 1. *gin, snare.*
Grindan, pret. grand, pl. grundon, *to grind;* pp. gegrunden, *ground, sharpened.*
Grípan, } pret. gráp, pl. gripon, *to gripe, seize.*
Gagrípan, }
Ghristbftian, *to gnash (with the teeth).*
Gríð, II. 2. *peace.*
Growan, pret. greow, *to grow.* Gr. 234.
Grúnd, II. 2. *ground, world, depth, abyss, cause, reason.*
Grymetian, *to roar, cry out, grunt, gnash.*
Gryre, *horror, terror.*
Gryðian, *to pacify, make peace.*
Guma, *man.*
†Gume (guma), *man.*
Gúð, II. 3. *war, battle.*
Gúð-fana, *military standard, gonfanon.* For the interchange between þ and n, see Gr. p. 22.
Gúd-frec, *eager for battle.*
Guð-plega, *war-play, battle.*
Guð-rinc, II. 2. *warrior.*
Guð-sccorp, II. 1. *military habit.*
Gyddung, *song, parable, poetic composition, poetic style.*

Gyden, II. 3. } *goddess.*
Gydene, I. 3. }
Gyf, gif, *if.*
Gyfe, p. 110, line 3, f. b ?
Gyfu, III. 3. *gift, grace, favour.*
Gygand, gigant, II. 2. *giant.*
†Gyl, *guile.*
Gyld. See Gild.
Gydan. See Gildan.
Gylden, *golden.*
Gylian, *to yell, cry.*
Gylp, II. 1 ? *vaunt, vainglory, pride.*
Gylp-word, II. 1. *bold, vaunting word.*
Gylt, II. 2. *guilt, sin, debt.*
Gym, II. 2. *gem.*
Gyman, *to take care, heed, have charge of.* Dan. gjemme.
Gymeleast, II. 3. *heedlessness, negligence.*
Gyrd, II. 3. *yard, rod, switch.* Ger. Gerte.
Gyrdel, II. 2. *girdle.*
Gyrla, *vestment, garment.*
Gyrne. See Georne.
Gyrnan, } *to desire,*
Gyrnian, geornian, } *yearn.*
Gyrstan-dæg, II. 2. *yesterday.*
Gysel. See Gisel.
Gyst, II. 2. *guest.*
Gyst-ern, II. 1. *guest-chamber.*
Gyst-sal. III. 1. *guest-saloon or -hall.*
Gyt, *yet, still.*
Gyt, *ye (two).* Gr. 137.

GLOSSARY.

Gytsian, *to desire, covet;* gytsiend, *covetous.*
Gytsung, *avarice, covetousness.*
Gyú, *already.*

Ȝ

[This letter, used in Semi-Saxon and early English, has the sound of y.]

†Ȝær, p. 158, l. 15?
†Ȝam (heom), *them.*
†Ȝare,
†Ȝcare, } *long since, of yore.*
†Ȝarrkedd (gearcod), *prepared.*
†Ȝe (heo), *she.*
†Ȝege, pl. gedenn (eode), *went;* from gán.
†Ȝededo (geddode), *sang;* from geddian.
†Ȝef (geaf), *gave.*
†Ȝemelich, *heedful, sorrowful.*
†Ȝenge (geong), *young.*
†Ȝeo (heo), *she.*
†Ȝer (ger), *year.*
†Ȝernde (gyrnde), *yearned, desired;* from gyrnan.
†Ȝernen (gyrnan), *to yearn, desire, solicit.*
†Ȝet, *yet.*
†Ȝeuen (gifan), *to give.*
†Ȝou, *you.*
†Ȝungest (geongest), *youngest.*
†Ȝure (eowre), *your,* pl.
†Ȝuw (eow), *you.*
†Ȝuðfull (geoguðful), *youthful.*

H.

†Ha, *her, they,* for hí.
Habban, 3 p. he hæfð, pret. hæfde, *to have, account, hold, detain.* Gr. 216.
Hácele, I. 3. *garment.*
Hacod, II. 2. *pike,* lucius.
Haconos, *Hackness, on Whitby Strand, thirteen miles from Whitby and three from Scarborough.*
Hád, II. 2. *order, degree, office, state, person.*
Ihadedon, for gehádodum, *ordained, consecrated,* i. e. *priests;* from gehádian.
Gehádian, *to ordain, consecrate.*
Hádung, *ordination, consecration.*
Hæbban, pret. hóf, *to lift, move.* Gr. 237.
†Hæfedd (heafod), *head;* on hæfedd, *at the head.*
Hæfede, for hæfde.
Hæfet, for heafod.
Hæfod, E. Angl. for heafod.
Hæft, *haft, hilt, sword,* per synecdochen? p. 149, l. 45.
Hæftan, } pp. gehæfted,
Gehæftan, } gehæft, *to seize, bind, hold, detain;* gehæfd, *afflicted.*
Gehæftian, *to capture, catch.*
†Hǽȝe, *high, noble.*
Hǽlan, } *to heal, cure.*
Gehǽlan, }
Hǽlend, II. 2. *healer, the Saviour.* The name Jesus is thus translated in the

GLOSSARY.

A. S. Gospels. O. Sax. Heliand, Ger. Heiland.
Hæleð, II. 2. *man, hero*. O. Sax. Helith, Ger. Held. Hæleð often occurs in the pl. for hæleðas.
Hælfter, II. 3. *halter, chamus*.
Hælu, III. 3. *health, salvation, safety*. Gr. 103.
Hælð, II. 3. *health*.
Hæman, *to associate with, have to do with*, coire, concumbere; on unriht bæman, fornicari, mœchari.
†Hæn (hean), *low, vile, contemptible*.
†Hængenne, *raised, exalted*.
†Hængest (hengest), *horse, pack-horse*. Ger. Hengst, *stallion*.
Gehæp, *apt, fitting*.
Hæpse, *hasp*.
Hær, II. 1? *hair*.
†Hærabarewude, *harboured;* from herebeorgan: cognate with Ger. Herberg, *an inn, hostel;* Old Fr. Herberge.
Hærfæst, II. 2. *harvest*.
Hærincg, II. 2. *herring*.
Hærlice, *nobly, generously, bravely*. Ger. herrlich.
†Jhærmed, *irritated*.
†Hærne, herene (heorcne), *hearken!*
Hæsu, III. 3. *behest, command*.
Hæt. See Hûtan.

Gehætan, pret. -het, *to promise*.
Hæte, I. 3. } *heat,*
Hætu, III. 3. } *warmth*.
†Hæþelic (heþelice), *with hate, hostilely?*
Hæþen, *heathen*.
Hæþenscipe, *heathenship*.
Hæðum (æt), *Sleswig*.
Hæþung, *heating*.
Hlænian, *to lift, raise;* deriv. of hæbban.
Hæfenleas, *sparing, wanting*.
Hafoc, II. 2. *hawk*.
Haga, *haw, hedge;* perhaps also *a place inclosed by a hedge*.
Hagol, II. 2. *hail.* Ger. Hagel.
†Hahte (het), *commanded;* from hatan.
†Hnihte, hahte, and hehte (hatte), *was called*.
Hâl, } *hale, whole, sound,*
Gehâl, }
†Halde (ældu), *age*.
†Halde, holde, *hold*. Haldet on, *adheres to*.
†Jhâlod, E. Angl. for gehâled.
Halettan, *to hail, salute*.
Halga, *saint;* ealle halgan, *allhallows, all saints*.
Gehalgian, *to hallow, consecrate, dedicate*.
Halgoland, II. 1. *an ancient division of Norway, nearly corresponding apparently with the present Norrland*.

Halgung, *hallowing, consecration.*
Halig, *holy, saint.* Ger. heilig, Dan. hellig. Gr. 125.
Haligdóm, *sanctuary, relic.*
Halignes, *holiness, sanctity.*
Hall. See Heall.
Hals, II. 2. *neck.* Ger. Hals.
Holsian, *to supplicate, beseech.*
Halsung, *prayer, supplication.*
Halwende, *healing, salutary.*
Hám, II. 2. *home.*
†Ham, *them.* Dan. ham.
Hámweard, *homeward.*
Háncred, II. 2. *cock-crowing, watch of the night.*
Hand, hond, II. 3. *hand.* Gr. 83. On hand gán, *to yield.* Ger. Hand, Dan. Haand. I am unable to account for the use of 'hand' in the phrase (p. 74. l. 4) 'hond swa gelíce.' It occurs in all the MSS., though Matt. xxiv. 5. reads 'þam swa gelíce.'
Hand-bred, III. 1. *palm of the hand.*
Hand-weweorc, II. 1. *handiwork.*
Haugian, neut. *to hang.*
Hár, *hoar.*
Hara, *hare.*
†Hare (ánre), *to a;* thus mire for mínre.
†Harpe (hearpe), *harp.*
Hás, *hoarse.* Ger. heise.
Hát, *heat, fervour, hate.*

Hát, *hot.*
Gehát, II. 1. *promise, stipulation.*
Hátan, } 3 hæt, pret. het,
Gehátan, } pp. -háten, *to command, promise.* Gr. 234.
Hátan, pret. het, *to call, to be called,* pret. hatte, pp. háten. Ger. heissen, Dan. hedo. Hence our word hight, *was called.*
Geháten, *called.* See Hátan.
†I haten, for geháten.
Hátian, *to hate.*
Gehát-lond, II. 1. *land of promise.*
†Hauen (hæfen), *haven, port.*
Hauoc, i. q. hafoc.
Heafde, i. q. hæfde; from habban.
Heafod, III. 1. *head.* Ger. Haupt.
Heafod-burh, II. 3. *chief city.*
Heafod-ece, II. 2. *headache.*
Heafod-gerím, II. 1. *chief or greatest number.*
Heafod-man, *head-man, captain.* Ger. Hauptmann.
Heafod-weard, II. 2. *chief watch or guard.*
Heage, adv. *high.*
Heagosteald, and Heagostealdes-ea, *Hexham.*
Heah, *high, stormy.*
Heah-caldor, II. 2. *chief priest or elder.*
Heah-engel, II. 2. *archangel.*
Heah-fæder, II. 2. *patriarch.*

GLOSSARY. 239

Heah-gerefa, *chief minister*.
Heah-gesamnung, *chief of the synagogue*.
Heahnes. Seo Hehnys.
Heah-sacerd, II. 2. *high-priest*.
Heah-setl, III. 1. *high seat, throne*.
Heahþungen, *high, of high rank*.
Healdan, } 3 hylt (healt),
Gebealdan, } pret. heold,
pp. bealdon, *to hold, keep, possess, preserve, reserve, treat, conduct*.
Healdend, II. 2. *guardian, chief*. Gr. 118.
Healdon, p. 124, line 8, for healdan.
Ihealed, for gehæled.
Healf, II. 3. *half, side, division, part*. Be healfe, *by side*.
Healic, *high, sublime, exalted*.
Healice, *highly, loftily*.
Heall, II. 3. *hall, house*.
Healt, *halt, lame*.
Heanlic, *vile, disgraceful*.
Heap, II. 2. *heap, collection, body*. Ger. Haufe.
Heard, *hard, severe, rugged, bold*; heard beam, *hard timber tree*?
Hearde, *hardly, sternly, boldly*.
Heardlice, *hardly, harshly, boldly*; also corruptly for ardlice, *speedily*.
Heard-neb, *hard-nib, or bill*: epithet of the raven.

Heardnys, *hardness*.
Hearm, II. 2. *harm, calamity*.
Hearpe, I. 3. *harp*.
Hearpere, II. 2. *harper*.
Hearpian, *to harp*.
Hearpe-nægl, II. 2. *harp-nail*, plectrum.
Hearpe-strong, II. 2. *harp-string*.
Hearpung, *harping*. Gr. 83.
Hearra, *lord, master*. Ger. Herr.
Heawan, } pret. heow, pp.
Geheawan, } heawen, *to hew, cut down, slay*.
Heaðo-rinc, II. 2. *warrior*; from beaðo, an old word signifying *war*. Seo Grimm, D. G. ii. p. 460, and Kemble, Beow. i. p. 254.
Heddern, II. 1. *pantry, store-room*.
Hefe, II. 2. *weight*.
Hefelic, *heavy*.
Hefig, *heavy, tedious*.
Hefigian, *to afflict*; hefigad, *afflicted*.
Hefignes, } *heaviness, pain,*
Hefines, } *affliction*.
Hefigtyme, *tedious, troublesome*.
Hege, II. 2. *hedge, haw*. Ger. Hage. See Haga.
†Heʒ (heh), *high*.
†Heʒhesst (hehst), *highest*.
Hehnys, *height, high*, in on high.
Henst, hyhst, *highest*. Gr. p. 51.
†Hehte (hatte), *was called*.

†Hch, *high.*
Hrle-wah, II. 2. *heel-wall;* hele-wages, for -wagas, Semi-Sax.
Helia, *Elisha.*
Hell, II. 3. *hell.*
Hellic, *hellish.*
Hell-sccapa, *hell-miscreant.*
Hell-wara, I. 2. } *inhabit-*
Hell-waru, III. 3. } *ants of hell.* Gr. 101.
Helm, II. 2. *helmet, crown, crown or head of a tree.*
Help, *help.*
Gehelpan, pret. -beolp (-healp), pl. -hulpon, *to help.*
†Hemm, *them.* Dan. Ham.
Hendo, } *near.*
Gehende, }
†Hende, *hendy, clever, courteous, easily, genteel.*
Hen-fugel, II. 2. *hen-fowl.*
Heo, *she, they.* Gr. 137.
Heofon, II. 2, 3. } *heaven.*
Heofone, I. 3. } Gr. 71.
Heofonlic, *heavenly.*
Heofon-ríce, III. 1. *kingdom of heaven.*
Heofung, *groan.*
†Heold (yldo), *age.*
Heolfrig, *bloody, gory.*
Heolster, II. 1. *cave, hiding-place.*
Heolster, *dark, obscure.*
Heonon, *hence.*
Heonon-forð, *henceforth.*
Heonu, *lo, ecce.*
Heorenian, *to harken, listen.*
Heord, II. 3. *herd, custody.*
Heorra. See Hearra.

Heort, II. 2. *hart.*
Heorte, I. 3. *heart.*
Heortea, *Hartlepool.*
Heoru-wæpen, III. 1. *martial weapon;* from heoru, *sword.* Goth. hairus, O. Sax. heru, O. N. hjörr.
Heorð-geneat, II. 2. *hearth-* (i. e. *household-*) *retainer, vassal.*
Hearð-werod, II. 1. *hearth-* (i. e. *household-*) *band, retainers.*
†Heos (hús), *house.*
Heow. See heawan.
†Heowe (hiw), *hue, aspect.*
Her, *here,* hoc tempore v. anno.
Heran, pret. herde.
†Herberia, *harbour, lodging.*
†Herborȝede. See Hærabarewuda.
†Hercne, *hearken.*
Iherde, for gehyrde.
Here, II. 2. *army, band.*
Here-byrne, II. 3. *corselet, coat of mail.*
Here-folc, II. 1. *army.*
Heregeat, III. 1. *heriot, military equipment, weapon.*
Herenes, *praise.*
Here-pað, II. 2. *army-path, military road.*
Here-reaf, II. 1. *military habit.*
Here-toga, *general, leader,* dux; from teón. Ger. Herzog, Dan. Hertug.
Here-wæða, *leader, general.*
Hergian, *to harry, ravage, plunder.*

GLOSSARY. 241

Hergung, *harrying, ravage, warfare.*
Herian, *to praise.*
Herige, II. 2. i. q. here, *army.* See Warton, H. E. P. i. p. lxxiii. ed. 1840.
Herigendlice,*praiseworthily.*
†Heriʒen (hergian), *to make war, harry, lay waste.*
Gehernes, *hearing.*
Gehersumnes, *obedience.*
Herung, *praise.*
Het. See Hátan.
Hete, II. 2. *hate.*
†Hett, contr. for he itt.
Hettan, *to hunt, persecute.* Ger. hetzen.
Hi, *they, them, her.*
Hiabenlic, E. Angl. for heofonlic.
Hicgan,*to strive, meditate, attempt.* Hicgan to handum, *to strive hand to hand?*
Hider, *hither.*
Hierosolim-waru, *inhabitants of Jerusalem.*
Hig, *they, them.* See Hi.
Hig, II. 1. *hay.*
Hig, *O!*
Higdi-fæt, III. 1. calidile. Gr. 88.
Hige, II. 2. *mind, thought.*
Hige-róf, *magnanimous.*
Higo, *family, domestics.*
Higum, for híwum. See Híwan.
†Hiʒing, *haste.* From higian.
Hiht, II. 2. *hope.*
Hild, II. 3. *war, battle.*
†Hilomp, for ilomp. See Lomp.

Hilt, II. 1. *hilt.*
Him, *to them.* Gr. 137.
Hindergep, *wily, subtle, versutus.*
Hine, acc. masc. *him.* Gr. 137.
†Hine, for in.
Hingrian, i. q. hyngrian.
Hin-sið, II. 2. *departure, death.*
Hio, for heo.
Hious, for hiwena.
Gehíran. See Gehýran.
†Hird, for hired.
Hirdræden, II. 3. *charge, custody.*
†Hire, *her.*
Hired, II. 2.*family, convent.*
Hired-cniht, } *retainer, vassal, domestic.*
Hired-man, }
Hireman. See Hýrigman.
His, *his, its.* Gr. 137.
Hit, } *it.* Gr. 137.
Hyt, }
Híw, II. 2. *hue, species, aspect, form, guise.*
Híwan, plur. *family, persons living together as in a monastery,* also *domestics.*
Gehíwian, *to appear, feign, have semblance.*
Híwisc, II. 3 ? *family.*
Híwræden, II. 3. *house, family.*
Híwscipe, *society, family, convent.*
Hládan, pret. hlód, *to draw (water),* haurire.
Hlæfdig, II. 3. *lady, the queen of the W. Saxons thus*

R

called. (See Lappenberg's
England under the An-
glo-Saxon Kings, i. p. 274.
Engl. transl.)
Hlæst, II. 2. *load, lading.*
Gehlæstan, *to load;* pp.
  gehlæst.
Hláf, II. 2. *loaf, bread.*
Hláford, II. 2. *lord, master.*
Hláfordleas, *lordless.*
Hlanc, *lank.*
Gehleapan, 3. -hlypð, pret.
  -hleop, *to leap, mount.*
Hlemman, pret. [hlám], pl.
  hlummon, *to sound, re-
  sound.*
Hleo, III. 3? ⎫ *shade, shel-*
Hleowð, II. 3. ⎭ *ter, refuge.*
Gr. 103.
Hleoþor, III. 1? *sound,
noise.*
Gehlid, *covered;* from ge-
  hlídan, *to cover.* Hence
  our *lid.*
Hlihhan, pret. hloh, pp.
  hlogon, *to laugh.*
Hlísa, *fame, reputation, ru-
  mour.*
Hlísaful, *celebrated, famous.*
Hloh. See Hlihhan.
Hloenian, *to wait for.*
Hlúde, *loudly.*
Hlutter, *pure, clear, simple.*
  Ger. lauter.
Gehlyd, II. 1. *tumult, noise.*
Gehlyd. See Geblid.
Hlýdan, *to make a noise,
riot.*
Hlynian, *to make a tumult.*
Hlystan, ⎫ *to hear, heark-*
Gehlystan, ⎭ *en, listen.*

Gehlywan, *to cover, shelter.*
Hnet, Nor. for *net.*
Hnoll, II. 2. *crown of the
head.*
Hógian, *to think, care, de-
sign.*
Hohful, *sad, contemplative.*
†Hol (hál), *whole, sound.*
Hold, *faithful.*
†Hold (eald), *old.*
†Holdian (ealdian), *to grow
old.*
Holdræden, II. 3. *fidelity,
devotion, kindness.*
Holdscipe, *fidelity.*
Hólian, *to hollow, excavate.*
Holm, *Holm in Norfolk,
near Hunstanton.*
Holt, II. 1. *holt, wood.* Ger.
  Holz.
†Hom (hám), *home.*
†Honcup, (uncuð), *un-
known, strange.*
Hópian, *to hope.*
Hordræden, II. 3. *custody,
guardianship, charge.*
Horithi, *a people to the east
of the Dalamensan.*
Horn-boga, *horned-bow.*
Hors, II. 1. *horse.*
Horse, *valiant.*
Hors-hwæl, II. 2. *horse-
whale, walrus.*
Horu, III. 1. *filth, sordes.*
Hosp, II. 2. *insult, con-
tempt.*
†Jhote (gehåten), *called.*
†Hopt (owiht), *aught.* See
  Nopt.
Hoxen, *Hoxne, in Suffolk,
near Diss, where Ead-*

GLOSSARY. 243

mund, *king of the E. Angles, was cruelly slain by the Danes.*
Hræding, *hurry, haste.*
Hrædlic, *quick, sudden.*
Hrœdlice, *speedily, soon.*
Hrægl, II. 1. *garment, swaddling band, rail,* as in *night-rail.*
Hrǽn, II. 2. *raindeer.*
Hrǽw, II. 2. *dead carcase.*
Hrǽw, for hrǽwas, occurs in the plur. See Hǽleð, etc.
Hrán, II. 2. *whale.*
Hraðe, *quickly, soon.*
Hream, II. 2. *scream, cry.*
Hreaw. See Hreow.
Hreconlice(reconlice), Nor. for hrædlice, *forthwith.*
Hrefn, } II. 2. *raven.*
Hremm, }
Hreofl, II. 2. } *leper.*
Hreofla, }
Hreoflig, *leprous.*
Hreofnys, *roughness, leprosy.*
Hreoh. See Hreow.
Hreosan, pret. hreas, 2 hrure, pl. hruron, pp. gehróren, *to rush, fall.* Gr. 251.
Hreow, } *raw, rugged, cruel,*
Hreowig, } *ged, cruel,*
Hreowig-móde, } *ferocious.*
Hrepan, *to touch.*
Hreðer, II. 2. *mind, breast, pectus.*
Hricg, II. 2. *back.*
Hrínan, pret. hrín, pl. hrinon, *to touch;* gov. genit. Gr. 305.

Hring, II. 2. *ring.*
Hring-loca, *ringed inclosure or envelope, coat of mail.*
Hriðer, III. 1. *ox.*
Hriðian, *to be sick of fever,* febricitare.
Gebróden, *adorned.* From breodan? See Cod. Exon. p. 521.
Hróf, II. 2. *roof, top, summit, covering.*
Gehróren. See Hreosan.
Hryman, *to cry.*
Hryre, II. 2. *rush, fall;* from hreosan.
Hryðer. See Hriðer.
Hú, *how.*
†Hude (hýd), *hide, skin.*
Hugende, for hogende or biegende. See Hógian. Stið-hugende, *sternly bent.*
†Huie, p. 158, l. 21?
Húla, *what!*
Humeta, *how.*
Hund, II. 2. *hound, dog.* Ger. Hund.
Hund, II. 1. *hundred.* Gr. 177.
Hund-eahtatig, *eighty.*
Hund-seofantig, *seventy.*
Hund-twelftig, *hundred and twenty.*
Hungrig, *hungry.*
Hunig, II. 1. *honey.*
Hunig-swet, *sweet as honey.*
†Hunne, hinna (heona), *hence.*
Hunstanes-tún, *Hunstanton, on the N.W. point of Norfolk.*
Hunta, *hunter.*

R 2

Huntað, II. 2. *the occupation of hunting.*
Huntian, *to hunt.*
Huntnold, *hunting;* probably an error for huntung or huntuað.
Huntung, *hunting, chase, game, quarry.*
Hup-seax, II. 1. *hip-knife, short sword;* so called from being borne on the hip.
Huro, for huru.
Huru, *moreover, chiefly, at least,* sallem, quidem.
Huru-þinga, *at least, at all events.*
Hus, *Uz.*
Hús, II. 1. *house.*
Husel, husl, II. 1. *housel, eucharist.* Goth. Hunsl, *victim.*
Huxlice, *shamefully, unworthily, contemptuously.*
Hwa, *who, any one,* quispiam.
Gehwá, *each, every one.*
Hwæl, II. 2. *whale.* Gr. 69.
Hwæl-hunta, *whale-hunter.*
Hwæne, acc. of hwá, *whom, each, every, any one.* Gr. 157.
Hwænne, *when.*
Hwær, *where.*
Gehwær
†Hwær, *everywhere.*
†Iwar,
Hwæt, *what, why, anything, somewhat,* quid, *lo! yes!* hwæt la, *well! so!* hwæt

þu, *well, thereupon.* This use of hwæt is hardly translatable. See Grimm, D. G. iv. pp. 448-450.
Hwæte, II. 2. *wheat.*
Hwæten, *wheaten.*
Hwætlic, *quick.*
Hwæþor, *if, whether?* num?
Hwæþer .... þe, *whether* .... *or.*
Hwæpere, *yet, still, notwithstanding.* Hwæpere-puah, *nevertheless.*
Gehwæper, *either, both.*
Hwám, dat. of hwá. Gr. 157.
Hwanon, *whence.*
Hwealfa, *vault, arch.* It. adj. *vaulted, arched, convex.*
Hwearfade (p. 153) for wearpade (wearp)?
Hwearfum, *in turn, one after another.*
Hwemm, II. 2. *corner.*
Hwene, *a little.*
Hweol, III. 1. *wheel.*
Hweorfan, hwyrfan, pret. hwearf, pl. hwurfon, *to return, turn, convert.*
Hwí, *why.*
Hwiccia, *the country now forming the diocese of Worcester.*
Hwíl, II. 3. *while, time.*
Hwile. See Hwyle.
Gehwile, *each, every, every one.*
Hwílon, *whilom, once, formerly, sometimes.*
Hwistlung, *whistling.*

GLOSSARY. 245

Hwft, *white.* Dan. Hvid.
Hwon, for hwûm, *why,* as þon for þam. Gr. 147.
Hwon, *a little, somewhat,* paululum.
HwÓnlice, *little.*
Hwonon. See Hwanon.
Hwyder,⎱ *whither.*
Hwider,⎰
Hwyle, *any one, what, which,* qualis.
Gehwyle. See Gehwilc.
Hwyrfan.⎱ See Hweor-
Gehwyrfan.⎰ fan.
Hycgan. See Hicgan.
Hyd, II. 3. *hide, skin, hide of land.*
Hyder. See Hider.
Hygeleast, II. 3. *thoughtlessness, scurrility.*
Hyhst, *highest, greatest.* Gr. p. 51.
Hyht. See Hiht.
Hyht-gicfu, III. 3. *joyful gift.*
Hyhtlic, *joyous.*
Hyht-wyn, II. 3. *joy of hope.*
Hyld, II. 3.⎱ *fidelity, fa-*
Gehyld,   ⎰ *vour, grace, observance.*
Hyldo, hyldu, III. 3. *grace, favour, fidelity, homage.* Gr. 103.
Hylt. See Healdan.
Hyſnan, *to insult, spoil, injure.* Ger. höhnen.
Hyngrian, v. impers. with acc. of person, *to hunger.* Ger. sich hungern.

Hynð, II. 3.   ⎱ *injury, op-*
Hynðu, III. 3.⎰ *probrium, insult, loss.*
Hyſr, II. 3. *hire, wages.*
Hyra, *their.* Gr. 137.
Hyſran,   ⎱ *to hear, obey.*
Gehſran, ⎰
Gehſran, *to belong.* Ger. gehören.
Hyrdo, II. 2. *shepherd, pastor, keeper.* Ger. Hirt.
Hyrdeman, III. 2. *herdsman, shepherd.*
Hyre, *her.* Gr. 137.
Hyſrian, *to hire.*
Hyſrigman, III. 2.⎤ *hireling,*
Hyſrling, II. 2.   ⎬ *labour-*
Hyſrman, III. 2. ⎦ *er.*
Hyrned, *horny;* whence hyrned-nebba, *with horny nib or beak,* an epithet of the eagle.
Hyrre, *higher;* comp. of heah. Gr. p. 51.
Hyrst, II. 3. *ornament.*
Gebſraum, *obedient.* Ger. gehorsam.
Hſraumian,   ⎱ *to obey, fol-*
Gebſreumian,⎰ *low.*
Hyese, byse, II. 2. *youth, man.*
Gehywian. See Gehſwian.
Hyxlice. See Huxlice.

I.

†I (hi), *they.*
†I, *in.* Dan. i.
Ic, *I.* Gr. 137.
Idel. See Ydel.

246   GLOSSARY.

Idel, *idleness.*
Idesa, II. 3. *woman.*
Igl, il, yl, II. 2. *porcupine.*
 Ger. Igel.
Igland, II. 1. *island.*
†Ihwær (gehwær), *everywhere.*
Il, II. 2. *sole of the foot.*
Ilc, *same.* Ylc.
Ilfing, *the river Elbing, on which the town of that name stands.*
In, inn, *inn, house.*
In-becuman, *to come in.* See Cuman.
Inbryrdnes, *feeling,* compunctio.
Inc, dual, *you two.* Gr. 137.
Inca, *cause, sake, ill-will.*
Incund, *internal.*
†Ine, for hine.
In-eode, *went in.* See Gán.
Infær, *entrance, entry.*
In-faran, *to enter.* See Faran.
In-forlætan, *to admit.*
Ingehyd, ingehygd, III. 1. *intention, knowledge, conscience, signification.*
In-gewúdan, *to enter, penetrate.* See Wúdan.
Ingong, II. 2. *entrance.* Ger. Eingang.
Inlǽdan, *to lead in, conduct.*
Inlifian, *to live in, or for.*
Inn. See In.
Innan, } *within.*
Inne,
Inneweard, *inside, intestines.* At p. 119, l. 4, we should

perhaps read inneweard-re.
Innoð, II. 2. *inside, womb,* pl. *intestines.*
†Iuntill, *into.* Dan. indtil.
Insettan, *to institute, establish.*
Intinga, *cause, sake, fault, thing.* See Inca.
Into, *into.*
Inweard, i. q. Inneweard.
Inwid, *guileful, treacherous, wicked.*
Iob, *Jove.*
†Iradmon (hired-man), *domestic, follower.*
Iren, } II. 1. *iron.*
Isen,
Island, II. 1. *Iceland.* The MS. of Orosius reads Iraland (Ireland), by which J. R. Forster, in his geographical commentary, supposes Scotland to be intended.
Isen, adj. *of iron.*
†Iscu (gcseón), *to see.*
Iscne-smið, II. 2. *iron-smith.*
Isern, *iron.* It. adj. *of iron,* ferreus.
Ispaniæ, *Spain.*
Iu, *long ago, of old, of yore.*
Iudeisc, *Jewish, Jew.*
†Iueore, *together.*
Iugian, } *to yoke.*
Geiukian,
Iuncer, II. 2. *younker;* used apparently as the Ger. Junker, *a young nobleman.*

GLOSSARY. 247

Iung, i. q. geong.
†Iwar (gehwær), *every-where.*
Iwih, Nor. for eow.
Iðacige, *Ithaca.*

K.

Kalcacester, " *Calcaria* Antonini, hodie TADCASTER,"—*Camden.* Or *Newton Kyme,* according to Dodsworth, Gale, and Gibson ; or, " juxta MS. Ingleby, *Aberforth,*"— *Lye.*
Kanon, *canon.*
†Kanunnk, *canon.*
Kǽsere, II. 2. *emperor.* Ger. Keiser.
Kempa, cempa, *champion, soldier.* Ger. Kämpfer, Dan. Kæmper.
Kéne, i. q. céne.
Kimð, for cymð.
†Kinc-lond (cyne-lond),
†Kinc-ricc (cyne-ríce), *kingdom.*
†Kinc-þeod, *kingdom.*
Kining, i. q. cyniug.
Kirke, *Circe.*
Kið, for cyð. See Cypan.
†Kipeþþ (cyð), *showeth, manifesteth;* from cypan.
Kynelice, *in a kingly manner.*
Kynge, kyng, II. 2. i. q. cyning.
Kyrtel, II. 2. *kirtle, coat.*

L.

La, *lo! behold! O!* La hwæt, *behold!*
Lác, II. 1. *gift, offering.*
Lád, II. 3. *exculpation.*
†Lad, for lað.
Lád, II. 3. *way.*
†Ladæst, for· láðost, superl. of láð.
†Ladepp, *to lade, take up with a ladle;* from hládan.
†Ladlic, for láðlic.
Gelæccan, pret. -læhte, *to take, seize.*
Lǽce, II. 2. *leech, physician.* Dan. Læge.
Lǽce-wyrt, II. 3. *medicinal plant or herb, medicament.*
Læcgen, E. Angl. for lecgan.
Lǽdan,) 3p. he læt, pret.
Gelǽdan, } lædde, *to lead, bring.* Gr. 207.
Lædder, II. 3. *ladder.*
Lǽfan, *to leave.*
†Πæſe (geleafa), *belief, faith.*
Læg. See Licgan.
Lægde. See Lecgan.
†Læi, for lærg, *lay.*
Læland, *Laaland, one of the Danish Isles in the Baltic.*
†Læn (lean), *reward.*
Gelændon, E. Angl. for gelandodon; from gelandian, *to land.*
Længu. See Lengu.

GLOSSARY.

Léran, *to teach, instruct.* Ger. lehren, Dan. lære.

Léred, *learned.* Ger. gelehrt. Other instances of the prefix l for Ge in the homily ' In Natale S. Eadmundi,' it is superfluous to notice.

Lǽrig, p. 140, line 12? So Cædmon, "ofer linde lǽrig," p. 192, l. 29.

Lǽs, py-lǽs, *lest.*

Lǽsing, leasung, *falsehood.*

Lǽssa, lǽsse, comp. of lytel. Gr. p. 51.

Lǽst, *least;* superl. of lytel, *little.* Gr. p. 51.

Gelǽstan, *to perform, execute, give, pay, last.* Ger. leisten.

Lǽsu, III. 1. *leasow, pasture.* Gr. 95.

Lǽswian, *to feed on a leasow, graze.*

Lǽt, *late, recent, slow.*

Lǽtan, pret. let, *to let, leave, dismiss, suffer, cast (a net).*

†Lǽtenn (lætan), *to think, judge?*

Lǽwed, *laical, ignorant, lewd.*

Lað, *hate, harm, ill.*

†Laðoc (laðost), *most hateful.*

Láf, II. 3. *remainder, residue.*

Laford, for hlaford.

Lagu, III. 2. *water.*

Lagu-stréam, II. 2. *water-stream.*

†Flajed (gelǽðod), *loathed, hated;* from láðian.

Lah, *low.*

Lah, (laðː), *hateful.*

†Laichen, *laugh?*

Lám, II. 3? *loam, clay.*

Lám, *lame.*

Lamb, II. 1. *lamb.*

Gelámp. See Gelimpan.

Lampreda, *lamprey, murœna.*

Land, II. 1. *land, country.*

Land-buende, *land-inhabitant.* Gr. 118.

Land-folc, II. 1. *land-folk, country-people.*

Land-gemǽre, III. 1. *frontier.*

†Lanen (lǽnan), *to lend.*

Lang, *long, tall.* Lange, adv. *long.* Ger. lange.

†Lang, (gelang); lang uppo, (*to be*) *long of, incumbent on.*

Langaland, *Langeland;* one of the Danish isles in the Baltic, lying between Fyen (Fionia) *and Laaland.*

Langsum, *long, tedious, slow, long-expected.*

Langsumnes, *length, tediousness.*

Lár, II. 3. *lore, learning, doctrine, counsel.* See léran.

Lárcow, II. 2. *teacher, doctor, master.*

Lárspell, II. 1. & II. 3? *sermon, homily, doctrinal discourse.*

Last, II. 2. *footstep, track.*

GLOSSARY. 249

†Laet, *last.*
†Ílaste (gelæste), *lasted.*
Láte, *slow, slowly, at length.*
Látor, comp. of læt and late.
Lattcow (ládtcow), i. e. lád-
  þcow, II. 2. *guide, general,*
  lieutenant.
Lauc, for láfe. See Láf.
†Lauerd (hlaford), *lord.*
Láð, *hostile, hateful.*
†Lapfol, *lawful.*
Geláðian, *to call together,*
  invite. Ger. einladen.
Láðlic, *loathly, hateful.*
Gelápung, *congregation,*
  church. See Geláðian.
†Leadest (láðost), *loathest,*
  most hateful.
Læf, I. 3. *leave.*
Leaf, II. 1. *leaf.* Gr. 67.
Geleafa, *belief.* Ger. Glaube,
  Ohg. galauba. See Ly-
  fan.
Leafful, } *believing, faith-*
Geleafful, } *ful.*
Leahter, II. 2. *crime, sin.*
Leap, II. 2. *basket, trunk,*
  carcase.
Leas, *lying, fabulous.*
Leas, *-less* in comp., *void,*
  devoid.
Leasu. See Læsu.
Leasung, *leasing, falsehood.*
Leat. See Lutan.
Leax, II. 2. *salmon.* Ger.
  Lachs, Dan. Lax.
Lecgan, pret. lede (lægde),
  pp. geled, *to lay, place.*
Lecnian, *to heal.*
Geled. See Lecgan.
Loden, *Latin.*

†Lef (leof), *dear, agreeable.*
Gelefan, i. q. gelyfan.
†Lefenn(gelyfan), *to believe.*
Ilegd, *laid,* for geled. See
  Lecgan.
Lege, *lay,* imperat.; from
  lecgan. Gr. 214.
Leger, II. 2? *lying.*
Leger-bedd, II. 1. *bed, sick-*
  bed.
Gelegerian, *to confine to a*
  sick-bed.
Legia, *legion.*
†Leȝe (leogan), *to lie.*
†Lehter(hleahtor), *laughter.*
Leir-chestre, and Lep-ches-
  tre, *Leicester.*
‡Leiuedi (hlæfdige), *lady.*
Lendenu, *loins,* plur. III. 1.
  Gr. 92. Ger. Lenden.
Gelendian, gelændian, *to*
  endow (with land), land,
  appellere.
†Lene (lænan), *to lend,*
  grant; from lænan, *to*
  lend, bestow on.
Leng, *longer;* comp. of lang.
  Gr. p. 51.
Lengeten, *Lent, spring.*
Lengu, II. 3. *length.*
Leo, gen. leones, II. 2. *lion.*
  Ger. Löwe, Dan. Löve.
Leod, II. 3. *people, province.*
Leod-bisceop, II. 2. *suffra-*
  gan bishop.
Leod-húta, *commander of*
  nations.
†Leod-quide (-cwyde), *vul-*
  gar speech.
Leof, *beloved, dear, pleasing,*
  dilectus, carus.

Leofian, lybban, 1 p. lybbe, 2 leofast, 3 leofað, pl. lybbað, pret. leofde, etc., *to live.* Gr. 212.

†Leofliche (leoflice), *dearly, kindly.*

Leoht, II. 1. *light.* Ger. Licht.

Leoht, adj. *light, easy.* Ger. leicht.

Leoht-fæt, III. 1. *light-vat, lamp.*

Leohtlic, *light, clear, plain.*

†Leom (leoma), *beam, ray.*

Leom. See Lim.

Leoma, *beam, ray.*

Leon, II. 2 & 3? *lion, lioness.*

Leoran, Geleoran, } *to depart, migrate.*

Leornere, II. 2. *learner, disciple.*

Geleornes, *departure, death.*

Leorniau, Geleornian, } *to learn.*

Leorning, Leornung, } *learning.*

Leorning-cniht, II. 2. *disciple.*

Leotan, pret. leat, pl. luton, *to bow, incline.* Gr. 250.

Leoð, II. 1. *song, poem.* O. N. Lioð, Ger. Leid.

Leoð-craft, II. 2. *art of poetry.*

Leoðian, *to sing.*

Leoðlic, *poetic, songlike.*

Leoð-song, II. 2. *song, poem.*

Leoþu, *ship.* O. N. lið?

†Lesing (leasung), *leasing, falsehood.*

†Leste, *give, ascribe?* from læstan?

Letania, *litany.*

Gelettan, *to let, hinder;* gov. genit. of thing.

†Leue, *leave.*

†Ileue (gelyfan), *to believe.*

‡Leuere, leoucre (leofra), *dearer.*

Leþer, II. 3? *leather.*

Leþer-hosa, II. 3. *leather hose,* caligæ; probably used in the pl. only, like the Ger. Hosen.

Libban. See Leofian.

Libbende, *living.* Gr. 118.

Libgende, E. Angl. for lifgende.

Líc, II. 1. *corpse, body.* Ger. Leich, Dan. Liig.

Gelic, *like, equal.* Ger. gleich.

Gelíca, *like, equal.*

Gelíce, *in like manner.*

Licettan, *to feign, pretend.*

Licetung, *hypocrisy.*

Liegan, 3 lihð (lið), pret. læg, *to lie, to run, flow (as a river).* Gr. 220.

Lichama, *body.*

Lichamlic, *bodily.*

Lícian, Gelícian, } *to like;* also impers. *to please, be pleased, take pleasure.*

Gelícnys, *likeness, image.*

Licumlic. See Lichamlic.

Líu-þrowere, II. 2. *bodily sufferer, leper.*

Lída, Lídman, } *navigator, sailor.*

GLOSSARY. 251

Líf, II. 1. *life;* be lýſon, alive, surviving.
Liſer, II. 3. *liver.*
Líffæstan, ⎱ *to vivify,*
Gelíffæstan, ⎰ *quicken.* Gr. 208.
Líſian, *to live.*
Liſian (hliſian), *to lower.*
Líſigende, *living;* from liſian.
Líflic, *lively, living.*
Ligetu, III. 8. *lightning.*
†Liȝen (leogan), *to lie.*
Lihtan, ⎱ *to alight, de-*
Gelihtau, ⎰ *scend.*
Lihting, *lighting, illuminating.*
Lihtlice, *lightly, easily;* superl. lihtlicost (lihtlucost).
Likie. See Líćian.
Lilie, ⎱ I. 3. *lily.*
Lilige, ⎰
Lim, III. 1. *limb.* Gr. 93.
Lím, II. 2? *lime, glue.* Ger. Leim, Dan. Liim.
Gelimp, II. 1. *accident, event, hap.*
Gelimpan, pret. -lámp, pl. -lumpon, *to happen.*
Gelimplic, *fitting, proper;* gelimplice, *fittingly,* etc.
Lind, II. 3. *linden or lime tree;* It. *buckler made of the wood of the linden.* Gram. pref. p. xliii. *note.*
Lindisfarnea, *Lindisfarne, Holy Island.*
Lind-wiggende, *shielded warrior.* Gr. 118.
Liss, II. 3. *ease, comfort, favour.*

List, *liest;* from licgan.
Listum, *craftily, skilfully.*
Litel, *little.*
Litlincg, II. 2. *little one.*
Liue, i. q. líſe.
Lið. See Licgan.
Lið, *soft, pleasant, delicate, mild, tender, gentle, kind.*
Liðan, pret. láð, pl. liðon, *to travel, go, navigate, go in a ship;* liðende men, *mariners.*
Liðebige, *flexible, supple.*
Geliðian, *to relieve, mitigate.*
Locc, II. 2. *lock,* capillus.
Ilócced, *looked, seen:* for geloced. See Lócian.
Lócian, *to look, see.*
Locu, III. 2. *pen, fold.*
Lóf, II. 1. *praise.* Ger. Lob.
†Loſenn (luſian), *to praise.* Ger. loben.
Lóf-sang, II. 2. *hymn;* in pl. laudes.
Lógian, ⎱ *to frame, com-*
Gelógian, ⎰ *pose, mend, place, dispose.*
Lokien, for lócian.
Gelóme, *often, frequently, in quick succession.*
Gelómlice, *frequently.*
†Lomp,
Gelomp, See Gelimpan.
†Hílomp,
Lond-folc, II. 1. ⎱ *country-*
Lond-leod, II. 3. ⎰ *people.*
Long, *long.*
Longlice, *for a long time.*
Lopystre, *lobster,* polypus. It. locust.

GLOSSARY.

Lor. See Lár.
Losian, *to lose.* It. *to be lost, to perish.*
†Loue (lufu), *love.*
†Louerd (hlaford), *lord.*
Lucan, pret. leac, pl. lucon, *to lock, shut up.*
†Lude (hlude) *loudly.*
Lúf, II. 3. | *love.* Should
Lufe, I. 3. } correctly be lufu.
†Lufenn (luflan), *to love.*
Luflan, *to love;* gelufod, *beloved.*
Luflic, *dear, not cheap;* luflice, *kindly.*
Luftyme, *grateful.*
Lufu, III. 3. *love.*
Lunden, *London.*
Lungre, *forthwith.*
Lust, II. 2. *lust, desire, joy;* on lustum, *in joy.*
Lustbær, *joyful, eager, glad.* Ger. lustbar.
Gelustfullian, *to delight.*
Lustlic, *glad, joyful.*
Lustlice, *freely, gladly.*
Lutan, pret. leat, pl. luton, *to stoop, incline.*
†Lutel, *little.*
Lutian, *to lurk,* latero.
†Luuede (leofode), *lived.*
Lybban. See Leofian.
Lyblác, II. 1? *sorcery.* From lyb, Ohg. luppi, *maleficium;* luppon, *medicare,* Mhg. lüppen, *venenare.* Hence Ger. verluppt, *enchanted.*
Lyden, *Latin.*
Lyf. See Lif.

Lyfan, } *to allow, believe.*
Gelyfan, } Goth. and Ohg. galaubjan. Ger. glauben.
Gelyfed, *orthodox, mature (of age),* provectior ætate.
Lyft, II. 3. *air, cloud.* Ger. & Dan. Luft.
Lyhtan, *to shine, light.*
Lyre, II. 2. *loss.*
Lysan, *to lose, redeem, save.*
Lyst, II. 3 ? *lust, desire, pleasure;* on lyst weann, *to be delighted.*
Lystan, } *to lust, desire,*
Gelystan, } *please;* with genit. of thing.
Lyt, } *little.*
Lytel, }
Lytegian, *to use craft.*
Lythwón, *little,* parum, *small number.*
Lytig, *cunning,* vafer.
Lytlian, *to grow little, decrease.*

M.

Má, *more.* Gr. p. 51.
Gemacian, *to make.*
Madm, II. 2. *horse, gelding* (See Cod. Exon. p. 522), *treasure in general.* Mhg. medem.
Madm-hús, II. 1. *treasury.*
Mæden, III. I. *maiden.*
Mæg, II. 2. *man, parent, kinsman.* Gr. 70.
Mæg. See Magan.
Mæge, I. 3. *kinswoman.*
Mægen, III. 1. *main, strength, efficacy, power, virtue, faculty.*

GLOSSARY. 253

Mægen-eácen, *increased in might.*
Mægen-þrymnys, *majesty.*
Gemægnde, for gemengde. See Mengen.
Mægnian, *to strengthen?*
Mægð, II. 3. *generation, tribe, province.*
Mægð, II. 3. *maid, damsel.* P. 145, l. 52, mægð in pl. for mægða, perhaps on account of the verse.
Mægðalond, *the Polish province of Mazovia?*
Mægðhád, *maidenhood, virginity.*
Mǽl, III. 1. *picture, image;* Cristes mǽl, *crucifix.*
Mǽl, III. l. *time.* Fr. fois, Ger. Mal.
Mǽlan, Gemǽlan, } *to say, speak.*
Mǽled, p. 148, line 45 ?
Mǽnan, *to moan, bewail, complain.* It. *to mean.* Ger. meinen.
Gemǽne, *common.* Ger. gemein.
Gemǽnelice, *in common.*
Mænig, *many.* Gr. 163.
Mænigeo. See Menigu.
Mǽnigfeald, *manifold.*
Gemǽnigfealdan, *to multiply.*
Gemǽnsumnes, *communion.*
Gemǽrian, *to magnify, honour.*
Mǽre, *great, large, grand, renowned.* Gr. 384.
Gemǽre, III. 1. *boundary, frontier.*

Mǽrigen, for mergen.
Mǽrsian, Gemǽrsian, } *to magnify, exalt, honour.*
Mǽrsung, *fame.*
Mǽrð, II. 3. *greatness, glory.*
Mæsse, I. 3. *mass.*
Mæsse-dæg, II. 2. *mass-day.*
Mæsse-preost, II. 2. *mass-priest.*
Mæsse-reaf, II. 1. *mass-vestment.*
Mæst, *almost.*
Mæstlinge, II. I. *brass, latten,* orichalcum. Ger. & Dan. Messing.
Mæð, II. 3. *condition, lot, dignity, credit, capacity, measure.*
Magan, þu miht, pret. mihte, or meahte, *to may, can, be able,* posse. Gr. 218.
Magas, pl. of Mæg.
Gemaglic, *importunate.*
Gemagnys, *importunity.*
Mago-þegn, II. 2. *kindred-follower.*
†Mæhht, †Mahht, } *might.*
†Main (mægen), *power.*
†Mainen (mǽnan), *to mention, complain of.*
†Male, *mail, trunk.* Fr. maille.
Malt, mealt, II. 1 ? *malt.*
Man. See Mann.
Man, *one, any one.* Ger. & Dan. man, Fr. on. At p. 84, l. 25, man *is the pron.;* his *refers to* land.
Mán, II. 1. *wickedness, sin,*

GLOSSARY.

crime. Ger. Moin, O. S.
men, O. N. mein.
Geman. See Gemunan.
Gemǽna, society, fellowship.
Mancgere, II. 2. *monger,
merchant.*
Mancynn, II. 1. *mankind.*
Mán-dǽd, II. 3. *evil deed.*
Mánful, } *sinful, wicked.*
Mánfullic,
Gemang. See Gemong.
Múnian, } *toexhort.* Ger.
Gemǽnian, } mahnen.
Mann, III. 2. } *man;* ge-
Manna, } mann also
occurs, p. 113, l. 7.
Mann-cwealm, II. 2. *pestilence.*
†*Manschipe,* } *manhood,*
†*Manscipe,* } *male progeny, humanity, kindness.*
Mare, greater, more; comp.
of mycel. Gr. p. 51.
Maregen, for mergen.
Marn, morning.
Maroaro, the Moravians.
Max, II. 1. *net, snare.*
Maðe, moth, worm.
Mapelian, to speak, harangue;
from mepel, *speech,* concio.
†*Maðmes* (maðmas), *treasures.*
†*Me,* for man.
Meaht, II. 3. *might, power.*
Mear, II. 2. *horse.* Ohg.
marah.
*Gemearcian, to mark, take
note.*
Mearð, II. 2. *marten.*
Mece, II. 2. *sword, falchion,*
machæra.

Méd, II. 3. *meed, reward;*
to médes, *in reward.*
Medem, worthy, fit, meet.
Médgilda, hireling.
Medmicel, a little, some.
Medo, medu, III. 2. *mead.*
Gr. 90.
Medo-burh, *mead-burgh,
cityof festivity;* thus wínburh.
Medu-gál, mead-drunken.
*Medo-werig, weary with
mead, drunk.*
Melkan, to milk.
*Melu,melo,*III.1.*meal, flour.*
†*Mengen* (mencgan), *to
mingle, be confused.*
Menigfeald. See Mœnigfeald.
Menifealdlice, manifoldly.
Gemenigfild, *multiplied;*
from gemenigfildan.
Menigu, III. 3. *multitude,
many.* Gr. 103.
*Mennisc, human, human
race.* Dan. Menneske,
human being.
Menniscnis, humanity, incarnation.
†*Mensk* (mennisc), *man,
mankind, human.*
Meodo, meodu. See Medo.
Meolc, II. 3. *milk.*
*Meore, a place on the west
coast of Sweden.*
Meowle, I. 3. *damsel.*
Mere, II. 2. *mere, lake.*
Mere-swýn, II. 1. *porpoise,
dolphin.* Ger. Meerschwein, Dan. Marsvin.
Mergen (merien, merigen),

GLOSSARY.

II. 2. *morn, morrow;* to merigen, *to-morrow.* Ger. & Dan. Morgen.
Merigenlic, meriendlic, adj. *morning,* matutinus.
†Met (gemet), *measure.*
Met, *middling;* þa mettran men, *men in the middle classes.*
Gemet, III. 1. *measure, manner.*
Metan, pret. mæt, pp. gemeton, *to measure.*
Metan, pret. mette, pp. (ge) met, *to paint.*
Gemetan, pret. gemette, *to find, meet;* pp. gemet (gemeted). Gr. 205.
Mete, II. 2. *meat, food,* cœna.
Gemetegan, } *to measure,*
Gemetegian, } *moderate, temper.*
Meten, for metan.
Imeten, *measured,* for gemeten. See Metan.
Gemetgung, *moderation.*
Gemétlice, *moderately.*
Metod, II. 2. *Creator.*
Met-seax, II. 1, 2, 3. *dagger.*
Mettrumnes, *weakness, infirmity.*
Meþel-stede, II. 2. *public-place, place of haranguing.*
Micclum, *greatly, much.*
Micel. See Mycel.
Mid, *mid.*
Mid, *with.* Ger. mit, Dan. med. Mid calle, *totally,* prorsus.
Middæg, II. 2. *mid-day,* sexta.

Middan, *middle;* on middan, *amid.*
Middaneard, middangeard, II. 2. *earth, world.* See Grimm, D. M. p. 754.
Middaneardlic, *earthly.*
Middan-winter, II. 2. *mid-winter, Christmas.*
Middeniht, III. 3. *midnight.* Gr. 106.
Middeweard, *midst, middleward.*
Midmest, *middlemost.*
Midwrítan, *to write with.*
Mid þam þe, } *when, while,*
Mid þy, } *what time.*
Miht, II. 3. *might, power.*
Mihte. See Magan.
Mihtelice, *mightily, miraculously.*
Mihtig, } *mighty, extra-*
Mihtiglic, } *ordinary.*
Míl, II. 3. *mile.*
†Milcea (milts), *mercy, pity.*
Milde, *mild, merciful.*
Mildheorte, *mild-hearted, merciful, tender.*
Mildheortnys, } *mercy, com-*
Mildhertnes, } *passion.*
Milts, II. 3. *mercy, pity.*
Miltsian, } *to pity, com-*
Gemiltsion, } *passionate, be merciful.*
Miltsung, *mercy, compassion, pity.*
Mín, *mine.* Gr. 137.
Minsian, *to diminish, decrease.*
†Mire, for mînre.
Misdǽd, II. 3. *misdeed.*

Mislíc, various, divers,
Misenlic, several; mist-
Mistlic, lice, variously,
diversely.
Mislícian, to displease.
Mislicnys, mislikeness, va-
riety, diversity.
Misweaxende, miswaxing,
ill-growing.
Mitta, I. 2. } certain mea-
Mitte, I. 3. } sure.
Mixen, mixen, dunghill.
†Mochul, much.
Mód, II. 1. mood, mind,
courage. Goth. mōds,
Obg. môt, O. N. móðr,
Ger. Muth.
†Moddri (modrie), maternal
aunt.
Moder, modor, III.2. mother.
Dat. and abl. meder: plur.
moddru occurs. Gr. 96.
Mód-geponc, II. 2. mental
thought, counsel.
Módi, } moody, proud,
Módig, } lofty, contuma-
cious, stern.
Módignys, moodiness, pride.
†Mod-kare (-cearu), care
of mind, anxiety.
Módlice, proudly.
Molde, I. 3. mould, earth.
Mon, i. q. man.
Monað-scoc, month-sick, lu-
natic.
Gemong, multitude; on ge-
mong, among.
Moni, } i. q. mænig.
Monig, }
Mónian. See Múnian.
Mon, i. q. man.

Monréden, II. 3. homage,
submission, clientela.
†Monshipe, i. q. manshipe.
Monuc. See Munuc.
Monð, II. 2. month.
Mór, II. 2. mountain.
Morge-mete, 11. 2. morning
meat, breakfast.
Morgen, II. 2. morning.
See Mergen.
†Morpnede, } mourned.
†Mornede, }
Morð, II. 1. } deadly sin,
Morðer, II. 2. } murder-
ous deed.
Moste, might. Gr. p. 79.
Mot, 3 most, must, may. Gr.
218.
Gemót, III. 1. mote, meeting,
council, synod; gemót
cweðan, indicere consi-
lium.
Gemót-ern, II. L moot-hall,
senate-house.
†Mucel (mycel), great.
†Mucheleere } (mycelre),
†Muchelre } with much.
Mulantún, afterwards Mule-
ton, now Moulton in Nor-
folk, between New Buck-
enham and Long Strat-
ton.
Gemunan, to remember. Gr.
218. See Gemynan.
Mundbyrd, protection.
Gemundbyrdan, to protect,
patronize.
Mundig. } See Myndig.
Gemundig. }
Mundlingham, Mundham in
Norfolk.

GLOSSARY. 257

Mund, II. 3. *hand.* O.N. mund. This word, out of composition, seems to occur in the dat. pl. only.
Munt, II. 2. *mount.*
Munuc, (monuc, munec), II. 2. *monk.*
Munuchád, *monkhood.*
Munuclic, *monastic.*
Munuc-líf, II. 1. *monastic life, monastery.*
Murcnung, *murmuring.*
Murnan, 3 myrnð, pret. mearn, pl. murnon, *to mourn, reck.*
Musle, *muscle.*
Mðð, II. 2. *mouth.* Gr. 74.
Mûþa, *mouth (of a river).* Gr. 74.
Mycel, *great, much, loud.*
Mycelnys, *greatness, magnitude.*
Mylen, II. 3? *mill;* yet p. 127, l. 7, pæt myln.
Gemynan, *to bear in mind, be mindful of, remember.*
Gemynd, II. 1. *mind, memory;* eadig gemynd, *blessed memory.*
Myndig, Gemyndig, } *mindful.*
Myne, II. 2. mena.
Mynegung, *admonition, exhortation.*
Mynetere, II. 2. *money-changer;* from mynet, *money;* hence our *mint.* Ger. Münze, Dan. Mynt.

Gemyngian, *to remember, meditate, admonish.*
Mynster, III. 1. *minster, monastery.*
Mynsterlic, *monastic.*
Imynt, *appointed;* for gemynt. See Myntan.
Myntan, *to suppose, resolve, intend, appoint, decree;* pp. gemynt.
Myrce, *Mercian.*
Myre, I. 3. *mare.*
Myrhð, II. 3. *mirth, joy.*
Myrre, *myrrh.*
Myse, I. 8. *table.*
Myslycian. See Mielfcian.

N.

Na, *not, none.* Gr. 418, 421.
Nabban, 3 næfð, pret. næfde, *to have not.*
Nacod, naced, *naked.*
†Nadde. See Nauede.
Næddre, I. 3. *serpent.* Hilde næddran, *war-serpents, arrows.* Ger. Natter.
Nædl, II. 3. *needle.* Ger. Nadel.
Nædre. See Næddre.
Næfdon, for ne hæfdon. See Nabban. Gr. 216.
Næfre, *never.*
Nægel, II. 2. *nail.*
Nænig, *not any, none.*
Næron, for ne wæron. Gr. 233.
Næs, for ne wæs. Gr. 233.
Næs, *not.*
Nah, for ne ah. See Agan.

s

GLOSSARY.

Naht, *naught.*
Nahte, for ne ahte.
Nahwǽr,
Nahwár, } *nowhere.*
Nalǽs, *not, not the less;* nalǽs þæt án, *not that only.*
Nam, Nor. for neom.
Nama, *name.*
Nam-cuð, *known by name, remarkable.*
Genamian, *to name.*
Nán, *no, none.*
†Nan, *anon.*
Nanuht, *naught;* for nan-wiht.
Nánwyht, *naught, nothing.*
Nást, for ne wást. See Witan. Gr. 218.
Nát, for ne wát.
Nates-hwón, *by no means, not at all.*
†Nauede (næfde), *had not.*
†Nauyt (nawiht), *naught.*
Nawar. See Nahwǽr.
Naðer, *neither.*
Ne, *not;* p. 152, l. 30, for neh?
Geneadian, *to force.*
Neah, *nigh, near, nearly.*
Geneahhe,
Genehe, } *enough, abundantly.* Ger. genug.
Nealǽcan,
Genenlǽcan, } pret. -lǽhte (nealecte), *to approach, draw near.* Gr. 208, 253.
Near, *nearer;* comp. of neah. Gr. p. 51.
Nearolice, *narrowly, closely, briefly.*

Neat, II. 1. *neat, ox, beast.*
Geneát, II. 2. *enjoyer, sharer, retainer;* from neotan. Eald-geneat, *aged vassal.* Ger. Genoss.
Neawest, *neighbourhood.*
Neb, *nib, face.*
Nedbrice, II. 2. *need, want, use.*
Nedpearfnes, *need, necessity.*
Nefa,
Genefa, } *nephew.*
Neh. See Neah.
Genehe. See Geneahhe.
Nehst, *last.* See Next.
Nellan. See Nyllan.
Nembrað, *Nimrod.*
Némlice, *namely, indeed, videlicet.*
Nemnan,
Genemnian, } *to name, call.*
†Nemni (nemnian), *to name.*
Neod, II. 3. *need, necessity, violence,* opus. For neode, *needs.*
Neodpearf, *needful.*
Neom, for ne eom. Gr. 233.
Neorxena wang, II. 2. *paradise.*
Neosan,
Neosian, } *to seek, visit;* oftengov. gen. Geneosian, } of thing.
Neosung,
Geneosung, } *visit, visitation.*
Neotan, pret. neat, *to enjoy, use.*
Neowelnæs,
Neowelnys, } *abyss, hell, bottom, lowest part.*

GLOSSARY. 259

†Neowene (niwan), *newly, recently.*
Neopeweard, ⎱ *netherward,*
Noopewerde, ⎰ *down, downward, below.*
Nergend, II. 2. *Saviour, Preserver, God.* Gr. 118.
Generian, *to save, deliver.*
Nes, for ne is.
Nest, II. 1. *nest.*
Nent, II. 3. *food, provision.*
O. N. nesti.
Net, . I. 1. *net.*
†Newenn, *now, at present?*
†Newest (neawest), *proximity, vicinity.*
Noxt, *last, nearest, neighbour.*
Neðan, *to venture, dare.*
Goth. nanþian.
Nic, *not I;* contr. for ne ic.
Nied. See Neod.
Níg-hworfen, *newly converted.* See Hweorfan.
Nigoða, *ninth.*
Niht, III. 3. *night.* Gr. 106.
Nihtes, *by night.* Gr. 108.
Ger. nachts.
Niht-sang, II. 2. *night-song, compline,* completorium.
Genihtsumlice, *sufficiently.* Dan. noksom.
Niht-wæcce, I. 3. *night-watch.*
Níman, ⎱ pret. nám, *to*
Geníman, ⎰ *take, get, meet.*
†Niman (níman), *to arrange, dispose.*
†Nime (níman), *to take.*
Nis, for ne is. Gr. 233.
Niw, *new.*

Niwelnis. See Neowelnes.
Geniwian, *to renovate.*
Nið, II. 2. *evil, malice, envy, hate.*
Niðe-rof, *famed for evil.*
Niðer, *down.*
Niþer-stígan, *to descend.* See Stígan.
Niðfull, *malignant, envious.*
Nið-heard, *hardened in iniquity.*
Geniðla, *enemy.*
No, *no, not.*
Genoh, ⎱
†Inow, ⎬ *enough.*
†Inop, ⎰
Noht, *naught, not.*
Nolde. See Nyllan.
Noma. See Nama.
Nón, II. 2. *nones,* nona (hora), *the last canonical hour before sunset.*
Nón-mete, II. 2. *noon-meat, dinner.*
Nón-tíd, II. 3. *noontide.*
Norð, *north, northwards,* be norðan, *to the north of.*
Norðan, *north, from the north.*
Norð-dæl, II. 2. *north part.*
Norð-Dene, *the North Jutlanders, the inhabitants of the Danish islands, and probably of Scania.*
Norðeweard, *northward.*
Norðhymber, *Northumbrian.*
Norðmen, *the Norwegians.*
Norðmest, *most northerly.*
Norðryhte, *directly north.*
Norðweard, *northward.*
Norðwic, *Norwich.*

s 2

GLOSSARY.

Nôa-pirl, III. 1. *nostril.*
Nolian, *to use, enjoy.*
†Noupe (nu-pa), *now.*
Nowiht, *not, naught.*
†Nopt (nowiht), *naught.*
Nu, }
Nu-pa, } *now.*
Nunne, I. 3. *nun.*
†Nusten (nyste), *knew not.*
†Nute(nyte), *will not know.*
Nyd. See Neod.
Nydan, } pret. nydde, *to*
Genydan, } *force.*
Nydþearfnys, *need, want.*
Nygan (nigon), } *nine.*
Nygon, }
Nyllan, contr. for ne willan, *to will not*, (Lat. nolle,) pret. nolde. Gr. 217.
Nymðe, *unless, except.*
Nys. See Nis.
Nyste, for ne wiste. See Witan.
Nyten, III. 1. *neat, animal, beast.* Gr. 99.
Nytenlic, *wild, rude.*
Nytonnys, *ignorance, stupidity, rudeness.*
Nyton, for ne witon. Gr.218.
Nytwyrðnes, *utility.*
Nyðer, *down.*
Nyðer-astígan, } *to come*
Nyðer-stígan, } *down.*
Nyðercuman, *to descend.*
Genyðerian, *to condemn.*

O.

†O, *one, a, any.*
†O (on), *in.*
Ob, E. Angl. *for, of.*
Of, *of, from.*
†Of, *off.*
Of-aceorfan, *to cut off.* See Coorfan.
Of-alædan, *to lead or bring from.* See Lædan.
Of-anfman, *to take from.* See Nfman.
Ofarasta, E. Angl. *residue.* Ger. Ueberrest.
Of-ascrefidian, *to shred off, prune, cut off.*
Of-axian, *to learn, receive information.*
Of-cuman, *to come or spring from.* See Cuman.
Ofdúne, *down.*
Of-eode, *went from, left.* See Gán.
Ofer, II. 2. *shore, bank.* Ger. Ufer.
Ofer, *over, against, after, by.*
Ofer-bæc, *backwards.*
Oferbrecan, pret. -bræc, *to break, infringe.*
Ofercuman, *to overcome.* See Cuman.
Oferdrencan, *to overdrench.*
Ofer-eáca, *overplus.*
Oferfæreld, *passage, transit.*
Ofer-far, II. 3. *passage over, transit.*
Oferfaran, } *to pass over.*
Oferferan, } See Farau and Feran.
Ofer-fróren, *frozen over.* See Freosan.
Ofergún, *to ravage.* See Gán.
Ofer-geweorc, II. 1. *upper work, tomb, mausoleum.*

Oferhrops, *voracity.*
Ofermód, II. 1. *pride, presumption;* also adj. *proud.* Ger. Uebermuth.
Oferrǽdan, *to read over.* See Rǽdan.
Oferstígan, *to surpass, exceed.* See Stígan.
Ofer-wádan, pret. -wód, *to wade over.*
Oferwinnan, *to conquer, overcome.* See Winnan.
Oferwintran, *to pass the winter,* hiemare.
Offrian, } *to offer, sacri-*
Geoffrian, } *fice.*
Offrung, *offering, sacrifice.*
Ofgángan, *to go forth, go from, proceed, require.* See Gán.
Oflyst, *delighted.*
Ofostlice. See Ofstlice.
Ofsceamian, *to shame;* ofsceamod, *ashamed.*
Ofsceotan, pret. -sceat, pl. -scutan, *to shoot.*
Ofsettan, *to oppress, afflict.*
Ofsleán, 3. p. he-slyhð, pret. -sloh, pp. -slegen (-slagen), *to slay.*
Ofstician, } *to stick, stab,*
Ofstikian, } *slay.*
Ofstlice, } *quickly, with*
Ofstum, } *haste.*
Oft, *oft, often.*
Ofwundroden, for ofwundrode, *astonished;* from ofwundrian.
Ofþincan, *to think ill, take amiss, repent.* See Dincan.

†Ofþinceð (ofþinceð), *repenteth.*
Ofþriccan, pret. ofþrihte, *to oppress, overwhelm.*
†Oȝe (ágen), *own.*
Oleccan, pret. olehte, *to flatter,* blandiri.
Olfond, } II. 2. *camel;*
Oluend, } though this word, as well as the Goth. Ulbandus, signifies correctly not a *camel,* but an *elephant.*
On, *on, in, with, about, during;* cum accus. *into, by, as,* on niht, *by night,* on beot, *with threatening.*
On, *for an, a, an.*
On-aledon, *laid on.* See Lecgan.
Onbæc, *behind.*
Onbærnan, *to inflame.* Gr. 196.
On-belædan, *to lay on, apply.*
Onbídan, *to await;* gov. gen.
†Onbolded (unbealdod), *enfeebled, sunk in vigour.*
Onbryrd, *excited.*
Onbryrdan, *to instigate, excite, encourage, animate,*
Onbúgan, pret. -beah, pl. -bugon, *bow, bend.*
Onburigan, *to taste.*
Onbutan, *about, around.*
Oncnawan, 3 -cnæwð, pret. -cneow, *to know, understand, recognise.*
Oncweðan, *to address.*
Ond, i. q. and.
Ondrædan, pret. ondred, *to dread, fear.* Gr. 234.

GLOSSARY.

Often used as a reflective with a dative.
Ondrædendlic, *dreadful, terrible.*
Ondræding, II. 3. *dread, fear.*
†One, for on; also *a, an, one, only, alone.*
On-eardian, *to dwell in, inhabit.*
Onettan, *to hasten.*
Onfangennys, *reception, participation.*
Onfindan, *to find out, discover.* See Findan.
On-flote, *afloat.*
Onfón, pret. onfeng, pp. onfangen, *to receive, take.* (This verb often governs tho dative.)
Onfónde, *taker, receiver.* See Onfón. Gr. 118.
Ongean, *again, against, towards, to, over against;* eft ongean, *back again.*
Ongeat. See Ongitan.
On-gedón, *to do on or in.* See Dón.
Ongel-þeod, II. 3. *English nation.*
On-gemong, *among.*
On-gesittan, *to sit in.* See Sittan.
Onget, for ongeat. See Ongitan.
Onginnan, pret. -gan, pl. -gunnon, *to begin, undertake.* Gr. 242.
Ongist, for ongytat.
Ongitan, } 3 -gyst, pret.
Ongytan, } ongeat, *to understand, perceive.*

Onhǽtan, act. *to heat, inflame.*
Ouhebban, pret. -hóf, *to lift, exalt.*
Onhyldan, *to bend, incline.*
Onhyrian, *to imitate, emulate;* p. pr. onhyrgende.
On-innan, *within, among.*
Onlǽdan, *to lead in, bring.*
Onligan, pret. -lah (.leah), pl. -ligon, *to grant, bestow;* gov. dat. of the pers. and gen. of the thing.
Onlihtan, pret. -leohte, *to illumine, give sight.*
Onlihting, *lighting.*
Onlócian, *to look on, behold.*
Onlutan, 3 -lyt, pret. -leat, pl. -luton, *to bow, incline.*
†Onread (unræd), *evil counsel.*
Onsceotan, pret. -sceat, pl. -scuton, *to strike, strike in, cut (a furrow).*
Onscunian, *to shun, reject, abhor.*
Onsendan, *to send to.*
Ousígan, pret. -sáh, pl. -sigon, *to impend, hover over, descend.*
Onsion, Nor. for ansyn.
Onsittan, *to sit on.* See Sittan.
Onslæpan, *to fall asleep.* Ger. einschlafen. See Slæpan.
Onstellan, i. q. astellan. Ger. anstellen.
On-sund, *afloat, swimming.*
On-sundron, *asunder, aside, apart.*

GLOSSARY. 263

On-swymman, *to swim in.* See Swymman.
Ontȝnan, *to open, reveal.*
On-ufan, } *upon, over.*
On-uppon,
Onwacan, pret. -wóc, *to awake.*
Onweald, i. q. anweald.
Onwendan, *to change.* See Wendun.
Onwreón, pret. -wreah, pl. -wrugon, *to reveal, disclose.*
Onwriðan, pret. -wráð, pl. -wriðon, *to unbind, unwrap.* Gr. 248.
Oord, i. q. ord.
Open, *open, plain, evident.*
Geopenian, geopnian, act. and neut. *to open.*
Openlice, *openly.*
†Or (ár), *mercy.*
Orc, II. 2. *pitcher, pot.* Goth. aurki.
Ord, II. 2. *beginning, edge, point, army, band.* O.N. Oddr.
Ordfruma, *origin.*
†Ore, are (ár), *mercy, pity.*
Oreald, *very old.* Ger. uralt.
Oret-mæcg, II. 2. *champion, warrior.*
Oreðian. See Orðian.
Orf, *cattle, animal.*
Orfeormo, *void,* expers.
Orhlice, orglice, orgellice, *proudly, arrogantly.* From orgel, whence Fr. orgueil.
Ormæto, *without measure, immense, vast, immensely.*

Orsawle, *without soul, lifeless.*
Orsorh, *without care, secure.*
Ortruwian, } *to despair.*
Geortruwian,
Orwene, *hopeless, desperate.*
Orðian, *to breathe, blow,* spirare.
Osti, *the* Estas *of* Wulfstan, and Osterlings *of modern times. They dwelt on the shores of the Baltic, to the east of the Vistula.*
Ostre, I. 3. *oyster.*
Ost-sæ, *the Baltic and Cattegat.*
†Ouersoh, *overtrue, rare.*
†Owen (ágen), *own.*
Owern, *anywhere.*
Oxa, *ox.*
Oxan-hyrde, II. 2. *ox-herd.*
Oð, *till, unto, to.* As a verbal prefix, *from, away.* Gr. 269.
Oðer, *other, second, one;* oðer twega, *other of two, one or the other.*
Oðfleón *to flee away, escape.* See Fleón.
Oðstándan, *to stand still, cease.* See Stándan.
†Oþom } (aþum), *son-in-*
Oðum } *law.*
Oððæt, *till that, until;* oðpæt an, *to that degree, so much.*
Oððe, *or either.* Ger. oder.
Oððe, for oððæt.
Oðþringan, pret. -þrang (-þrong), pl. -þrungon, *to force away.*

GLOSSARY.

P.

Pada, *coat, tunic.* Goth. paida, O. S. peda, *both feminine, but in the expression* salowig-pada, *an epithet of the eagle, the termination is purely adjectival.* See notes on the Battle of Brunanburh in Warton, II. E. P. i. p. lxxviii. edit. 1840.

Pæll, II. 2. *pall,* purpura.
Pællen, *purple.*
†Pall, *pall.*
Pallium, II. 2. *pall, pallium.*
Pante, *the Blackwater, in Essex.* The following passage from Gough's Camden, vol. ii. p. 43. 1st edit., may be interesting. "The shore, curving a little to the north here, admits the sea into two bays, one called *Crouch,* the other *Blackwater,* formerly *Pant.* In Crouch are four pleasant green islands, but rendered marshy by the tide: the principal of these are *Wallot* and *Foulness,* q. d. Bird Cape, which has a church, and may be come at on horseback, when the tide is out. Between these is the hundred of Dengy, formerly *Dauncing,* abounding in pasturage and cattle, but both the soil and air unhealthy. The chief town of this hundred, which takes its name from it, is Dengy, supposed by the inhabitants to take its name from the Danes." Drayton has also ;

"When *Chelmer* scarce arrives in her most wished bay,
But *Blackwater* comes in through many a crooked way,
Which *Pant* was call'd of yore, but that by Time exil'd,
She *Froshwell* after hight, then Blackwater instill'd."
Poly-Olbion, 19th Song, p. 4. edit. 1622, fol.

See also Holinshed's 'Description of Britaine,' chap. xvi.

Papa, *pope.*
Papanhád, *papal dignity.*
Pening, penig, peanig, II. 2. *penny.*
Peoht, II. 2. *Pict.*
Pinewincle, *periwinkle.*
Pinnan, flascones, i. q. flaxan.
Pinung, *pain, torment.*
Pistol, II. 2. *epistle.*
Plantian, *to plant.*
Plega, *play.*
Plegan,
Plegian, *to play.*
Pleigan,
Pleoh, III. 1. *peril, danger.*
Pleolic, *dangerous.*
Pliht, *plight, danger.*
Plyhtlic, i. q. pleolig.
Port, II, 2. *port.*
Præltig, *deceitful,* versipellis.
Prafost, II. 2. *provost.*
Prasse, p. 133, line 17 ?

GLOSSARY. 265

Preost, II. 2. *priest.*
Preosthád, *priesthood.*
Prím, *prime, the service for sunrise.*
Prouast. See Prafost.
Pulgaraland, *Bulgaria.*
Púnd, II. 1. *pound.*
Pusa, *bag, purse,* pera.
Pyt, II. 2. *pit, hole.*

Q.

†Qualc-hus, *house of torture, or punishment.*
†Quartern (cwartern), *prison.*
†Quapprigan, *quadripartite.*
†Queechen, *to cook?*
†Iqueme (geeweme), *pleasing, agreeable.*
†Iquemed (gecwemed), *pleased.*
†Quene (cwén), *queen.*
†Qucð (cwæð), *said.*

R.

Racents, raccents, } *chain.*
Racenteag, II. 3. }
Racu, III. 3. *narration, explanation.*
Rád. See Rídan.
Rád, p. 152, l. 47, for rædde?
†Raden (rædan), *to read.*
†Radful, *wise;* from ræd, *counsel.*
Gerécan, pret. -rwhte, *to reach, get, capture.*
†Racche (reccc), *reck.*
Ræd, II. 2. *rede, counsel, deliberation;* ræd pincan, *to seem adviseable;* ræd wf-

tan, *to know what one is about.*
Gerǽd, III. 1. *housing, trapping,* phalerae.
Rǽdan, } 3. ræt, pret.
Gerǽdan, } rædde, pp.
ræd, *to read.* Gr. 205.
Rǽdan, } *to counsel, advise, command.*
Gerǽdan, }
Rǽdbora, *counsellor, adviser.*
Rǽding, *reading, lecture.*
Rǽding, See Hrǽding.
Refnian, *to execute, obey.*
Ræge, I. 1? *roe,* caprea.
Ger. Reh.
†Rærid (rǽd), *advice, counsel.*
Rǽs, II. 2. *rush, shock, onset.*
Rǽswa, *leader, chief.*
Rǽt. See Rǽdan.
†Rætful, *crafty.*
†Ræv (reaf), *vestment, hanging.*
Raeð, *quick, rash.*
Ram, II. 2. *ram.*
Rand, II. 2. *shield.* At p. 132, l. 22, I suspect that for 'randan' we should read 'randas.'
Rann, II. 1. *fallow deer,* dama.
Raðe, *quickly;* raðe pæs, *soon after this.* See Hraðe.
†Raðer, *rather, sooner, earlier.*
Read, *red.*
Read (rǽd), *counsel.*

Reade, *redly?*
Reaf, II. 1. *garment,* also *spoil, plunder.* Ger. Raub.
Rec, II. 3. *reek, vapour, odour, exhalation, reputation.*
Geroc, III. 1. *government.*
Recan, } pret. rohte, *to*
Reccan, } *reck, care for.*
Recan, pret. rehte, *to govern.* Gr. 214.
Reccan, } pret. rehte
Gereocan, } (rœhte) *to interpret, define, explain, reckon, relate.*
Reced, II. 1 & 2. *house, mansion;* heah-reced, *lofty dwelling, palace.*
Gerecednys, *history, narrative.*
Recels, II. 2. *frankincense.* Gr. 300.
Recene, recone, *instantly.*
Recnan, *to reckon, pay out.*
†Red (ræd), *counsel.*
Gerefa, *reeve, prefect,* comes. Hence scîr-gerefa, *sheriff.* Ger. Graf, Dan. Greve.
Reft, II. 1. *veil.*
Regnesburh (Regensburg), *Ratisbon.*
Regol, II. 2. *rule.*
Regollic, *regular.*
Rehtun. See Reccan.
Remian, *to mend.*
Gerenian, *to adorn, ornament.*
Reocan, 3 rycð, pret. reac, pl. rucon, *to reek.* Ger. rauchen.

†Reod (read), *red.*
Reogol, i. q. regol.
Gereord, III. 1. *speech, tongue, dinner, meal.*
Gereordian, *to feed, fill, dine.*
Gereording, } II. 8. *meal,*
Gereordung, } *refection.*
Reowsian, hreowsian, *to rue.*
Rest, II. 3. *rest, resting-place, bed.*
Restan, } *to rest, remain,*
Gerestan, } generally used as a reciprocal when applied to persons. Gr. 259.
Reste-dæg, } II.2.*rest-day,*
Resten-dæg, } *sabbath.*
Retic, *Neritos.* The following is the passage in Boethius of which the Saxon is a paraphrase:

Vela Neritii ducis,
Et vagas pelago rates
Eurus appulit insulæ,
Pulcra qua residens dea
Solis edita semine,
Miscet hospitibus novis
Tacta carmine pocula.
De Consol. lib. iv. met. 3.

In his metres, K. Ælfred makes Ulysses king of Thrace also;

He wæs Dracia þioda aldor
and Retic rices hyrde.
Edit. Rawl. p. 889.

Rewyt, *navigation, voyage, ship.*
Reð, *fierce, savage, raging.*
Rhîn, Rîn, *the Rhine.*
Rîc, *powerful, rich.*
Rîce, III. 1. *kingdom, em-*

GLOSSARY.

píre, *country, reign*. Ger.
Reich, Dan. Rige, Engl.
-ric in comp., as *bishopric*.
Ricone. See Recene.
Ricetere, II. 2? *power, violence*.
†Rich } (ríc), *rich, right,*
†Riche } *powerful.*
Ríclice, *powerfully.*
Rídan, pret. rád, pl. ridon, *to ride.* Gr. 246.
Ridda, *rider, horseman.* Ger. Ritter, Dan. Ridder.
Riffin (beorgas), *the Riphæan mountains.*
Riht, } III. 1. *rite, cere-*
Geriht, } *mony, last office,*
privilege.
Riht, II. 1. *justice, truth, right;* on riht, *rightly.*
Riht, } *right, straight;* on
Geriht, } gorihte, *straight onward.*
Rihtan, } *to correct,*
Gerihtan, } *straighten, direct, guide.*
Rihte, *rightly, straightly.*
Riht-gelyfed, *orthodox.*
Gerihtlǽcan, pret. -lǽhte, *to rectify, amend.*
Rihtlice, *rightly, justly.*
Rihtwís, *righteous.*
Rihtwísnis, *righteousness.*
Gerím, II. 1. *number, computation.*
†Rime, *verse.*
Rinc, II. 2. *man, warrior.*
Riofol, *roughness, leprosy.*
Gerípian, *to ripen.*
Gerísenlic, *fitting, proper, suitable.*

†Ríne (ryf), *rife, frequent.*
Rixian, *to govern, rule.*
†Rið, ript (riht), *right.*
Ród, II. 3. *rood, cross.*
Róde-beugen, II. 3. *cross;* lit. *rood-gibbet.*
Roder, II. 2. *firmament, heaven.*
Roderlic, *heavenly, ethereal.*
Róde-tácn, III. 1. *sign of the cross.*
Róf, *renowned.*
Romana-burh, *Rome.*
Romanisc, *Roman.*
Rome-burh, *Rome.*
Rond-wiggende, *shielded-warrior.* Gr. 118. See Rand.
Rose, I. 3. *rose.*
Rótlice, *cheerfully.*
†Rouning, *whisper, secret conversation.* Ger. raunen, *to whisper.*
†Rouð, *ruth, pity.*
Rowan, 3 rewð, pret. reow, *to row, navigate.* Gr. 234.
Rúm, II. 2. *room, space.* Rum wæs, *it was free.*
†Irum (gerym), imperat. *clear, open;* from gerýman.
Rúme, *widely, amply, freely.*
†Rumen (ryman), *to give place, get, procure.*
Rún, II. 3. *rune, counsel, mystery, alphabetic character.*
Rygedún, *Roydon, in Norfolk, near Diss.*
Ryht. See Riht.
Ryman, } *to yield (space),*
Gerýman, } *give up, eva-*

208   GLOSSARY.

cuale; weg gcryman, to
  open a way. Ger. räu-
  men.
Ryuan, to roar, bellow.
Ryne, II. 2. course, flux,
  running.
Geryne, III. 1. mystery, sa-
  crament.
Rysel, fat.

S.

Sacerd, II. 2. priest, sacer-
  dos.
Sǽ, II. 2. & II. 3. sea. Gr. 85.
Sæc, II. 3. war, warfare,
  battle; from sacan, to
  contend.
Sæcan. See Secan.
Sǽ-coc, II. 2. cockle? nepti-
  gallus.
Sǽd, II. 1. seed.
Sǽd-berende, seed-bearing.
  Gr. 118.
Sǽde. See Secgan.
Sǽ-gemǽre, III. 1. sea-
  coast. See Gemǽro.
Sægan, } to offer, sacri-
Gesægan, } fice.
Gesæge, for gesege, from
  gesćon.
†Sæghenn (gesegen), saw;
  from gesćon.
Sǽl, II. 2. time, occasion.
Gesǽlan, to bind, tie.
Sǽlic, sealike, marine, wa-
  tery.
Sǽ-lída, mariner.
Gesǽlig, happy, blessed.
  Ger. selig.

Gesǽliglice, happily, etc.
Gesǽlð, II. 3. happiness.
Sǽman, III. 2. seaman.
Sǽmestre, I. 3. seamstress.
Sǽ-rinc, II. 2. seaman, sea-
  warrior.
†Sæte, sitting, festival.
†Sætte (siccetto?), sighed?
Sahl, II. 2. club, pole.
Salowig, sallow, swarthy.
Sam, whether.
Samaria (so MS. Cott. for
  Massilin), Marseilles.
Samcucu, half-alive.
†Same (sceamu), shame.
†Sammnedd (gesamnod),
  gathered; from samnian.
Gesamnung. See Gesom-
  nung.
Samod, also, likewise, to-
  gether.
†Samuast (sceamfast),
  shame-fast.
S. Benedictes Stow, Fleury.
Sand, II. 3. sending, mission,
  messenger, dish, meal.
Sand-corn, II. 1. grain of
  sand.
Sande, II. 2. message, lega-
  tion.
Sang, II. 2. song.
Sape, I. 3. soap.
Sár, II. 1. sore, pain.
Sár, sore, painful.
†Sari (sárig), sorry, sorrow-
  ful.
Sárian, to sorrow, grieve.
  Ger. sorgen.
Sárig, sorrow, sorrowful.
Sárlic, painful; sárlice,
  painfully.

GLOSSARY. 269

Sárnys, *soreness, pain.*
Saul. See Sawel.
Saul-pearf, II. 3. *soul's need.*
Sawan, pret. seow, pp. sawen, *to sow, spread abroad.*
Sawel, }
Sawl, } II. 3. *soul.*
Sawul, }
Scadu, III. 3. *shadow.*
Scamel, II. 2 ? *stool.*
†Scanden (scendan), *to shend, disgrace.* Ger. schünden.
Sceacan, pret. sccoc, *to shake, hurry, hasten;* gowítan sceacan, *to go in haste.*
Gescend, III. 1. *reason, discretion.*
Sceaf. See Sculan.
Sccaft, II. 2. *shaft.*
Gesceaft, III. 1. *creature.* Gr. 93.
Gesccaft, II. 3. *creation.*
Sceafta hen p. 118, l. 24. The sense of this and the seven following lines is extremely uncertain, the passage being evidently corrupt.
Sceal, pl. sculon, subj. scyle, imp. sceolde, *shall, must,* debeo. Gr. 218. This verb is also frequently used like the Ger. sollen, *to be said, reported.*
Sceale, II. 2. *servant, common soldier or sailor.* Goth. Skalks, Ger. Schalk.
Sceamu, III. 3. *shame.*
Sceanca, *shank, leg.*

Sceap, II. 1. *sheep.*
Gesceap, III. 1. *shape, form, creation, formation.*
Sceápan. Seo Scyppan.
Gesceapen, pp. of scyppan.
Sccap-hcrde, II. 2. *shepherd.*
Gesceápian. See Gescyppan.
Gesceapnis, *shaping, forming, creation.*
Sccar, *share (of a plough).*
Sccard, II. 1. *sheard.*
Scearn, II. 1 ? *dung.* Dan. Skarn.
Sccarp, *sharp, acute.*
Sceat, II. 2. *a piece of money, price, treasure, profit.* Goth. Skatts.
Sccawere, II. 2. *beholder, spectator.*
Sceawian, *to look, look at.*
Sceawung, *spectacle, sight.*
Sceað, II. 3. *sheath.*
Sceaþa, *robber, thief, miscreant, wretch.*
Scel, II. 3. *shell.* See Wælscel.
Scén, *sheen, beautiful.*
†Scench (scenc), *wine scench, wine-drinking;* from scencan, *to skink.*
Sceo, sco, II. 2. & III. 2. *shoe,* fico.
Sceocca, *Satan, devil.*
Sccona, gen. plur. of sceo, *shoon, shoes.*
Gesceóp. See Gescyppan.
Sceorp, II. 1. *habit, scarf.*
Sceort, *short.*
Sccortlice, *shortly, briefly.*
Sceortnys, *shortness.*

270   GLOSSARY.

Sceota, *trout*, tructus.
Sceotan, 3 scyt, prct. sceat,
    pl. scuton, *to shoot*.
Scrotend, II. 2. *shooter,
    archer*. Gr. 118.
Sceo-wyrhta, *shoemaker*.
Sceo-þwang, IL 2. *shoe-
    thong, or -tie*.
Scep. See Sceap.
Scep-hyrde. See Sceap-
    herde.
Scérnn, *to shear, cut away*.
Sceð. See Sceað.
†Schip, *ship*.
Scild. See Scyld.
Scild-burh, *shield-fence*, scu-
    torum testudo. O. N.
    Skialldborg.
Scíma, *shine, brilliancy*.
Scínan, prct. scán (sceán),
    pl. scinon, *to shine, appear*.
    Gcr. scheinen.
Scip, III. 1: *ship*. Ger.
    Schiff. Dan. Skib.
Scip-ráp, II. 2. *ship-rope*.
Scír, II. 2. *shire, province*.
Scír, *sheer, bright, clear*.
Sciringes-heal, *a port of
    Norway, the exact position
    of which is unknown.
    Judging from the context
    of Ohthere's narrative, it
    seems to lie in the Skager
    Rack, near the Fiord of
    Christiania. To the south,
    he tells us, lies a very broad
    sea, no doubt the Cattegat;
    on one side of which was
    Gotland (Jótland, Jut-
    land), and then Sillende
    (Seeland). Sailing from
    Sciringes-heal to Sleswig
    (at Hæðum), Ohthere had,
    as he tells us, Denmark on
    his left, by which denomi-
    nation he undoubtedly
    means Skaane (Scania),
    and Halland, the early
    seat of the Danes, and
    which constituted a part
    of the modern kingdom of
    Denmark till 1658. Then,
    two days before his arri-
    val at Sleswig, taking a
    westerly course, he had
    Gotland (Jutland) on his
    right. From the men-
    tion of islands on his left,
    it would seem that he sailed
    between Moen and Seeland.
    Prof. Dahlmann supposes,
    erroneously I think, that
    Ohthere sailed through the
    Great Belt*. Forchungen,
    Th. i. Gesch. v. Dänn. i.
    p. 65. See Gotland.
Scírman, *shireman, provin-
    cial*.
Scíððige, *Scythia*.
†Scome (sccomu), *shame*.
Scomu, i. q. sceamu.
Scón, *shoon;* pl. irr. of sco,
    shoe.
Scon (scen), *sheen, beauti-
    ful*. Ger. schön.
Sconeg, *Skaane (Scania)*.
Scóp, II. 2. *poet, minstrel*.
Scóp-gereord, III. 1. *poetic
    diction, poetry*.
Scort. i. q. Scoort.
Scotian, *to shoot*.
Scotung, *shooting*, jaculatio.

GLOSSARY. 271

Scræf, II. 1. *den, cave.*
Screadian, ⎫ *to shred,*
Gescreadian, ⎭ *prune, lop, cut.*
Scride-Finnas, *the inhabitants of that part of Bothnia which lies between the Angermann and the Tornea.*
Scrín, II. 1. *shrine, casket, chest.* Dan. Skrin, Ger. Schrein.
Scrúd, II. 1. *shroud, vestment, clothing.*
Scrutnian, *to inquire into.*
Gescrýdan, ⎫ 3 scryt, *to*
Scrýdan, ⎭ *clothe.* Gr. 207.
Scryn. See Scrín.
Scucca. See Sceocca.
Scúfan, 3 scyfð, pret. sceaf, pl. scufon, *to shove, thrust.*
Scúnian, *to shun, fear.*
Scúr, II. 2. *shower.*
Scúrum, adv., *with scouring or grinding.*
Grncy, *shoes.* Gr. 100, 276.
Scyl, *the name of a harper, father or progenitor of Scilling mentioned in the Scóp's Tale?* (Cod. Exon. p. 324). *Or it is too great a poetic license, even for an Anglo-Saxon bard, to assign to Job, as a harper, the forefather of the Longobardic king Audwin's minstrel?*
Scyld, II. 3. *sin, crime.* Ger. Schuld.

Scyld, II. 2. *shield.* Ger. Schild.
Gescyld, *indebted.*
Gescyldan, *to shield, protect.*
Scyld-burh. See Scildburh.
Scyldig, *guilty, condemned.*
Gescylduys, *defence, protection.*
Gescyndan, *to shend, put to shame.*
Scyne, *beautiful, sheen.* Ger. schön.
Scyp. See Scip.
Scypen, II. 3. *stall, shed.*
Scyp-here, II. 2. *fleet, naval force.*
Scyppan, ⎫ pret. -sceóp,
Gescyppan, ⎭ pp. -sceapen, *to shape, form, create.*
Scyppend, II. 2. *Creator.* Gr. 118.
Scyrting, *shortening, abridgement.*
Scytan. See Scootan.
Scytæn, E. Angl. for scuton. See Sceotan.
Scyttan, apparently the same as Sceotan, erogare, conferre (pecuniam), *to pay.*
Se, masc., *he, the.* Gr. 146.
Se, E. Angl. for sy.
†Se, *as; son se, as soon as.*
†Seaht (saht), *peace, concord.*
Geseald, *betrayed.* See Syllan.
Sealde. See Syllan.
Sealm, II. 2. *psalm.*
Sealm-sceóp, II. 2. *psalmist.*

Sealm-song, II. 2. *psalm-singing, psalmody.*
Sealm-wyrhta, *psalm-wright, psalmist.*
Sealt, II. 1. *salt.*
Sealt, adj., *salt.*
Sealtere, II. 2. *salter.*
Seamere, II. 2. *seamer, tailor.*
Searo-þoncol, *devising, stratagem, cunning.*
Searwade (sinc), p. 159 ?
Seax, II. 1, 2. 3. *knife, sword.*
Seaxan, *Saxons. Ohthere evidently speaks of the Nordalbingian Saxons.*
Secan, } pret. sohte, *to seek.* Gr. 214.
Gesecan,
Secean,
Secg, II. 2. *soldier, warrior, man.*
Secgan, } pret. sǽde, *to say.* Gr. 214.
Gesecgan,
Secræ, for secra, or seocra, gen. pl. of seoc.
Segel, II. 2. *sail.*
Seglian, } *to sail.*
Geseglian,
Gesegon, pret. pl. of geseón. Gr. 231.
†Suh, soh (súh), *fell down, descended.* From sígan.
Geseh, i. q. geseah. See Geseón.
Sell, *good, excellent.*
Seldcuð, *selcouth, wonderful, extraordinary.*
Seldon, *seldom.* Ger. selten.
Seldsyn, *rare.*
Sele, II. 2. *hall, saloon.*

Sem, *the wood of which Noah's ark was made, in Genesis called Gopher wood.*
Geseman, *to determine, judge, decide between.*
†Semepþ, *seemeth, beseemeth ?*
Semninga, *suddenly.*
†Sen (seón), } *to see.*
†Isen (geseón),
Sendan, 3 sent, sendeð, pret. sende. Gr. 207.
†Sende (scendan), *shend, disgrace.*
Gesenian, *to sign, mark.*
Seo, fem., *she, the.* Gr. 146.
Seoc, *sick.*
Seocnys, *sickness.*
Seofe, *seven.*
Seofenilit, *week.*
Seofeða, *seventh.*
Seofon, seofan, *seven.*
Seofonfeald, *sevenfold.*
†Seoh (soð), *true.*
Seol, } II. 2. *seal,* phoca.
Siol,
Seolfern *of silver,* argenteus.
Seolfor, II. 1. *silver.*
Seolfor-smið, II. 2. *silversmith.*
Seolm. See Sealm.
Seón, } 3 p. he gesyhð, pret. geseah (geseh), pl. gesawon (gesegon). Gr. 231. Gesawen beón, *to appear.*
Geseón,
†Seorwe (sorh), *sorrow, affliction.*
Seow. See Sawan.
†Seoþ (soð), *sooth.*

GLOSSARY. 273

Seopan, 3 sýð, pret. scað, *to seethe, boil.* Gr. 251.

Scoðða,) (siððan), *after-*
†Scoððen,) *wards, then.*

Sermende, *a country or people to the north of Mægða-land (Mazovia) and to the east of the Burgendas (Burgundiones), extending to the Riphæan mountains, being the modern Livonia, Esthonia, and part of Lithuania.*

Geseted, *seated, placed,* qu. from setian? Gr. 202?

Setl, III. 1. *settle, seat, setting.*

Setl-gang, II. 2. *sunnan setl-gang, sunset.*

Setlung, *setting.*

Gesetnys, *law, institute, book.*

Settan,) *to set, place, con-*
Gesetian,) *stitute, establish, compose, dedicate.* Gr. 208.

†Settledd, *settled, seated.*

†Seuge (secge), *to say.*

Gesewen, *seen; gesewen beón, to seem,* videri. See Seón.

Gesewenlic, *visible.*

Sex. See Seax.

†Soð (soð), *sooth, true.*

Gesoðan, *to prove true, confirm.*

Sepe, masc., *he who, who, which.*

†Shæwenn (sceawian), *to show*

†Shende (scendan), *to reproach,* contumelia afficere.

Sia, E. Angl. for seo.

Sib, II. 3. *peace.*

†Sib, *contract.*

Gesib,) *of kin, related.*
†Isib,)

Sibling, II. 2. *relation, kinsman or kinswoman.*

Gesibsum, *peaceable, friendly.*

Siccetung, *sigh, sob.*

Síd, *wide, ample.*

Síde, I. 3. *silk.*

Síde, I. 3. *side.*

Síd-wah, II. 2. *side-wall; sid-wages,* for *wagas;*

Semi-Sax.

Sig, for sý. See Wesan.

Sígan, pret. sáh, pl. sigon, *to sink, descend, fall down.*

Sige, II.2. *victory.* Ger. Sieg.

Sige-folc, II. 1. *triumphant people.*

Sigel, II. 3. *collar, necklace,* monile.

Sige-rof, *famed for victory.*

Sige-wong, II. 2. *plain or field of victory.*

Sigor, II.2. *victory.* Ger Sieg.

Sigor-leán, II. 1. *reward of victory.*

Gesihð, II. 3. *sight, vision, aspect, presence.*

Sillende, *Seeland.*

Silomon, *Sulmo.*

Simle, *ever, always.*

Sin. See Syn.

Sín, *his, her.* Ger. sein, Dan. sin. Gr. 145.

Sinc, II. 1. *treasure, silver.*

Sinc-gyfa, *treasure-giver;* epithet applied to a chief.

T

Singal,   } perpetual, conti-
Singallic,   } nuous.
Singan, pret. sang (song),
    pl. sungon, to sing.
Singian,   }
Gesingian,   } to sin.
Sinoð, synod.
Sio, i. q. seo.
Siofian, to bewail.
†Sip (scip), ship.
Sittan,   } pret. sæt, pp. ge-
Gesittan,   } seten, to sit,
    sit in.
Sixtig, sixty.
Sið, II. 2. way, path, journey,
    extremity, time. O. N.
    Sinn, Dan. Sinde. Gr. 33.
Sið, late.
Gesið, II. 2. chieftain, comes.
Siðlice, afterwards, subse-
    quently.
†Sipte, sighed.
Siðsæt, II. 2. III. 1. way,
    journey, expedition.
Siðian, to journey.
Siðpan, after, after that, then,
    afterwards.
Slæd, II. 1. plain, open tract
    of country. O. N. Sletta,
    Dan. Slette.
Slæge. See Slege.
Slægie, E. Angl. for slego.
Slæp, II. 2. sleep.
Slæpan, 3 slæpð, pret. slep,
    pp. slapen. Gr. 2:14.
Slæp-ern, II. 1. dormitory.
Slapan. See Slæpan.
Slit. See Slitan.
Sleac, slack, slow, remiss.
Slean,   } 3 slyhð, pret. sloh,
Gealean,   } pl. slogon, pp.

geslagen, to slay, strike,
    beat, cast, fight. Ger.
    schlagen. Also, to gain
    (by fighting); as, ac þu
    most heonon huðe lædan,
    þe ic þe æt hilde gesloh,
    but thou mayst hence lead
    the spoil, which I for thee
    have won in battle :—
    Cædm. p. 120, line 24.
    [Æþelstan and Eadmund]
    ealdor-langne tyr geslo-
    gon æt secce. [Athel-
    stan and Edmund] gain-
    ed life-long glory in the
    battle:—Battle of Br., l. 6.
    See Warton, II. E. P. i.
    p. lxvii. edit. 1840.
Slecge, II. 2. sledge, large
    hammer; from sleán.
Slege, II. 2. slaying, slaught-
    er, stroke, blow.
Slege-fæge, doomed to
    slaughter.
Geslegen, struck; pp. of sleán.
Sleh, imperat. of sleán.
Slepan. See Slæpan.
Sliht, II. 2. stroke, cædes.
Slitan, pret. slát, to slit, tear.
Slogon.   }
Sloh.   } See Sleán.
Smæl, small, narrow.
Smeagan, pret. smeade, to
    inquire, consider, argue,
    meditate, contemplate, de-
    sign.
Smeagung, machination.
Smeán. See Smeagan.
Smeat, beaten gold, from
    smítan, pret. smát, to
    smite, beat?

GLOSSARY. 275

Smeaðancolnys, *subtlety.*
Smedeme, 1. 3. *flour.*
Smið, II. 2. *smith, handicraftsman.*
Smiðpe, I. 3. *smithy, workshop.* Ger. Schmiede.
Smylt, *mild, placid, tranquil.*
Smyrian, *to smear, anoint.*
Snaw, II. 2. *snow.*
Snaw-hwít, *snow-white.*
Snel, *bold, quick, active.* Ger. schnell.
Sníðan, pret. snáð, pl. snidon, pp. sniden, *to cut.* Ger. schneiden.
Snoter, *wise, prudent.*
Snude, *forthwith, quickly.*
Snytro, III. 3. *prudence, wit.* Gr. 103.
Softe, *softly, easily.*
†Soh. See Seh.
†Sohfæst (soðfæst), *true.*
Solcen, *silken,* for seolcen, from seolc.
†Somed (samod), *together.*
†Sommere (sumre), *in some.*
Gesomnian, *to assemble, call together.*
Gesomnung, *assembly, synagogue;* from samnian, *to gather.* Ger. Sammlung.
Somod. See Samod.
Son, II. 2. *sound, song.*
Sona, *soon, straightways, forthwith.*
Song, i. q. sang.
Song, i. q. sang, pret. of singan.
Song-cræft, II. 2. *art of song, poetry.*

†Son somm, *as soon as.*
Sont, E. Angl. for sanct.
Sorgian, *to sorrow, grieve.*
Sorh, II. 3. *sorrow, care.* Ger. Sorg.
Sorhful, *sorrowful.*
Sorhlice, *sorrowfully, miserably.*
Soð, *true, truly, in sooth;* sope, *truly;* to sope, *in sooth, forsooth.*
Soðfæsthes, ⎱ *truth, integrity, justice;* for soðfæstnysse God, p. 79, l. 9.
Soðfæstnys, ⎰
Soðlice, *soothly, truly, for, amen;* nam, enim.
†Soðscipe (sotscipe), *sotship, folly.*
†Spac, for spræc.
Spád, III. 3. *spade.*
Spæc, i. q. spræc.
Gespánan, *to persuade, entice.* See Áspánan.
Spárian, *to spare.*
Spearca, *spark.*
Spéc. i. q. spræc.
Specan, i. q. sprecan.
Spod, II. 3. *wealth, prosperity.*
Spedan, *to speed, succeed, agree?*
†Ispeddon (gespeddon), *executed, performed, speeded.*
†Spedet (spedeð). See Spedan.
Spedig, *rich.*
Spell, II. 1. & II. 3? *history, tale, message, sermon, spell.*
†Spelleun (spellian), *to relate, preach.*

т 2

GLOSSARY.

†Spencŏ (spendcŏ), *spends;* from speudan.
Spere, III. 1. *spear.*
Spic, II. 2? *bacon.* Ger. Speck.
†Spiledo (spelladc), *spoke;* from spellian.
Spillan, *to destroy.*
Gesponnen. See Gcspúnan.
Gespowan, pret. -speow, *to succeed, speed.*
Spræc, II. 3. *speech, saying.*
Sprecan, } 3 spryeŏ,pret.
Gesprecan, } spræc, *to speak, to speak to, address.* Ger. sprechen. Gr. 229.
Sprengan, *to burst, break, snap.* Ger. springen.
Springan, pret. spráng, pl. sprungon, *to spring.*
Sprittan, spryttan, *to sprout,* germinare, pullulare. Gr. 208.
Sprót, II. 2? *sprout, rod?* See p. 28, *note.*
Spur-leþer,II.3.*spur-leather.*
Spycan, i. q. Sprecan.
Spyrta, *basket,* sporta.
Stede, for stede.
Stæf, II. 2. *staff, rod, letter, writing.* Ger. Stab.
Stæl-hræn, II. 2. *decoy raindeer.*
Gestǽnan, *to stone.*
Stǽnen, *of stone.*
Stær, III. 1. *history.*
Stæð, III. 1. *shore, bank.*
Stæððig, *steady, firm, serious.*
Gestæððignys, *steadiness, gravity.*

Stalcung, *stalking, walking slowly, stealthily.*
Stálian, *to steal.*
Stán, II. 2. *stone.* Ger. Stein, Dan. Steen.
Stándan, } 3stent(stynt),
Gestándan, } pret. stód, *to stand, to be, drive, continue.* Also, act. *to urge, vex, attack (as a disease).* Gr. 237.
Stárian, *to stare, look.*
Staðol, II. 2. *foundation, site.* Se stapol para turfa, *the place where they grew.*
Steap, *steep, deep.*
Stearc, *rugged, hard, austere.* Ger. stark.
Stede, II. 2. *stead, place;* stede fæst, *stedfast, firm.*
Stede-heard, *firm in place (warrior).*
Stefen, II. 3. *voice.* Gr. 81.
†Stefuen (stefen), *voice.*
Stélan, 3 stylŏ, prot. stǽl, pp. stolen, *to steal.*
Stemn. Gr. 81. See Stefen.
Stemnettan, *to meet?*
Stenc, II. 2. *stench, odour.*
Steop-bearn, II.1. *stepchild.*
Steorbord, II. 1. *starboard.*
Steorra, *star.*
Steort, II. 2. *tail.*
Steppan, pret. stóp, *to step, go.*
Sterced-ferhð, *stern-minded, rugged.*
Sticcemælum, *piecemeal, here and there.*
Stig, II. 3. *path.* Nor. stigo for sliga.

Stígan, pret. stáh, pl. stigon,
pp. stígen, *to go, proceed
(upwards or downwards),
according to the preposition prefixed.*
Stihtan, *to arrange, dispose.*
Gestillan, *to still, stay.*
Stille, *still.*
Stillnes, *stillness, quiet.*
Stingan, pret. stúng, pl. stungon, *to sting, stab.*
Stísran. See Stýrian.
Stirin, *sturgeon.* Ger. and Dan. Stör.
Stirigendlic, *stirring, moving.*
Stiward, II. 2. *steward.*
Stið,   } *stern, austere, se-*
Stiðlic,   } *vere.*
Stiðe,   } *sternly, austerely.*
Stiðlice, }
Stiðmód, *stern.*
Stiðnys, *austerity, severity.*
Stód. See Stándan.
†Stunde (stund), *stound, while, time.* Ger. Stunde.
Stout, forstent. See Stándan.
Stóp. See Steppan.
Stór, *frankincense.*
†Stor, *great.* Dan. stor.
Storm, II. 2. *storm.* Ger. Sturm, Dan. Storm.
Storm, *stormy.*
Stow, II. 3. *place;* forming the termination to many names of towns, as, *Godstow, Felixstow,* etc.
Strácian, *to stroke.*
Stræl, II. 2. *arrow, dart, missile.*
Strǽt, II. 3. *street.*
Stráng, *strong, severe, rigid.*

Ger. strenge. Strange, *strongly, powerfully.*
Gestrángian, *to strengthen.*
Stream, II. 2. *stream.*
Strec, *severe, rigid.*
Streccan, pret. strehte, *to stretch, spread.*
Strengre, -a, *stronger.* Gr. p. 51.
†Strenð (strengð), *strength, power.*
Strengð, II. 3.   } *strength.*
Strengðu, III. 3. }
Streón,   } III.1. *gain, pro-*
Gestreón, } *fit, treasure.*
Streonesbalh, *Whitby.* Dan. Hvid By. This is one of the instances where the Saxon name has given place to the Danish.
Streowian, *to strew.*
Strúan, i. q. Gestrýnan.
Strudan, } *to spoil, rob, de-*
Strutian, } *stroy.*
Gestrýnan, *to beget, get, gain.*
Stund, II. 3. *stound, space of time;* embe stunde, *from time to time.*
Stunt, *foolish, stupid.*
Stúr-mere, *Sturmer in Essex,* on the river Stour, or rather the fen (mere) itself, in the neighbourhood of which Leofsunu appears to have dwelt. "On the south, the river Stour, at its rise, stagnates in a great fen, called Stourmeer, but presently confining itself within its banks, first passes by Clare," etc.—*Gough's*

GLOSSARY.

Camden, vol. ii. p. 43. 1st edit.
Stygan, *to go, proceed, mount.*
Stylan, *to be amazed,* obstupescere.
Gestylde, p. 125, l. 13, without doubt an error for gestyrde, *punished.* See Stýrian.
Styman, *to steam, exhale.*
Stynt. See Stándan.
Stýrian, } *to regulate, stir,*
Gestýrian, } *punish, correct, rule;* gov. dat. of pers. and gen. of thing.
Styriæn, for stýrian.
Styrman, *to storm, assail, vociferate.*
Styrne, *stern, severe.*
Styrn-môd, *stern of mind.*
Styðnys, *severity, austerity.*
Sue, E. Angl. for swa.
†Suge (secgan), *to say.*
Sufn. See Swfn.
Sul, sulh, II. 1. *plough, ploughshare.*
Sulh-getcog, III. 1. *ploughing implements.*
†Suluer (seolfer), *silver.*
Sum, *some, one, a,* quidam. He syxa sum, *he one of six,* or *with five others.*
†Sum, *as.* Dan. som.
Sumer, III. 2. *summer.*
†Sumnoden (sumnodon), *assembled;* from somnian.
Sun-beam, II. 2. *sunbeam.*
Sund, *swimming,* natatio.
†Ansund, *sound, safe.*
Gesund, *sound, safe.*
Isund, for gesund.
Sunder-halga, *one sundered as it were from others through extraordinary holiness,* a pharisee.
Gesundfull, } *healthy, sound,*
Gesundlic, } *prosperous.*
Gesundfullice, *safely,* etc.
Sundor-spræc, II. 3. *a conversation apart.*
Sundor-yrf, II. 1. *separate property.*
Sundran. On sundran, *apart.*
Sun-ganges, *with the sun.*
Sunnan-dæg, II. 2. *Sunday.*
Sunne, I. 3. *sun.* Ger. Sonne.
Sunu, III. 2. *son.* Ger. Sohn, Dan. Sön. Gr. 96.
Surpe (Sorabi, Sorbi), *a Slavonic people inhabiting Lusatia, Misnia, part of Brandenburg and Silesia. Their capital was Sorau.*
Susl, II. 3. *torment, punishment.*
†Suste (swuster), *sister.*
Suwian, *to keep silence,* silere.
Suðan, *south, from the south.* Gr. 339.
Suð-Dene, *the Danes inhabiting the south of Jutland.*
Supern, *southern.* Superne (supernne) gâr means a missile that had been sent from the English side, which was returned by the viking. An instance of the reverse occurs at p. 130, l. 22, sqq.
Suð-rihte, *due south.*
Suðweard, *southward.*

GLOSSARY. 279

†Suppe (siððan), *afterwards.*
Swa, *so, thus, as, whether.*
Swa hwá swa, *whosoever.*
Swa hwæt swa, *whatsoever.* Swa hwylc swa, *whosoever.* Swa hwær swa, *wheresoever.* Swa ilce, i. q. swylce. Swa same, *so.* †Swa summ, *so, as;* for swa swa: Dan. saasom. Swa swa, *so as.* Swa-peah, Swa-peah-hwæpere, *yet, notwithstanding, nevertheless.*
Swæc, II. 3. *odour, taste, flavour, seasoning,* sapor.
Swæfas, *the Swabians.*
Swær, *heavy.* Ger. schwer.
Swæs, *sweet, dear, own.*
Swæsend, III. 1. *meat, viand;* generally used in the plural.
Swæslice,   } *sweetly, be-*
Geswæslice, } *nignantly, kindly.*
†Swain. See Sweyn.
Swát, II. 2. *sweat,* poet. *blood,*
Swátig, *sweaty,* poet. *bloody.*
Swaðu, III. 3. *trace, vestige, way, path.*
Sweart, *swart, black.* Ger. schwarz, Dan. sort.
Swefel, II. 2. *sulphur.* Ger. Schwefel, Dan. Svovel.
Swefen, } III. 1. *dream.*
Swefn,   }
Sweg, II. 2. *sound.*
Swegan, } *to sound.*
Sweigan, }
Swegcræft, II. 2. *sound-craft, music.*

Swegel, II. 1? *heaven, firmament.*
Swegl-rád, II. 2. *plectrum?* Ohg. suegilpein, from Goth. swiglón, *to play music?*
Sweger, II. 3. *wife's mother.*
Sweging, *sound, noise.*
Geswel, III. 1. *swelling, tumour.*
Swelgere, II. 2. *glutton.* Ger. Schwelger.
Sweltan, pret. swealt, pl. swulton, *to die.* Gr. 242.
†Swen. See Sweyn.
Geswenc. See Geswinc.
Geswencan, } *to vex, afflict,*
Geswencian, } *fatigue.*
Geswencednys, *affliction, sorrow.*
Sweneg, } *stroke, blow,*
Sweng, }
Sweoland, II. 1. *Sweden.*
Sweon, *the Swedes.*
Sweora, *neck.*
Sweorcende, *darkening;* from sweorcian, *to grow dark or gloomy;* sweorcend-ferhð, *gloomy-minded.*
Sweord, II. 1. *sword.*
Sweorettung, *sigh.*
Sweoster. See Swuster.
Sweot, II. 2. *band,* turma.
Sweotol, i. q. swutol.
Swer, Nor. for sweger.
Swét, *sweet.*
Geswétan, *to sweeten.*
Swétnes, *sweetness.*
†Isweued (geswefod), *ren-*

280 GLOSSARY.

dered *useless;* from ge-
swefian, sopire.
†Sweyn, *swain, young man.*
Dan. Svend.
Swícan, ⎫ pret. swíc, pl.
Geswícan, ⎬ swicon, *to
deceive, betray, cheat, de-
sist from, shrink from.*
Swícdom, *fraud, deceit.*
Swícol, *false, treacherous,
deceitful.*
Swift, *swift.*
Swiftnys. See Swyftnys.
Swige, I. 3. *silence.*
Swigian, *to hold silence.*
Swike, for swicon. See
Swícan.
Swilce. See Swylce.
†Swilch (swylce), *as.*
†Swille (swyle), *such.*
Swima, I. 2? *giddiness,* vertigo.
Swimmende, *swimming.*
Swín. See Swýn.
Geswinc, III. 1. *labour, toil,
trouble.*
Swincan, pret. swánc, pl.
swuncon, *to toil.*
Swincgel, 1L 3. ? ⎫ *stripe,*
Swincgle, I. 3? ⎬ *blow,
lash.*
Swingan, pret. swáng, pl.
swungon, *to scourge.*
Swingel, II. 3. *correction,
affliction.*
†Swinne (swinc), *toil.*
Swinsian, *to give forth
sound.*
Swinsung, *sound, melody.*
Swipe, *whip, scourge.*
Swíð, *great, strong.*

Swiðe, *very,* valde, magnopere.
Swiðlic, *violent, strong.*
Swiðlice, i. q. swiðe.
Swiðmód, *violent, haughty.*
Swiðor, *more;* comp. of
swið.
Swiðost, *chiefly, for the
most part.*
Swiðra, compar. of swið,
right, dexter.
Geswiðrian, *to prevail
against, subdue.*
†Swomefcst (sceamfæst),
shamefast.
†Swowen, *swoon.*
Swulce, for swylce.
Swunce. See Swincan.
Swuncgon. See Swingan.
Swura, i. q. sweora.
Swurd, i. q. sweord.
Swuster, ⎫
Geswuster, ⎬ III. 2. *sister.*
Swutelian, ⎫ *to make ma-*
Geswutelian, ⎬ *nifest, show.*
Swutelice, *plainly, manifestly.*
Swutelung, *manifestation,
testification.*
Swutol, swutel, *manifest, evident;* swcotole, *manifestly.*
Swyftlere, II. 2. subtalaris.
Swyftnys, *swiftness.*
Swyle, *such.*
Swylce, *as if, moreover, as
it were.*
Swymman, pret. swamm, pl.
swummon, *to swim.*
Swýn, II. 1. *swine.* Ger.
Schwein, Dan. Svin.
Swyra, i. q. sweora.

GLOSSARY.

Swyrd-bora, *sword-bearer;* E. Angl. swyrd-boræ.
Swyrd-geswing, *sword-striking, conflict of swords.*
Swytelian, E. Angl. for swutelian.
Swywian, i. q. suwian.
Swypost. See Swiðost.
Sybb. See Sib.
Syfer, *sober, abstinent, pure, decent;* syferlice, *soberly,* etc. Ger. sauber.
Syfernys, *soberness, moderation.*
Syfling, *meat, anything eaten with bread,* opsonium.
Gesyhð. See Gesihð.
Syl, II. 3. *sill, post, log.*
Syl. See Syll.
Sylan-scear, *ploughshare.*
Sylf, *self, same.*
Sylfor. See Seolfor.
Sylfwilles, *voluntary.*
Syll, II. 1. & II. 3. *plough.*
Syllan, } pret. scealde, *to sell, give, betray.* Gr. 190.
Gesyllan,
Symbel, III. 1. *feast;* dat. symle.
Symbel, } *always;* on symbel, *at all times.*
Symle,
Syn, II. 3. *sin.* Gr. 82.
Syn, for synt.
Synderlice, *especially.*
Syndrig, *sundry.* Syndrie, syndrige, *separately, respectively.*
Synful, *sinful.*
Syngan. See Singan.
Syngian. See Singian.
Gesynto, III. 1. *safety, success, benefit;* used in pl. only.
Gesyrwed, p. 136, l. 30, apparently an error for gesyrwende, from gesyrwian, *to lay snares, machinate,* insidiari.
Syru, III. 1. Gr. 95. } *snare,*
Syrwung, *machination, wile.*
Syxtig, *sixty.*
Syððan. See Sioðan.

T.

†Ta, for þa, after a word ending in d or t.
Tácen, Tácn, III. 1. *token, sign.*
Getácnian, *to betoken, signify.*
Getácnung, *signification, sign, type.*
Técan, pret. téhte, *to teach.*
Técung, *teaching.*
Tégel, II. 2. *tail.*
Getél, getél, getél, III. 1. *tale, number, series.*
Télan, *to blame, insult, calumniate.*
†Tælen (télan), *to blame.*
†Tær, for þær, after a word ending in d or t.
†Tærgænes, for þærgænes, *there-against.*
Tæsan, *to tease, annoy, assault.*
†Tahten (téhton), *taught, showed;* from técan.
†Take on, *to receive, treat.*

†Taken (tácn), *token, miracle.*
†Takenn (tǽcan), *to take, receive.*
Tám, *tame.*
†Tatt, for þatt, after a word ending in d or t.
Getawian, *to prepare, reduce to. It. to beat, misuse.*
†Te, for þe, after a word ending in d, t, or ss.
Teah. See Teón.
Geteald, *told, said;* from tellan.
Tear, II. 2. *tear.* Ger. Zähre, Dan. Taar.
Tegdon, apparently from tegan, i. q. tian, *to tie, bind.*
+Teȝȝ, *they.*
†Teȝȝre, *their.*
†Teken (tácen), *token, example.*
Getél. See Getǽl.
Tela, *well! good! it is well!*
Geteld, II. 1. *tent, tabernacle.* Ger. Zelt, Dan. Telt.
Telgian, *to branch, flourish.*
Tellan, ⎱ pret. tealde, *to*
Getellan, ⎰ *tell, recount, account, reckon.*
Temese, *Thames.*
Temian, ⎱
Getemian, ⎰ *to tame.*
Tempel, ⎱
Templ, ⎰ III. 1. *temple.*
Teode. See Teón.
Getcoh, III. 1. *stuff, matter, implement, utensil.* Ger. Zeug, Dan. Töi.

Geteohian, *to resolve.*
Teolian. See Tilian.
Teolung, *tilling, culture.*
Teón, 3 tyhð, pret. teah, pl. tugon, *to draw, go, lead, educate,* and pret. teode, *to produce, create;* teón forð, p. 30, l. 13, for forðteon.
Teona, *injury, injustice, wrong.*
Teoða, teope, *tenth.*
Téran, pret. tær, pp. tóren, *to tear.* Gr. 229.
Terfinna land, *the country between the northern point of the Bothnian Gulf and the North Cape.*
Teð. See Tóð.
Ticeswell, *Tichwell in Norfolk, near Hunstanton.*
Tictator, II. 2. *dictator.*
Tíd, II. 3. *time, hour, tide,* synaxis. Dan. Tid, Ger. Zeit. Gr. 34.
Getígan. See Gelsgian.
Tige, II. 2. *tie,* nexus.
Tigel, II. 2. *tile, brick.* Ger. Ziegel, Dan. Tegl.
Getigged, *tied;* from getígian.
Getigian, *to tie.*
Tigris, *tiger.*
Tihian, *to resolve.*
Tihtan, ⎱ *to persuade,*
Getihtan, ⎰ *urge, excite, seduce.*
Tihting, *instigation.*
Tilia, *tiller, husbandman.*
Tilian, *to till, prepare, get;* with gen. Gr. 397.

GLOSSARY. 288

†Till, *to.* Dan. til.
Getillan, *to touch.*
Tillice, *well, aptly;* from til, *good.*
Tilung, *tilling, culture.*
Tíma, *time, hour, season.* Dan. Time.
Timbrian, } *to build.*
Getimbrian, }
Getſmian, *to befall, happen.*
Tin, II. 1. *tin.*
Itinbred (sic MS.), for getimbrod.
Getingnys, *eloquence.*
Tintreg, *torment.*
Tintreglic, *infernal;* from tintreg.
Getión, for geteón, i.q. teón.
Tioð, for teoð.
Tir, II. 2. *glory.*
Tirian, } *to vex, provoke,*
Tirigan, } *exasperate.*
Tiðe, *in possession of,* compos.
Tiþian, } *to grant, give,*
Getiþian, } *allow,* præstare; gov. gen.
To, *too.* Ger. Zu.
To, *to, at, from, in, as, for;* in comp. with a verb. Lat. die, Ger. zer.
Toberstan, pret. -brerst, pl. -burston, *to burst, break, be dashed in pieces.*
†Tobetet (to-beatvð), *beateth;* from beatan.
Tobrǽdan, pret -brædde, pl. -bræd, *to spread.*
Tobrecan, pret. -bræc, pp. -brócen, *to break.* Ger. zerbrechen.

Tobrédan, pret.-bréd, *to cast off (sleep);* with dat.
To-cyme, II. 2. *coming, advent.*
To-dæg, *to-day.*
Todǽlan, act. and neut., *to deal, divide, share.*
Todǽl, *division, distinction, difference.*
Todón, *to divide.*
Todrefian, *to scatter, expel.*
To-eacan, *besides, in addition to.*
To-emues, *along.*
Tofliðu, *to flee from.* See Fleón.
Toforan, *before.*
Togædere, *together;* togædre fðn, *to assemble.*
Togeanes, *towards,' to, against.*
To-gebindan, *to bind to.* See Bindan.
To-gebyhtan (-geyhtan),adjicere.
To-gelédan, *to bring to.*
To-gelecgan, *to lay to, apply.* See Lecgan.
Getógen, *educated, drawn.* See Teón.
To-genydan, *to force to.*
To-gcylite. See Ycan.
To-gepeodan, *to add, join.*
Toglídan, pret. -glád, pl. -glidon, *to glide away.*
Tohte, I. 3 ? } *conflict.*
Getoht, III. 1 ? }
To-irnan, *to run to.* See Yrnan.
†Tokenn, *began.*
Tól, II. 3. *tool, instrument.*

GLOSSARY.

Toliegan, *to lie between, separate.*
†Tome, for túm.
Tomearcian, *to mark, number, distinguish, tax.*
Tomearcodnys, *numbering, taxing, census.*
Tomiddes, *in the midst, amid.*
Torht, } *bright.*
Torhtlic, }
Torhtmód, *bright-minded.*
Torn, II. 2. *anger.* Ger. Zorn.
Toslfian, *to rend in pieces, break.* See Slítan.
Tosloh, *struck.* See Sleán.
Tosomme, *together.*
Toswellan, pret. -sweoll, pp. -swollen, *to swell.* Gr. 212.
Totéran, 3 -tyrð, pret. -tær, pp. -tóren, *to tear, rend.*
Totwǽman, } *to divide, separate, distinguish.*
Totwǽmian, }
Toweard, towerd, *future, toward, to come, to be,* futurus, -a, -um.
Towurpan, -weorpan, 3 -wyrpð, pret. -wearp, pl. -wurpon, *to destroy, cast down, put an end to.*
Tóð, *tooth;* toþum ontynan, dentibus aperire, *utter?* Gr. 06.
To þæs, *to that degree,* adeo.
To þon, *so.*
Toþunden, *swollen.*
To þy þæt *to the end that,* eo quod.

Træf, II. 2. *tent, pavilion.* O. Fr. tref.
Traht-bóc, *commentary, exposition.*
Trahtnere, II. 2. *interpreter, expounder.*
Trahtnian, *to treat, expound, interpret.*
Trahtnung, *exposition.*
Trendel, *sphere, orb.*
Treow, III. 1. *tree.* Dan. Tre.
Treow-cin, II. 1. *tree species, kind of tree.*
Treowen, *of tree, wooden, woody.*
†Treowcðc (treoweð), *trusteth;* from treowian.
Getreowlice, *truly, faithfully.*
Treow-wyrhta, *tree or woodwright, carpenter.*
Treppe, I. 3. ? *trap.*
Triumpha, *triumph.*
†Trokede. See Trukeden.
†Trowwen (treowian), *to trow, trust, confide.*
†Trowwþ (treowð), *troth, faith.*
†Trukeden (trucodon) *failed,* defecit; from trucian.
Trum, *firm.*
Truma, *cohort of* 1100 *men,* turma.
Trumuneg, *confirmation, corroboration.* E. Angl. for trymming.
Truso, *a town on the border of the mere or lake from which the river Ilfing (Elbing) flows in its course towards Elbing.*

GLOSSARY.

Truwa, *faith, trust.*
Truwian, } *to trust, con-*
Getruwian, } *fide, rely on.*
Trym, *step.* Beow. 5047,
 trem. Dan. Trin?
Trymian,   } *to confirm,*
Getrymian,   } *encourage,*
Getrymman, } *strengthen.*
Getrymmian, }
Trymnes, *exhortation.*
Tryw. See Treow.
Getrywe, *true, faithful.*
†Tu, for þu, after a word ending in d or t.
Tucian,   } *to punish, tor-*
Getucian, } *ment;* bysmere tucian, *to torment ignominiously.*
Tugon. See Teón.
Tún, II. 2. *town, enclosure, mansion.* Ger. Zaun.
Tunece, I. 3. *tunic, coat, garment.*
Tunge, I. 3. *tongue.* Ger. Zunge, Dan. Tunge.
Tún-gerefa, *town-reeve, villicus.*
Tungol, tungel, III. 1. *heavenly body, star.* P. 110, L 18, tunglen occurs in the acc. plur.
Tungol-wítega, lit. *star-prophet, astrologer;* from tungol, *star,* and witega, *wise man, prophet.*
Turf, III. 3. *turf.* Gr. 106, 108.
†Turnenn (tyrnan), *to turn.*
Turtle, I. 3. *turtle-dove.*
†Tuss, for þus, after a word ending in d or t.

Tuwa, *twice.*
Twá, neut. and fem., *two.* Gr. 171.
Twegen, masc., *twain, two.* Gr. 171.
Twelf, *twelve.* Ger. zwölf, Dan. tolv.
†Twemen (Twǽman), *to separate, divide.*
Twenti,   } *twenty.*
Twentig, }
Tweogan, } pret. twoode,
Tweonian, } *or tweogde, to doubt, hesitate.*
Tweon,   } *doubt.*
Tweonung, }
Tweowa, *twice.* Gr. 185.
Twig, III. 1. *twig, branch,* Ger. Zweig.
†Twiʒʒes (twywa), *twice.*
Twy, *two;* twy-winter, *two years (old).*
Twyciua, *a place where two ways meet.*
Twyfeald, *twofold.*
Twylic, *ambiguous, doubtful.*
Twyn, *doubt.*
Twynian. See Tweogan.
Twynung. See Tweonung.
Tyan, *to teach;* getyd, *instructed.*
Tydder, *weak.*
Tyddrian,   } *to produce,*
Getyddrian, } *bring forth, cherish,* alere.
Tybtan. See Tihtan.
Getym, III. 1. plur. getyme, *team, yoke.*
Týman, *to team, beget, propagate.*

GLOSSARY.

Týn, *ten.*
Tyncenum, p. 88, l. 10?
Tyrf. See Turf.
Tytie, *Tityus.*

U.

†Uader (fæder), *father.*
†Uæl (wæl), *slaughter.*
†Uair (fæger), *fair.*
†Ueht (feoht), *fight,* imperat., from feohtan.
†Veisip, *departure, decease.* See Færisiðe.
†Verd (fyrd), *army.*
†Uest (first), *fast;* on ueste, *strongly severely?*
Ufan, } *above, from above.*
Ufenan, }
Geuferian, *to exalt.*
Ufeweardan, *upward, above.*
Uht-sang, II. 2. *nocturns, nocturnal lauds;* from uht, *the latter part of the night.*
†Uinden (findan), *to find.*
†Ulc (ylc), *same.*
Unabliunendlice, *incessantly, unceasingly.* See Blinnan.
Unadwæscendlic, *unquenchable;* from adwæscun, *to extinguish.*
†Unaleledæ (onælde?), *inflamed, enraged?*
Unalyfedlic, *incredible, unallowable.*
Unár, II. 3. *dishonour, disgrace.*
Unasecgendlic, *unspeakable, ineffable.*

Unaswundenlice, *actively, zealously.*
†Unbalded (unbealdod), *become less bold, sunk in vigour.*
Unbeboht, *unsold;* from bebycgan, *to sell.* See Bicgan.
Unbefangenlic, *incomprehensible;* from befón.
Unbefohten, *unassailed.*
Unbindan, *to unbind.* See Bindan.
Unc, *us two.* Gr. 137.
Uncláene, *unclean, impure, unchaste.*
Uncnyttan, *to untie, unknit.*
Uncuð, *unknown, belonging to another,* alienus.
Undeadlic, } *immortal.*
Undeaðlic, }
Undeoppancol, *not deeply thinking, superficial.*
Under, *under, among.* Ger. unter.
Underbæc, *behind, backwards.*
Underdelfan, 3 -dylf, pret. -dealf, pl. -dulfon, *to delve under, undermine.*
Underfeng. See Underfón.
Underfón, *to receive, accept.* See Fón.
Undergytan, pret. -geat, *to understand, perceive.*
Under-kyng, 11. 2. *underking, tributary king.*
Underlecgan, *to underlay, support, prop.* See Lecgan.

GLOSSARY.

Undern, II. 2. *the third hour, terce,* i. e. 9 *o'clock* A.M.

Undern-tíd, II. 3. tertia. See Undern.

Underslándan, *to understand.* See Standán.

Underwreðian, *to support, sustain.*

Underþeod, *addicted, prone,* deditus, *subject, suffragan.*

Underþeodan, *to resign, addict, subject.*

Underþeow, II. 2. *subject.*

Undón, *to undo.* See Dón.

†Undone (unþanc), *ingratitude;* unþancuunan, *to feel ungrateful, owe a grudge.* Ger. Undank.

Unearh, *intrepid;* from earh, *fugitive, cowardly.*

Uneaðe, *uneasy, vexed.* Also, adv. *difficultly,* vix.

Uneaðelice, *with pain, difficultly.*

Unforbærned, *unburnt.*

Unforcuð, *honest, open, undaunted.*

Unforht, *fearless.*

Unforhtigende, *fearless.*

Unforsceawodlice, *unawares.*

Unforsmolsnod, *uncorrupted;* probably an error for unformolsnod, from formolsnian, *to corrupt.*

Unfrið, II. 2. *hostility,*

Ungecnawen, *unknown.* See Gecnawan.

Ungedefe, *improper, unfitting, evil;* from gedefe, *tranquil, convenient,* etc.

Ungefohge, *inconceivably.*

Ungefótlic, *impassable on foot.*

Ungefræglice, *extraordinarily, in an unheard-of manner.*

Ungehyrsum, *disobedient.* Ger. ungehorsam.

Ungelæred, *unlearned, ignorant.*

Ungeleafful, *unbelieving.*

Ungelimp, II. 1. *misfortune, mishap.*

Ungelyfedlic, *incredible.*

Ungemætlic, *immeasurable, vast;* ungemetlice, *immeasurably, exceedingly.*

Ungemyndig, *unmindful.*

Ungesewenlic, *invisible.*

Ungewunelic, *unwonted.* Ger. ungewohnt.

Unhál, *unhale, sick.*

Unheh, *not high.*

Unlæd, *wicked,* improbus, perditus.

Unlucan, præt. -leac, pl. -lucon, *to unlock, open.*

Unlyfigendo, *lifeless.*

Geunnan, 1 pres. ic -ún, pl. -unnon, pret. -uðe, *to give, grant,* with gen. Gr. p. 79.

†Unnitt (unnyt), *useless;* on unnitt, *unprofitably, idly.*

Unorne, *vigorous, bold?*

†Unræd (unréd), *evil counsel, imprudence,* dementia.

GLOSSARY.

Unriht, II. 1. *unrighteousness, injustice, wrong;* on unriht, *unjustly, wrongly.*

Unriht, } *wrong, evil.*
Unrihtlic, }

Unrihtwísnis, *unrighteousness.*

Unrót, *sad.*

Unrótnys, *sorrow, sadness, repining.*

Geunrótsian, *to sadden, cast down.*

Unsǽlig, *unhappy, unblessed, profligate,* infelix.

Unsceððig, *harmless, innocent.*

Unsceððignys, *innocence.*

Unscenþ, *unharmness;* should probably be unsceró, from an unrecorded verb, unsceerran. Ger. ausschirren. (*Suggested by Mr. R. Taylor.*)

Unsceðignys, *innocence.*

Unserýdan, *to undress, unfrock.*

Unscyldig, *innocent.* Ger. unschuldig.

Unsið, II. 2. *mishap, misfortune, unfortunate expedition.*

Unsofte, *unsoftly, severely, rigorously.*

Unspedig, *less affluent, poor.*

Unstaðelfæstnes, *instability, unsteadiness.*

Unstille, *unstill, restless.*

Unswǽslic, *unpleasant.*

Unsyfer, *unsober, impure.*

Untigean, *to untie.*

Untodǽledlic, *indivisible;* untodǽledlice, *indivisibly.*

Untrum, *infirm, sick.*

Geuntrumian, *to afflict with sickness or infirmity.*

Untrumnys, } *infirmity,*
Untrymnys, } *sickness.* Gr. 82.

Untwylice, untweonlice, *undoubtedly.*

Untynan, *to open;* from Tún.

Unwǽclice, *boldly.*

Unweaxen, *unwaxen, not full-grown.*

Unweder, III. 1? *bad weather, storm.* (Ger. Ungewitter, Dan. Uveir.

Unwemme, *immaculately.*

Unwittig, *witless, ignorant.*

†Unwourð (unweorð), *unworthy, of little value.*

Unpæslic, *indecent, unfitting, unseemly.*

Unþancwurðe, *disagreeable.*

Unþeaw, II. 2. *evil habit, vice.*

†Vor. See Fór.

Up, *up;* þa up, *those above.*

Up-abredan, *to pull or snatch up.* See Bredan. Gr. 242.

Up-ahebban, 3 -hefð, pret. -hof, pp. -háfen, *to raise, lift up.*

Up-arǽran, *to raise up.*

Up-aspringan, pret. -asprúng, pl. -asprungon, *to spring up, rise.*

Up-astígues, *ascension.*

GLOSSARY. 289

Up-aleón, *to draw up.* See Teón.

†Upbræc (up-abræc), *brake forth;* from brecan.

Up-forlǽtan, *to divide, distribute (a river into several streams or branches).*

Up-gángun, *to go up.* At p. 134, l. 20, the context seems to require up-gáng. See Gúngan.

Up-gebóren, *borne on high.* See Beran.

Up-heofon, II. 2. *high heaven.*

Uplic, upplic, *on high,* supernus.

Uppcund, *well-known,* notus.—Lye.

Uppon, *upon, against.*

Upriht, *upright, erect.*

Upstíg, II. 3. *ascension.*

Up-stígan, *to ascend.* See Stígan.

Upweard, *upward.*

Ure, *our.* Gr. 137.

Urig, *dewy, humid.* See Grimm, And. and El. p. 140.

Urnon. See Yrnan.

Ut, *out.*

Ut-adrífan, *to drive out.* See Drífan.

Utan-ymb, *around.*

Ute, *out, without.*

Ut-feran, *to go out.* See Feran.

Ut-gán, *to go out.* See Gán.

Ut-gong, II. 2. *exit, departure.*

Uton, utun, *let us.* Gr. 415.

Uton, *without, beyond.* See Ymbutan.

†Vuel (yfel), *evil.*

Uultor, II. 2. *vulture.*

Guðe. See Geunnan.

Uðuta, Nor. for uðwíta, *scribe, philosopher, sapiens.*

W.

Wá, *wo.* Wá worþe, *wo be.*

Wác, *weak, slender, mean, vile.*

Wácian, *to watch, be weak, faint, flinch.*

Wácol, wácel, *watchful, vigilant.*

Wácollice, *vigilantly.*

Wádan, prot. wód, *to wade, go.*

Wæcce, I. 3. *watch, vigil.*

Wæccende, wæccende, *watching;* from wæcan.

Gewǽd, III. 1. *weed, clothing.* Gr. 93, 94.

Wǽdla, *poor.* Gr. 121.

Wǽdlian, *to become poor.*

Wǽfels, II. 2. *cloak.*

Wǽg, *wey* (a weight so called).

Wǽg, III. 1 ? *cup.*

Wǽge, I. 3. *balance.* Ger. Wage.

Gewǽge, *weight.*

Wǽl, II. 1 ? *slaughter, death.*

Wǽla. See Wela.

Iwæld, for gewealden. See Wealdan.

Wélogian, *to enrich.* E. Angl. for gewolgian.

U

GLOSSARY.

Wǽl-gifre, *greedy of slaughter.*
Wǽl-hreow, *cruel, bloodthirsty.*
Wælreowlice, *cruelly, horribly.*
Wǽl-reownes, *cruelty, ferocity.*
Wǽl-rest, II. 3. *slaughter-bed.*
Wǽl-scel, II. 3. *shell* (i. e. *place*) *of slaughter.*
Wæl-spere, III. 1. *death-spear.*
Wǽl-stow, II. 3. *slaughter-place, field of battle.*
Wæl- (i. e. wel-)willendness, *benevolence.*
Wǽl-wulf, II. 2. *wolf of slaughter.*
Wælwurðian, *to highly venerate.*
Gewæmmodlice, *corruptly, impurely.*
Gewænde. See Wendan.
Wéndon. See Wénan.
†Wærnen, p. 171, l. 15; probably an error for wǽuen, *woe* (wáwa).
Wæpen, III. 1. *weapon.*
Wæpned, } III. 2.
Wæpned-man, } *male.*
Wér, *wary, cautious, provident.*
†Wær (hwær), *where.*
Wǽre. See Wesan.
Wǽrlic, *wary.*
Wǽrlice, *warily.*
Wǽr-loga, *belier or breaker of his compact, one void of faith.*

†Wærð (wráð), *wroth.*
Wæsten, for weston, *laid waste.*
Wæstm, II. 2. *fruit, form, growth, stature.*
Wæstmbære, *fruitful.*
Wæstmbærnys, *fruitfulness.*
Wæta, *fluid, liquor, water.*
Wæter, III. 1. *water.* Gr. HO.
Wæter-æddre, 1. 3. *vein or stream of water.*
Wæterian, *to water.*
Wǽgian, *to wag, shake, move to and fro.*
Wǽh, wag, II. 2. *wall, paries.*
†Wakede (wácode), *grew weak;* from wácian.
†Wal (weal), *wall.* Gún awal, *go to the wall.*
Wálawá, *alas!*
Wald, II. 2. *weald, wood, forest.*
Walde, for wolde.
†Walden (wealdan), *to rule, govern.*
Waldend. See Wealdend.
†Waldinge, for waldend.
Walsingahúm, *Walsingham, in Norfolk.*
Wan, won, *dark, dusky, swarthy.*
Wándian, *to fear, blench.*
Wang. See Wong.
Wánian, *to wane,* v. a. *to diminish,* v. n. *to decrease.*
Wann. See Winnan.
Wansið, II. 2. *misfortune.*
†Warchen (wræcce), *exile.*
†Iward. See Iwarðe.
Warnian, *to beware, take heed.*

GLOSSARY.

Waru, III. 3. *ware, merchandise.* Ger. Waare.
Waru, III. 3. *the collective body of inhabitants of a place* (Gr. 104, 295); used only in composition.
†Iwarðe (gewearð), *was, became;* from geweorðan.
Wűst. } See Witan.
Wűt. }
Water, for wæter.
Gewaterian. See Wæterian.
Waxgeorn, *voracious.*
Wea-gesið, II. 2. *associate in wickedness.*
Geweald, II. 2. *power.* Used often in plur.
Wealdan, } 3 wylt, pret.
Gewealdan, } weold, pp.
Gewyldan, } wealden, *to wield, govern, slay, have in power.*
Wealdend, II. 2. *ruler, sovereign.* Gr. 118.
Weal-gat, III. 1. *wall- or rampart-gate.*
Wealhstód,II.2. *interpreter.*
Weall, II. 2. *wall,* murus. Ger. Wall, Dan. Vold.
Weallan, pret. weoll, *to burn, boil, run (as a sore),* manare. Gr. 234.
Weard, II. 2. *warden, guardian.*
Weard, II. 3. *ward, guard.*
Weard, *towards.*
Wearg, II.2. *wretch, villain.*
Wearm, *warm.*
Weaxan, 3 wyxð, pret.weox, *to wax, grow.* Gr. 234.

Weder, II. 1. *weather, tempest.* Ger. Wetter.
Wedewe. See Widewe.
Wefod, i. q. weofod.
Wég, II. 2. *way.* Ger. Weg.
Wegan, pret. wæg, *to bear, carry.*
Wégferend,II.2. *wayfaring.* Gr. 118.
Wég-nest, } II.3. *viaticum.*
Wég-nyst, } See Nest.
Weí la weí! *welaway! alas!*
Weig. See Wég.
Wel, *well, almost;* wel gehwær, *for the most part,* pene ubique.
Wela, *weal, prosperity;* in plur. *riches.*
Weldæd, II. 3. *benefit.*
†Welde (wealdan), *to rule, govern.*
†Welden (wealden), *governed.*
Weler, II. 2. *lip.*
Welgian, } *to enrich.*
Gewelginn, }
Welig, welég, *wealthy, rich, flourishing, bountiful.*
Welinga-ford, *Wallingford.*
Welwillendnes, *benevolence.*
Welwyllende, *benevolent.*
Geweman, *to seduce, entice.*
Wénan,pret. wénde, *to ween, think, expect.*
Wendan, } 3 went, *to*
Gewendan, } *wend, go, turn, return.* Gr. 207.
Hence our *went.*
Wénde. See Wénan.
Wendel-sǽ, II. 2. & II. 3. *the*

u 2

Mediterranean; Black Sea.
†Wennd, *turned, translated.*
Weofod, III. 1. *altar.*
Weonodland. See Winedaland.
Weóp. See Wépan.
Weorc. } II. 1. *work.*
Geweorc. }
Weorcan. } See Wyrcan.
Geweorcan, }
Weorpan, 3 wyrpð, pret. wearp, pl. wurpon, *to throw, cast.*
Weoruld-gebyrdu, III. 3. *worldly birth.*
Weoruldhád. See Woruldhád.
Geweorþan, } 3 p. he wyrð,
Weorþan, } pret. wearð, pl. wurdon, *to become, be, happen.* Gr. 245.
Geweorðan, gewyrðan (v. impers. with acc. of pers.), *to agree, settle, to seem good or fitting, to be agreed.*
Weorðe, *worthy.*
Weorðfullice, *worthily.*
Geweorþian, *to honour, dignify.*
Weorðmynt, II.2,3, *dignity, authority, honour.*
Weorþung, *honour, glory.* Gr. 83.
Wépan, pret. weop, *to weep.* Gr. 234.
Wepnæ, E.Angl. for wæpnu.
Wepnian, *to arm.*
Wer, II. 2. *man, husband, vir.*

Wered, } II. 1. *host, army;*
Werod, } p. 96, l. 23, werod is feminine.
Werhád, *manhood, male.*
Werian, *to defend.*
Werig, *weary, accursed.*
Werig-ferhð, *depraved, wicked of soul.*
Werod, *sweet.*
†Werri, *to war, waste.*
Werð, weorð, *worth.*
†Werðede (wraðode), *irritated, tormented;* from wraðian.
Wesan, eom, eart, is (ys), imperf. wæs, etc., subj. beo, wære, *to be.* Gr. 233. Ger. wesen.
West, *west.*
†West. See Uest.
Westan, *to lay waste.*
Westan, *from the west.* Gr. 839.
West-dǽl, II. 2. *the west.*
Wesle, *waste, desert, deserted, barren.*
Westen, III. 1. *waste, desert, wilderness.*
Western, *western.*
West-norð, *north-west.*
West-Sǽ (Vester Hav), *that part of the German Ocean which washes the western shores of Denmark, from the Elbe, and Norway.*
Westweard, *westward.*
†Wet (hwæt), *what.*
Wexan. See Weaxan.
Geweaxen, geweaxen, *waxen, grown.* See Weaxan.
Weðer, II. 2. *wether.*

GLOSSARY. 293

†Whase, *whoso.*
†Whulchere (hwylc), *which.*
Wiarnld, E. Angl. for wo-
ruld.
Wíc, II. 1. *dwelling, con-
vent.*
Wicg, II. 1. *horse.*
Wícian, *to abide, take up
quarters, encamp, hospi-
tari.*
Wicing, II. 2. *viking, pi-
rate.*
Wícnere, II. 2. *steward.*
Wic-stow, II. 3. *place for a
camp.*
†Wid, wit (wið), *against.*
Wíd, *wide, broad;* wíde,
widely, far.
†Wid } (mid), *with.*
†Wit }
Widewe, I. 3. *widow.*
Widl, *filth, pollution.*
Wídmǽrsian, } *to cele-
Gewídmǽrsian,* } *brate, make known.*
Wíf, II. 1. *wife, woman.*
Wífhád, *womanhood, fe-
male.*
Wífian, *to wive, marry.*
Wífman, III. 2. *woman.*
Wig, II. 2. *war, warfare,
battle.* O. N. Víg, cædes.
Wiga, *warrior.*
Wig-bed, II. 1. *altar;* from
wig, *temple,* and bed, *ta-
ble;* whence possibly, by
contraction, the word wo-
fod.
Wiggend, II. 2. *warrior.*
Gr. 118.
Wig-heard, *bold in war.*

Wig-bús, II. 1. *war-house,
tower.*
Wig-plega, *war-play, battle.*
Wi-haga, wig-haga, *war or
battle hay, a compact body
protected by shields,* per-
haps synon. with wæl-
scel.
Wiht, *aught.*
Gewiht, III. 1. *weight.*
Wícian. See Wician.
Wild, *wild.*
Gewildan. See Wealdan.
Wild-deor, II. 1. *wild-beast.*
Willa, *will.*
Willan. See Wyllan.
Willsumnes, *devotion.*
Wilnian, } *to will, desire.*
Gewilnian,}
Willung, }
Gewilnung, } *will, desire.*
†Wilning, }
Wilrincgawerð, *Worling-
worth, in Suffolk, between
Hoxne and Framlingham.*
Wimman, i. q. wífman.
Wín, II. 1. *wine.*
Wín-bóg, II. 2. *vine-bough.*
Wind, II. 2. *wind.*
Windan, } pret. wúnd, pl.
Gewindan,} wundon, *to
wind, roll, revolve, whirl,
brandish, surround, to
come forth with a wind-
ing motion.*
Wíne, II. 2. *friend, comrade.*
O. N. Vinr, Dan. Ven.
Winedaland, Weonodland,
*the country of the Venedi
or Wends. Under the
name of Vindland was*

GLOSSARY.

at one time comprised the whole coast-land from the Schlei to the mouth of the Vistula.

Wíncard,) II. 2. *vineyard.*
Wíngeard,) Dan. Vin-
  gaard.
Wíne-drihten, II. 2. *beloved lord.*
Wín-gedrinc, II. 2. *wine-drinking,* symposium.
Wínlic, *winelike, resembling wine.*
†Winn,) *possession, win,*
†Winne,) *gain?*
Gewinn, III. 1. *war, struggle, labour.*
Winnan, pret. wann, pl. wunnon, *to win, war, struggle with.*
Wín-sad, *satiated with wine.*
Winter, III. 2. *winter.* Gr. 98. N.B. The Anglo-Saxons and other Northern nations reckoned by winters instead of years.
Winter-selt, *winter-station, winter-quarters.*
Wín-treow, III. 1. *vine.*
Wircean. See Wyrcan.
Wire, *Wear.*
Wirian. See Wyrian.
Wís, *wise.*
Gewis, gewiss, *certain, conscious.* Ger. gewiss.
Wísa, *wise man,* sapiens. Also, *witness.*
Wiscan, *to wish.*
Wísdóm, *wisdom.*
Wíse, I. 3. *wise, manner, thing, business,* negotium.

†Iwise (gewis), *to iwise, to wit.*
Wisian,) *to teach, rule,*
Wissian,) *direct, point*
Gewissian,) *out.*
Wisle, *the Vistula.*
Wisleland, *the country formerly called Little Poland, in which the Vistula has its source.*
Wisle-muþa (Weichselmünde), *mouth of the Vistula. That branch of the Vistula, which, after receiving the Elbing, flows into the sea at Danzig.*
Wíslice, *wisely.*
Gewislice,) *surely, certain-*
Gewisslice,) *ly.*
Wist, II. 3. *meal, repast, food.*
†Wiþ (wið), *against, with.*
Gewit, III. 1. *wit, sense, intellect.*
Wíta, *wise man, senator, counsellor.*
Gewíta, *witness.*
Wítan, ic wút, pl. witon, pret. wiste, *to know, be conscious of.* Gr. 218.
Gewítan, pret. wút, pl. witon, *to go, depart, retire.* Generally followed by the dative of the subject.
Wite, III. 1. *punishment, plague, torment.*
Wítega, *prophet, wise man.*
Wítegestre, I. 3. *prophetess.* Gr. 226.
Wítegung, *prophecy, divination.*

†Witeles, *irreproachable.*
Gewitenes, *witness, testimony, departure, death.*
†Witenn (witan), *to know.*
†Witerrlig, *certain.*
Witland, *the country bordering on the east bank of the Vistula.*
Witleast, II, 3. *folly.*
Gewit-loca, *mind, sense.*
Gewitnes, *witness.*
Gewítnian, *to punish, torment.*
Witodlice, *verily, for*, vero, autem, profecto.
†Witt, *we two.*
Gewittig, *sensible, rational.*
Wið, *against, towards, with, along, for, in exchange for;* as, beagas wið gebeorge, *in exchange for safety.* Gr. 411.
Wið-æftan, *behind.*
Wiðeweðan, *to speak against.* See Cweðan.
Wiðerian, *to oppose.*
Wiþerleán, II. 1. *retribution, reward.*
Wiðertrod, *return.*
Wiðerweard, *adverse.* In North. Gloss, *the adversary,* i. e. *the devil.*
Wiþerwinna, *adversary.*
Wið-geondan, *about, throughout.*
Wiðinnan, *within.*
Wiðmétan, *to compare, to be like, equal.* Gr. 205.
Wiðsácan, pret. wiðsóc, *to deny, renounce.* Gr. 237.

Wiðstándan, *to withstand, oppose.* See Stándan.
Wiputan, *without.*
Wlætte, *nausea.*
Wlanc, *proud, lofty, grand.*
Wlítan, pret. wlát, pl. wliton, *to look, see.*
Wlíte, II. 2. *form, aspect, beauty.*
†Wliten (wlíte), *aspect,* etc.
Wlitig, *fair, beautiful.*
Wlitigian, *to form, beautify.*
Wó, woh, *curve, bending;* to woge bringan, *to lead astray.*
†Woch (hwylc), *which.*
Wód, *wood* or *wode, mad, possessed.*
†Wodeloker, *more woodly or fervently;* from wód, *mad, raging.*
Wodues-dæg, *Wednesday.*
Wódnys, *madness, insanity.*
Woh. See Wo.
Wolcen, III. 1. *welkin, cloud.* Gr. 89. Gr. Wolken.
Wom, II. 2. *stain, spot.*
Womfull, *sinful, defiled.*
Wong, wang, II. 2. *field, plain.*
†Wonien (wunian), *to dwell.*
Wóp, II. 2. *whoop, weeping, cry.* Gr. 298. See Wépan.
Word, II. 1. *word, commandment.*
†Worȝ, worþ, *worth.*
Worhte, *wrought;* pret. of weorcan.
Worms. See Wyrms.

GLOSSARY.

Worn, II. 1 ? *number, multitude, body.*
†Woruh (weorðe), *worth.*
Woruld, II. 3. *world.* Gr. 84.
Woruld-buende, *world-dwelling, inhabitant of earth.* Gr. 118.
Woruld-cræft, II. 2. *worldly craft or calling.*
Woruld-gebyrd, II. 3. *worldly birth.*
Woruld-gesælig, *rich in worldly possessions.*
Woruldhád, *secular state or condition.*
Woruldlic *worldly.*
Woruld-nyt, II. 3. *worldly or temporal use.*
Woruld-þing, II. 1. *worldly thing, matter.*
Wós, II. 1. *ooze, juice.*
†Wouh, woþ (woh), *error, wrong.*
†Wowe, *woe, misery.*
Wrácian, *to be in exile.*
Wracu, III. 3. *vengeance.*
Wræc, II. 3. *exile.*
Wræcsið, II. 2. *exile, journey.*
Wræð, II. 3. *wrath.*
Gewraðian, *to anger.*
Wrecan, } pret. wræc, pp.
Gewrecan, } -wrecen, *to avenge, punish.* Gr. 229.
Wrecan, pret. wrehte, *to rouse.*
†Wrecche, *wretch, exile.*
Wrecend, II. 2. *avenger.* Gr. 118.
Wregan, *to accuse.*

†Wreppede (wraðode), *irritated, tormented.*
Gewringan, pret. -wráng, pl. -wrungon, *to wring.*
Writ, } III. 1. *writ, scripture,*
Gewrit, } *writing, letter.*
Wrítan, pret. wrát, pl. writon, *to write.*
Wrítere, II. 2. *writer, scribe.*
Wrixendlice, *in turn, reciprocally.*
Gewríðan, pret. -wráð, pl. -wridon, *to bind.* Gr. 248.
Wriðan, *to bud, fructify.*
Wuce, I. 3. *week.* Ger. Woche, Dan. Uge.
†Wuder (hwider), *whither.*
Wudu, III. 2. *wood, forest.*
Wudu-hunig, II. 1. *wild honey.*
Wuduwe, I. 3. *widow.*
Wulder, wuldor, III. 1. *glory.*
Wulder-blæd, II. 3. *glorious fruit, or reward.*
Wulderful, *glorious.*
Wuldor-Fæder, *glorious Father.*
Wuldorfullice, *gloriously.*
Wuldrian, *to glorify.*
Wule, for wile.
Wulf, II. 2. *wolf.*
†Wun (wyn), *joy.*
Gewúna, *custom, habit, wont.*
Wúnd, II. 3. *wound, sore.*
Wúnd, *wounded.* Ger. wund.
Wunden-locc, *woundenlock, having plaited hair.*
Gewundian, *to wound.*

Wundor, III. 1. *wonder, miracle.* Gr. 93.
Wundorful, } *wonderful,*
Wundorlic, } *wondrous;*
wunderlice, *wonderfully.*
Wundrian, *to wonder, admire;* gov. gen.
Wundrung, *astonishment, wonder.*
Wúne, wúna, *wont, practice, custom.*
Gewunelic, *usual, customary.*
Wunian, } *to dwell, rest,*
Gewunian, } *stay, continue, exist, be.*
Gewunian, *to be wont.* Ger. gewohnen.
†Wunliche (wynlice), *agreeably, delightfully.*
†Wunn (wyn), *joy, pleasure.*
Wunung, *dwelling.* Ger. Wohnung.
Wurcæð, for wyrcað.
Wurmes, for wyrmas, or wurmas.
Wurpan, i. q. weorpan.
Wurtruma. See Wyrtruma.
Wuröful, *worthy, venerable, honourable.*
†Iwurþi (geweorþian), *to honour, revere, value.*
Wurðian, weorðian, *to worship, honour, revere.*
Wuröllic, *worthy;* wuröllice, *worthily.*
†Iwurþen (geweorðan), *to be, become, befall.* Let me al iwurþen, *let all devolve on me.*

Wuröymynt. See Weoröymynt.
Wuröscipe, *worship, dignity, pomp.*
Wutum, for uton.
Wydewa, *widower;* also corruptly for wydewe, *widow.*
Wydewc. See Wuduwe.
Gewyldan. See Wealdan.
Wylla. See Willa.
Wyllan, pret. wolde, *to will.* Lat. velle. Gr. 217.
Wyllan, pret. weoll, *to well, flow.* See Weallan.
Wylm, II. 2. *heat, fervour.*
Wylsumnes, *devotion.*
Wylte (Wilzen), *a people who settled in Germany in the sixth or seventh century. They occupied a part of Pomerania, the eastern part of Mecklenburg, and the Mark of Brandenburg. The river Havel was the boundary between them and the Sorabi.*
Wyn, II. 3. *joy, pleasure, delight.* Ger. Wonne.
Wynsum, *winsome, agreeable, pleasant, sweet.*
Wynsumnys, *winsomeness, pleasantness, sweetness.*
Wyrcan, } pret. worhte,
Gewyrcan, } *to work, make, produce, do, construct, dare operam.*
Wyrd, II. 3. *fate;* from weorðan.
Gewyrht, III. 1. *deed, de-*

sert; buton gewyrhtum, *undeservedly.*

Wyrhta, *wright, artificer, workman.*

Wyrian, wyrgan, wyrigan, *to curse.*

Wyrm, II. 2. *worm, serpent.*

Wyrms, II. 2. *putrefaction, corruption, pus.*

Wyrm-slo, II. 2. *hall of serpents.*

Wyrnan, *to warn, deny, refuse, parry, guard.*

Wyrpan, weorpan. See Weorpan.

Wyrs, }
Wyrse, } *worse.* Gr. p. 51.

Wyrst, *worst,* sup. of yfel. Gr. 51.

Wyrt, II. 3. *wort, herb, plant.* Dan. Urt.

Wyrt-gemanc, III. 1. *mixture of herbs, perfume.* Gr. 94.

Wyrtruma, *root.*

Wyrðe, i. q. weorðe.

Gewyslice. See Gewislice.

Wyxð. See Weaxan.

Y.

Ycan, pret. yhte, *to eke, increase.*

Ydel, *idle, vain, useless;* on idol, *vainly, frustra.*

Yfel, III. 1. *evil.*

Yfel, adj. *evil.*

Yfele, *evilly, badly.*

Yfel-hæbbende, *afflicted.* Gr. 118.

Yfelnes, *evil.*

Yfemest, *uppermost, highest.* Gr. 51.

Yl. See Igl.

Ylc, *same.*

Yld, i. q. yldo.

Yldest, *eldest,* sup. of eald. Gr. 51.

Ylding, II. 3. *delay.*

Yldo, yldu, III. 3. *age.* Gr. 103.

Ylp, II. 2. *elephant.*

Ylpen-bænen, *of ivory, eburneus.*

Ylpes-bán, II. 1. *ivory.* Ger. Elfenbein.

Ymb, } *about, after, according*
Ymbe, } *to.*

Ymbe-spræc, II. 3. *a speaking about.*

Ymbgáng, II. 2. *circuit.*

Ymbhwyrft, II. 2. *circumference, compass, orbit, rotation, world;* on ymbhwyrfte, *around.*

Ymbryne, II. 2. *circuit, course, ember (week).*

Ymbscínan, } *to shine about*
Ymbscynan, } *or around.* See Scínan.

Ymbscrydan, *to clothe about, envelope.*

Ymbsittan, *to sit round.*

Ymbsprecan, *to speak about.* See Sprecan.

Ymbtrymian, *to surround, fortify.*

Ymbutan, *about,* circiter. This word is frequently divided *per tmesin,* as, ymb háncred utan.

Ync, II. 2. *inch.*

GLOSSARY.

Yppan, *to disclose.*
Yrfe, III. 1. *inheritance.*
 Ger. Erbe.
Yríenuma, *heir.*
Yrmð, III. 3. *misery, distress.*
Yrnan, pret. arn, pl. urnon, *to run.* Gr. 242.
Yrre, II. 1. *ire, anger.*
Yrre, *angry.*
Gᴇyrsian, *to be angry.*
Yrð, II. 3. *produce,* seges.
Yrðling, II. 2. *husbandman, ploughman.*
Ys. See Wesan.
Ysen, II. 1. *iron.*
Ysle, *ash,* favilla.
Ytemest, superl. of út, *latt, uttermost, utmost.* Gr. 51.
Ytst. See Etan.
Yttra, *outer,* comp. of út.
Yttren, *of otter's skin.*
Yð, II. 3. *wave, flood.*

Þ.

Þa, *when, then, as;* þaða, *when, as;* þa-gyt, þa gena, *yet.* Ger. da.
Þæc, II. 1. *thatch, covering.*
Þæn (þeng). See Þegen.
Þæne, for þone, acc., *the, that.* Gr. 117.
Þænne, i. q. þonne.
Þær, *there, where.*
Þære, fem., *the, that.* Gr. 146.
Þærinno, *therein.*
Þærmid, *therewith.*
Þæron, *therein, thereon.*

Þærrihte, *straightways, forthwith, instantly, just.*
Þærto, *thereto, thereof, besides;* þærto-eacan, *thereto, besides.*
Þær-ufon-on, *thereupon, thereover.*
Þæs, *for this, therefore, after;* þæs for, *therefore, on that account;* to þæs, *to that degree, so,* adeo; þæs þe, *because that,* eo quod, propterea quod.
Þæslic, *apt, equal.*
Þæt, neut., *the, that.* Ger. das. Gr. 146.
Þæt, *that,* ut, *so that.* Ger. daß.
Þætte, for þæt þe. Gr. 140.
Þáfian,) *to consent, approve, allow.*
Geþáfian,)
Þage, i. q. þa.
†Þaht (þoht), *thought;* from þencan.
†Þan (þonne), *than.*
Þanc, II. 2. *thank.*
Geþanc, II. 2. *thought, mind, thanks.*
Þances, *gratis,* gratia; Drihtnes þances, Dei gratia *vel causa.*
Þancian,) *to thank;* with
Geþancian,) dat. of pers. and gen. of thing.
Þancol-mód, *grateful-minded.*
Þancung, *thanking,* gratiarum actio.
Geþang, geþwang, II. 2. *thong, sinew.*

GLOSSARY.

Þanon, Þanonne, } *thence.*
Þar, i. q. þœr.
Þarin, Þaron, } *therein, thereon.*
Þe, E. Angl. for se. Gr. p. 51. Also, *thee.*
Þe, *who, which, that.* Gr. 154.
Þe, *or.* See Hwæþer ... þe.
Þe, *as, in proportion as.*
Þe ... þe, in interrogative sentences, is used like the Latin *an*: see p. 10, v. 30.
Þe, þy, used before comparatives, like the Engl. *the.*
†Þeœwes (þeawas), *manners.*
Þeah. See Þeh.
Þeah, *though, yet, still, however.*
Þeah-hwæþere, *yet, nevertheless.*
Geþeaht, III. 1. *council, counsel;* from geþencan.
Geþeahta, *counsellor, adviser.*
Geþeahtynd, -tend, II. 2. *counsellor, adviser.* Gr. 118.
Þearf, II. 3. *need;* to þearfe, *in need.*
Þearfa, *poor, needy.*
Þearfan, pret. þorfte, *to need, may.* Gr. 218. Ger. dürfen.
Þearfleas, *needless;* þearfleaae, *needlessly.*
Þearle, *very, exceedingly, very much, too much.*
Þearlmód, *bold, strenuous.*
Þeaw, II. 2. *thew, custom, rite,* in pl. *morals, manners.*
Þeawlice, *decently, mannerly, obediently.*
†Þed (þeod), *people.*
Þegen, II. 2. *thane, servant, minister.*
Þegenlice, *thanelike, in a manner becoming a faithful follower.*
†Þeȝȝ, *they.*
†Þeȝȝm (þam), *them.*
†Þeȝȝre, *their.*
Þegon. See Þicgan.
Þeh. See þeah.
†Þe-ȝet (þa-gyt), *yet, still.*
Þe-læs, *lest;* þe læs þe, *lest that.*
Þen. Þeng. } See Þegen.
Þencan, Geþencan, } pret. þohte, *to think, devise.* Gr. 214.
Þenden, *while.*
†Þene (þonne), *than.*
Þenian, *to serve, minister.*
Þenne, i. q. þonne.
Geþensum, *serviceable, officious.*
Þenung, *service (divine), repast,* cœna.
Þeo, E. Angl. for seo.
†Þeo, þo (þa), *then.*
Þeod, II. 3. *people, nation;* þeoda folc, *nation.*
Geþeod, II. 1. *language, tongue, country.*
Geþeodan, *to join, associate, enjoin.*
Þeoden, II. 2. *lord, chief, king;* formed from þeod,

GLOSSARY. 301

people, analogously with drihten, from driht. Goth. Þiudans.

Þeod-guma, *man of the country, man.*

Geþeodnes, *association, desire.*

Þeodscipe, *people, nation, discipline.*

Þeof, II. 2. *thief.*

Þeón, } 3 þyhð, pret. þeah,
Geþeón, } pl. þugon, *to thrive, grow, flourish.* Gr. 250.

Þeonan, for þanon.

Þeos, *she, this,* fem. Gr. 146.

Þeostru, i. q. þystru.

Þeotan, 3 þyt, pret. þeat, pl. puton, *to howl.* Gr. 250.

Þeow, II. 2. } *servant.*
Þeowa, I. 2. }

Þeowdóm, *service, worship.*

Þeowe, I. 3. } *female ser-*
Þeowen, II. 3. } *vant,* ancilla.

Þeowian, *to serve.*

Þeowracu, III. 3 ? *threat.*

Þer-inne. See þærinne.

Þes, masc., *this.* Gr. 146.

Þeues (þeawas), *manners.*

Þic, *thick.*

Þicgan, pret. þáh, pl. þegon, *to take, partake, eat.*

Geþihð. See Þeón.

Þi-læs, *lest.*

Þín, *thy, thine.* Gr. 137.

Þincan, } pret. þuhte, *to*
Geþincan, } *seem.*

Geþincð, II. 8. *honour, dignity, merit, excellence.*

Þinen, II. 3. *female servant,* ancilla.

Þing, II. 1. *thing;* for his þingum, *on his account.*

Þingian, *to pray, intercede.*

Þingræden, II.3. *intercession.*

Þiod, i. q. þeod.

Þiostro, for þystru.

Þire, for þínre and þínra.

†Þirngen (þringan), *to throng, crowd.*

Þiwen, II. 3. *female servant,* ancilla.

Geþoht, II. 2. *thought, council, machination.*

Geþoht, pp. of geþencan.

Þólemód, *patient.*

†Þolenn, for þólian.

Þólian, } *to suffer, endure,*
Geþólian, } tolerare; Dan. taale, O. N. pola.

Þólmód. See Þólemód.

Þon, for þam; to þon þæt, *in order that,* and similar phrases.

Geþonc, II. 2. *thought.*

Þoncol, *thoughtful, meditative.*

Þonc-wyrðe, *thankworthy.*

Þone, acc. masc., *him, that.* Gr. 145.

Þonne, *then, than, when, yet, but,* þonne ...... þonne, *when* ...... *then.*

Þonou, i. q. þanon.

Þononweard, *thenceward.*

Þorfte. See Þearfan.

Þoterung, *wail, lamentation, howling.*

Þræl, II. 2. *thrall, slave.* O. N. þræl, Dan. Træl.

GLOSSARY.

Þrafung, *blame, reproof.*
Þrah, þrag, II. 3. *time, space of time.*
Geþrúng, *throng, press.*
Þreagan, þreún, } pret.
Geþreagan, } þreade, *to vex, torment, punish, blame, reproach, reprove.*
Þreat, II. 2. *company, band.*
Þred, *thread.*
Þreo, *three.*
Þreottyne, *thirteen.*
Þre-reþre, *trireme.*
Þri. See Þreo.
Þridda, *third.*
Þringan, pret. þráng, pl. þrungon, *to throng, press, crowd.*
Þrinnys. See Þrynnys.
Þrio, þreo, *three.*
Þriste, *daring, bold.* Ger. dreist, Olg. thrist.
Geþristian, *to dare.*
Þrittig, *thirty.*
Þriwa, *thrice.* Gr. 185.
Þroc, III. 1. *table.*
Þrote, I. 3. *throat.*
Þrowian, *to suffer.*
Þrowung, *suffering, passion.*
Þry. See Þreo.
Þryccan, *to tread on, oppress.*
Þryfeald, *threefold, triple.*
Þrym, II. 2. *glory, magnificence, grandeur.* Also, *body (of men),* turma, *heap,* congeries.
Þrymme, i. q. þrymmum, *fortiter?* See Kemble, Gl. to Beow. v. þrym.
Þrymful, *glorious.*

Þrymlic, *grand, magnificent.*
Þrym-setl, III. 1. *seat of majesty, throne.*
Þrynes, } Trinity.
Þrynnys, }
Þryste, *daring, bold.*
Þry-wintre, *three years old.*
Þufe, II. 2. *standard,* tufa.
Geþuge, from geþeón.
Þuhte. See Þincan.
Þpunegen, for geþungen.
†Þuncheð (þincð), *seems.*
Geþungen, *ripe, advanced,* profectus. Also, *illustrious, venerable, upright, religious.* From þingan.
Þurh, *through, by.* Ger. durch.
Þurhbrucan, *to enjoy,* perfrui. See Brucan.
Þurhdón, *to pierce, penetrate;* þurhdyd, *penetrated.* See Dón.
Þurhfaran, *to pass through, pierce.* See Faran.
†Þurhlokenn, *tolookthrough.*
†Þurhsekenn, *toseekthrough.*
Þurhwádan, pret. -wód, *to pass through, penetrate.*
Þurhwunian, *to continue, persist,* permanco. This, like many other A.S. compounds, is a literal translation of the Latin word.
Þurstig, *thirsty.*
†Þurðout, *throughout.*
Þus, *thus.*
Þusend, II.1.III.1. *thousand.* Gr. 177. Ger Tausend, Dan. Tusind. Gr. 177.
Þusend-hiw, *assuming a*

GLOSSARY. 303

thousand shapes, milleformis.
Þusend-mǽlum, *by thousands*.
Þuton. See Þeotan.
Geþwǽrian, *to agree*.
Þwǽrlæcan, pret. læhte, *to consent*.
Geþwǽrnes, *concord, consent*.
Þwang, II. 2. *thong*.
†Þwerrt, *thwart*. Also, *entirely, quite;* as, þwerrt ut, *quite out*. Dan. tvert, used in the same sense.
Þwyrnys, *cross, affliction, perversity*.
Þy. See þe.
Þy, *for, because, therefore,* nam. Dan. thi.
Þy-læs. See Þo-læs.
Þyder, *thither*.
Þyfel, II. 2. *shrub, thorn*.

Geþyhte, for geþyhti (geþyhtig), *doughty?*
Þylc, contr. of þyllic.
Geþyld, II. 3. III. 1. *patience*. Ger. Geduld.
Geþyldig, *patient*. Ger. Geduldig.
Þyllic, *the like, such*.
Þyrfan. See Þearfan.
Þyrfen. See Þearfan.
Þyringas, *the Thuringians*.
Þyrl, III. 1. *hole*.
Þyrscel-flór, II. 3. *threshing floor;* from þyrscel, *threshold*.
Þyrstan, *to thirst*.
Þys, *this*.
Þyslic, *such*.
Þyster, þystre, *dark*.
Þystru, þystro, plur. III. 1. *darkness*. Gr. 92.
Þýwan, *to drive, urge*.

ERRATA.

Page 82, last line, *for* huulaðo *read* huntaðe.
„ 87, line 14, *for* forwhæga *read* forhwæga.

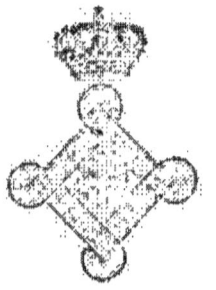

THE END.

PRINTED BY TAYLOR AND FRANCIS,
RED LION COURT, FLEET STREET.

www.ingramcontent.com/pod-product-compliance
Lightning Source LLC
Chambersburg PA
CBHW030808230426
43667CB00008B/1122